DES AFFAIRES TRÈS SPÉCIALES

DES MÊMES AUTEURS

STEFANOVITCH (Yvan) : *Un assassin au-dessus de tout soupçon*, 1984, Balland.

BOURGET (Jacques-Marie) : *Le souffle de la montagne*, 1974, Solar.

JACQUES-MARIE BOURGET
YVAN STEFANOVITCH

DES AFFAIRES TRÈS SPÉCIALES

1981-1985

PLON
8, rue Garancière
PARIS

2-259-01442-9

A Émilie, Gwladys et Aurore

« Il faudrait comprendre que les choses sont sans espoir et être pourtant décidé à les changer. »

Francis Scott FITZGERALD.

On nous signale, au moment de mettre sous presse, qu'un historien inconnu, venu du monde intersidéral précédant sans doute la comète de Halley, a découvert sur un trottoir de France un livre étonnant intitulé le Programme commun de gouvernement de la gauche.

Enthousiasmé par un tel ouvrage, il a entrepris de constater, sur la planète hexagonale où le sort l'avait jeté, les effets du sidérant Programme. *La rumeur ajoute qu'il n'a rien trouvé de concordant entre les faits et le papier imprimé. On dit qu'il est reparti vers sa Lune. Avec un petit livre sous le bras.*

« FRANCE, TERRE D'ASILE »...

Ce jour d'hiver de février 1982, le rapide qui est parti de Luxembourg et se dirige vers Metz est peu fréquenté. Il fait très froid, le paysage est sous la neige. La période n'est guère favorable au voyage et seuls des travailleurs frontaliers et quelques hommes d'affaires ont pris place dans ce train à peu près vide.

Contrôle de routine : deux policiers demandent le passeport d'un voyageur de première classe. Il a un léger « type méditerranéen ». Hasard : ils sont tombés sur Alessandro Stella, un Italien faisant l'objet d'un mandat d'arrêt international délivré le 3 mai 1979 par le procureur de Vicence pour « participation à bande armée ». Stella a été le leader d'un « Collectif autonome » dont l'action favorite était de tirer des balles de P38 dans les rotules de ceux qu'il n'aimait pas.

A Metz, Stella est débarqué du train et conduit devant le substitut de permanence qui prend contact avec le palais de justice de Vicence où on l'informe du souhait qu'ont les juges italiens de demander l'extradition de l'autonome qui est alors mis en prison sous « écrou extraditionnel ». Le prisonnier n'a même pas le temps de cocher sa première journée de taulard sur le mur de sa cellule qu'il est dehors, le soir même de son incarcération. Il a été libéré sur ordre de la Chancellerie. Place Vendôme, le coup de filet des deux flics du rapide de Luxembourg, la célérité du parquet de Metz n'ont guère été appréciés par le cabinet de Robert Badinter. Ces flics et ces magistrats s'étaient mis, sans le savoir, en travers de la politique décidée par le gouvernement Mauroy. Celle-ci consistait à négocier avec les divers étrangers, réfugiés en France en raison d'un passé politique plus ou moins mouvementé ou même plus ou moins sanglant.

En contrepartie, ces militants s'engageaient à ne commettre aucun délit en France. A Matignon, à la Chancellerie et même à l'Élysée une petite équipe de conseillers suit ce genre de dossier et se charge de les négocier; le plus souvent avec les avocats des étrangers en situation irrégulière.

Moins d'un an après les élections de 1981, la France se trouve « en état de grâce ». Dans cet état d'épectase, elle n'a plus d'ennemis. Pour les conseillers du gouvernement, il faut donc rompre la spirale de la violence et « redonner leur chance aux terroristes repentis ».

Le gouvernement reste fidèle à sa conception de « France terre d'asile pour tous les persécutés ». Il n'est alors pas question de coopération des justices et polices européennes. Ce type de collaboration ne sera évoqué que le 18 août 1982, lors d'un entretien télévisé de François Mitterrand. Le Président évoque la création d'un tribunal européen instauré pour juger les « crimes de sang ayant une motivation politique ».

C'est de la science-fiction. Autant demander aux flics danois de venir faire la police à Ajaccio. Chaque pays européen (comme les États des États-Unis) a son propre code pénal, ses lois et ses magistrats qui sont jaloux de leur pouvoir et de leur indépendance

Plus de trois ans après le rêve fou du Président, un incident judiciaire va démontrer qu'on est encore très loin de ce tribunal européen. Il s'agit d'un simple fait divers : l'enlèvement aux Pays-Bas de Freddy Heineken, roi de la bière. Deux de ses jeunes ravisseurs se sont réfugiés en France. La Hollande demande leur extradition. A la Chancellerie on considère l'affaire comme de la routine. C'est ignorer les lacunes des conventions d'extradition et le talent de certains avocats.

La défense des deux auteurs du rapt met sous le nez des magistrats le texte de la convention d'extradition franco-hollandaise signée le 24 décembre 1895. On y lit que les signataires de ce traité s'engagent à se livrer réciproquement les individus inculpés ou condamnés en raison de faits énumérés dans la convention, et commis sur le territoire de l'État qui réclame le présumé coupable.

Jusqu'ici tout est clair, mais c'est l'énumération des délits qui va démontrer que « l'espace judiciaire européen », dont certains rêvent, n'est pas pour demain. Entre la Hollande et la France, l'extradition est prévue pour l'assassinat, le meurtre, l'empoisonnement, le parricide, l'infanticide avec préméditation, le viol, l'attentat à la pudeur, la bigamie, la contrefaçon de monnaie, le vol, l'escroquerie, la banqueroute frauduleuse, l'échouement ou la perte d'un navire dans une intention coupable. Mais pas un mot sur l'enlèvement d'une personne majeure; le traité ne prévoyant que celui d'un enfant. Les bandits hollandais n'étaient donc pas « extradables ».

Roland Dumas, le ministre des Relations extérieures, s'est alors subitement avisé que la France avait oublié depuis vingt ans de ratifier une convention européenne d'extradition entrée en vigueur dans dix-huit pays de notre continent. Ce texte prévoit que « peut être extradé l'auteur de faits (non politiques) punis d'une peine d'au moins un an d'emprisonnement ». En décembre 1985, c'est en quelques minutes, et presque sans s'en rendre compte, que le Parlement français a ratifié cette convention. Cette nouvelle règle va banaliser le travail des juges pour l'examen de la situation des 400 étrangers qui, chaque année, tentent de se cacher en France. Resteront les épines des cas « politiques ».

Le parcours a été long et pénible pour en arriver à cette contradiction de la politique libérale prônée en 1982, la révision est bien sûr très déchirante. Le parcours du combattant Badinter commence le 25 octobre 1982 à Luxembourg où se sont réunis les ministres européens de la Justice. Le garde des Sceaux présente le projet de tribunal européen de François Mitterrand. Il se fait mettre en pièces par ses collègues qui lui tiennent à peu près ce langage : votre refus de voter la convention européenne d'extradition est responsable de la paralysie, au plan international, de nos justices. Cessez de camoufler votre refus de la ratifier derrière cette histoire de tribunal européen qui n'est qu'un bluff.

En partant pour Luxembourg, Badinter n'avait pas le moral. Le 20 octobre, trois magistrats de la cour d'appel de Paris, examinant une demande d'extradition, venaient de rendre un arrêt qui préoccupait François Mitterrand lui-même. C'était encore l'Italie qui frappait à la porte de notre Chancellerie.

L'homme jugé par la cour d'appel est inconnu du grand public. Il est petit, mince, porte une barbe et possède un regard fiévreux. Oresto Scalzone a trente-cinq ans et vit modestement à Paris, nanti d'un titre de séjour délivré par le préfet de police. Pour le défendre, Oresto a six avocats, des « must » dans le star système du barreau : Kiejman, Mignard, Teitgen, Domenach, Leclerc et Bredin, ce dernier avait pour associé jusqu'à la mi-81 Me Robert Badinter.

Cette voie lactée en robe noire s'oppose à la demande d'extradition italienne en déclarant : « Notre client n'a pas de sang sur les mains. C'est un théoricien, un intellectuel fourvoyé dans l'action politique. » Pourtant, pour réclamer leur concitoyen, les juges italiens ont lié son rôle à des actions sanglantes. Le dossier fait état d'une attaque de banque à Vedano, où plusieurs carabiniers ont été blessés; d'une agression au revolver contre un ingénieur de l'usine sidérurgique Breda, à Milan; enfin, d'une autre équipée sanglante contre un médecin de Seveso. Toutes ces victimes ont été sérieusement blessées.

Scalzone n'est pas accusé d'avoir participé directement à ces commandos. L'Italie lui reproche d'avoir collaboré à la décision puis à la préparation de ces actions violentes réalisées par des « Comités communistes révolutionnaires » dont il est un des patrons. Le frêle Oresto se trouve donc poursuivi pour « complicité de tentatives d'assassinat ».

Jusqu'à cette date, les cours d'appel auxquelles les juges étrangers demandaient de se prononcer sur l'extradition de terroristes s'étaient forgé une politique. Certains faits, lorsqu'il y a eu mort d'homme, quel que soit le but recherché, ne sont pas considérés comme « politiques ». Les auteurs de ces crimes peuvent donc être extradés. Mais, pour cela, il faut qu'ils aient eux-mêmes appuyé sur la détente ou déposé la bombe. Ce sont des exécuteurs exécutants. Les chefs, les penseurs sont, eux, à l'abri d'une décision d'extradition.

Pour la première fois, ce 20 octobre 1982, la cour prend une décision qui met dans le même sac le bras et le cerveau, le soldat et son chef : la demande d'extradition est recevable. Et voilà le gouvernement, une fois encore, dans une situation qu'il n'aime pas, puisque la politique est d'ignorer les problèmes de terrorisme que peuvent connaître l'Allemagne, l'Italie et l'Espagne. Ces pays amis ne comprennent pas la politique individuelle de la France d'autant que celle-ci ne la préserve pas. En 1982, les attentats de la rue Marbeuf, celui de la rue des Rosiers et les bombes des Arméniens démontrent que le pays n'est pas un sanctuaire.

L'affaire Scalzone coince le gouvernement Mauroy. C'est à lui de suivre ou non la décision de la cour d'appel. Finalement, c'est avec beaucoup d'habileté que Robert Badinter s'extrait de cette situation difficile. Le 10 novembre, à la fin du Conseil des ministres, l'Élysée publie un communiqué définissant les nouvelles règles de l'extradition.

Ce texte indique que le Conseil a entendu une communication du garde des Sceaux qui, dans un préambule, a réaffirmé les grands principes : « Le droit d'asile appartient à la tradition républicaine et démocratique de notre pays. Il contribue largement au rayonnement de la France dans le monde. Il repose sur des principes et des textes qu'il ne saurait être question de remettre en cause. »

Suit un paragraphe dans lequel le gouvernement déclare « qu'il continuera de refuser l'extradition des personnes bénéficiaires de l'asile politique en France ». L'extradition est refusée, est-il précisé :

– Si l'infraction poursuivie a un caractère politique;

– Si la demande d'extradition a un mobile politique;

– Si la situation de la personne concernée risque de s'aggraver (en cas de réponse positive), en raison de son action, de ses opinions politiques, de sa race ou religion.

Ces principes correspondent tout simplement à la lettre de toutes les conventions signées entre États démocratiques dans le monde. Le Conseil des ministres précise néanmoins que l'extradition pourra être refusée compte tenu « de la nature du système politique et judiciaire de l'État demandeur ».

En lisant ce communiqué, un lecteur connaissant un

embryon de droit peut se dire : « Rien n'est changé. » Il faut attendre la fin de l'énoncé de ces nouvelles règles pour y lire le passage suivant :

« Toutefois, la nature politique de l'infraction ne sera pas retenue et l'extradition sera en principe accordée sous réserve de l'avis de la Chambre d'accusation lorsque auront été commis, dans un Etat respectueux des libertés et droits fondamentaux, des actes criminels de nature telle que la fin politique alléguée ne saurait justifier la mise en œuvre de moyens inacceptables. »

On pense alors que ce texte a été rédigé pour justifier l'extradition d'Oresto Scalzone et que celui-ci va être livré à la justice italienne. Mais il faut lire les dernières lignes du communiqué :

« Le gouvernement a décidé de mettre ces principes en œuvre pour les demandes qui lui seront désormais soumises. Ces règles, applicables à partir de ce jour, ne seront pas rétroactives. »

Étonnante précision des ministres qui éprouvent le besoin de souligner que leur politique n'est pas rétroactive.

Oresto Scalzone et Grazia Barbierato, une militante de « Prima Linea » dont le cas avait été jugé en même temps que celui de son compatriote, sont sauvés.

L'édiction de cette nouvelle politique ne signifie pas que le gouvernement souhaite l'appliquer. Les patrons de la police sont priés de ne pas se mettre systématiquement à la chasse des anciens brigadistes réclamés par l'Italie. La situation la plus pittoresque est celle de Toni Negri, chef de file d'Autonomie ouvrière. En France il a une vie publique mais on répond aux demandes des juges italiens : « Nous ne savons pas où se cache cet homme-là. »

A l'automne 1983, les Transalpins n'ont pas plus de succès dans une nouvelle demande. Cette fois ce n'est pas l'un des leurs qu'ils réclament, mais un Libyen. Après l'assassinat en Italie de cinq opposants au colonel Kadhafi, la police a pu identifier l'un des tueurs, un homme prénommé Rachid. Les carabiniers savent qu'il s'est réfugié en France. Ils signalent ce personnage à la DST qui l'identifie et l'arrête à Paris. Suit une demande d'extradition.

Quelques jours plus tard, les trente-sept passagers français du vol Tripoli-Paris sont empêchés de monter à bord. C'est une mise en garde contre la France. Avertissement bien compris puisque Rachid, libéré, peut se perdre dans la nature.

Parfois le choix conjugué de la Chancellerie et du ministère de l'Intérieur conduit à des situations étranges, comme c'est le cas après l'attentat commis par l'ASALA à Orly, le 15 juillet 1983 (8 morts, 54 blessés).

Une grande rafle policière permet dans les jours suivants d'interpeller cinquante et une personnes d'origine arménienne. Toutes sont relâchées sauf quatre. Deux sont inculpées pour avoir participé à l'attentat. Mais on ne sait que faire de deux autres Arméniens, d'origine turque, dont le dossier est vide. Ils sont assignés à résidence.

Pendant trois mois ces deux jeunes gens et neuf inspecteurs de police vont vivre à l'hôtel du Mont-Brouilly, un deux étoiles de Quincie-en-Beaujolais, commune dont Bernard Pivot est élu municipal.

A la fin d'octobre 1983, la présence de ces touristes malgré eux pose un problème : le congrès du parti socialiste doit se tenir à Bourg-en-Bresse, dans l'Ain. La cohabitation semble difficile. L'un des Arméniens est donc libéré tandis que son concitoyen doit déménager dans un autre cru, à Corcelles-en-Beaujolais, où il attendra que la police se lasse de lui.

La querelle franco-italienne sur les extraditions n'atteindra jamais le niveau d'une véritable brouille. L'Italie est convaincue d'avoir tourné la page du terrorisme, peu importe si elle ne peut juger tous ses responsables. En revanche, sur le même thème, les relations avec l'Espagne ne seront jamais bonnes tant que la France n'aura pas décidé une politique plus répressive par rapport aux Basques accusés d'être les auteurs d'attentats.

Lorsque le parti socialiste arrive au pouvoir, la Chancellerie et le Quai d'Orsay ont onze demandes d'extradition de Basques vers l'Espagne. Les dossiers s'étaient accumulés puisque Valéry Giscard d'Estaing s'était toujours refusé à réexpédier des Espagnols en fuite devant la justice de leur pays. La politique par rapport aux Basques était simple : on ne les extrade pas, mais on refuse de leur accorder l'asile politique. Ainsi, les onze dossiers sont en souffrance.

Maurice Faure, radical de gauche et militant européen, premier garde des Sceaux du gouvernement Mauroy, est favorable à l'extradition. Il est le seul et, après quelques semaines, quitte le ministère de la place Vendôme.

Ancien avocat de quelques militants basques, devant plusieurs chambres d'accusation, Robert Badinter le remplace. Il est tout de suite contraint de définir sa politique par rapport à l'Espagne. Il tient alors des propos ambigus pour un homme de réputation si libérale :

« La France doit demeurer une terre d'asile pour les réfugiés politiques et les combattants de la liberté, mais elle ne doit pas se transformer en sanctuaire, en repaire utilisé comme base arrière d'attaques contre un pays voisin. »

Moins prudent, dès juillet 1981, Gaston Defferre comparait les réfugiés basques aux résistants français durant l'Occupation. Une envolée qui allait déclencher une violente protestation de Madrid.

Pour justifier sa politique, le gouvernement Mauroy laisse entendre que, en dépit d'élections libres cinq ans après la mort de Franco, l'Espagne n'est pas un pays aussi démocratique qu'on affectait de le croire précédemment.

L'arrivée du PSOE de Felipe Gonzalez va tout changer. Le Premier ministre espagnol est maintenant un camarade avec lequel on doit composer. Le PS espagnol est porté au pouvoir le 28 octobre 1982. Le 4 novembre, le général Victor Lago Roman, patron de la division blindée Brunete, putschiste de tradition, est abattu par l'ETA militaire.

De toute évidence, son but est de provoquer un coup d'État pour ramener au pouvoir des militaires ultras dont l'ETA s'accommode mieux que du libéralisme de gauche de Gonzalez. Pour continuer d'être puissante, l'ETA a besoin d'affronter l'armée et la police. Elle n'a aucune envie d'être mise en demeure de négocier un statut basque. En marxistes purs et durs, les patrons de l'ETA préfèrent n'importe quel régime à celui de « la volaille socialiste ». Gonzalez demande d'urgence l'aide de Paris.

Deux jours plus tard, deux membres de l'ETA vivant clandestinement en France sont repérés à Saint-Jean-de-Luz.

Antxola Larranaga, considéré comme le numéro 3 de l'ETA est l'un de ces hommes. En 1972, il a déjà fait l'objet d'un arrêté d'expulsion. Mais, nanti de faux papiers, il avait continué de vivre entre Bayonne et Hendaye.

Son arrestation n'est pas facile puisqu'il lance sa voiture contre la police et prend la fuite avec un pneu crevé par balle. Finalement il est arrêté près de la plage. Depuis, il a été expulsé vers Panama.

Carlos Ibargurren, membre du Comité exécutif de l'ETA, se laisse prendre sans résistance. Ces arrestations sont un coup de semonce aux militants basques qui, encouragés par la politique libérale de Giscard, ne prévoyaient pas une telle « répression socialiste ». Paris est un peu prisonnier de la nouvelle définition des règles d'extradition déterminée par le Conseil des ministres du 10 novembre 1982. Cette politique toute neuve, dont nous avons déjà parlé, est répercutée aux représentants du parquet par une circulaire de Michel Jéol, directeur des Affaires criminelles et des grâces à la Chancellerie. Désormais, refuser d'extrader un Basque serait considérer que le régime socialiste espagnol n'est pas démocratique. Ce n'est pas envisageable. Et voilà que subitement, les Basques de l'ETA, jusque-là « protégés » par la politique des régimes précédents, sont menacés par l'arrivée au pouvoir des socialistes de part et d'autre des Pyrénées.

Cette conjugaison socialiste devrait faire cesser la série d'attentats revendiquée par le GAL et qui, ces derniers mois, s'est transformée en tuerie planifiée d'une manière presque scientifique.

Le 16 octobre 1983, deux réfugiés basques sont enlevés. Deux jours plus tard, Larratxea, un réfugié, a plus de chance : alors que quatre individus (qui plus tard se révéleront être des policiers) tentent de l'enlever, l'arrivée impromptue d'un flic français fait échouer l'opération. Larratxea est blessé mais libre. Arrêtés, les quatre Espagnols rejettent l'accusation de tentative d'enlèvement et affirment qu'il ne s'agit que d'une altercation après un accident de la route. Après deux mois de prison, les policiers espagnols sont libérés. Quelque temps plus tard, ils seront condamnés à des peines très légères.

Au début du mois de décembre, un Basque de nationalité française est séquestré pendant douze jours dans un chalet de montagne. Le conducteur du véhicule qui a été utilisé pour le rapt est arrêté. Il s'agit d'un employé de Bayonne, militant d'extrême droite qui travaille dans une société de protection. On trouve sur lui le numéro de téléphone du chef de la police de Bilbao, les photos de quarante-trois Basques réfugiés en France et le portrait-robot, établi par la police espagnole, de Mikel Goikoetxea. Accusé du meurtre de deux gardes civils, il avait fait l'objet, en 1979, d'une demande d'extradition repoussée par la cour d'Aix-en-Provence. Son avocat était Robert Badinter.

Quelque temps plus tard, le 1er janvier 1984, Goikoetxea aura moins de chance. Il est blessé par balles à Saint-Jean-de-Luz sous les yeux de sa famille. Il succombe le jour de l'an 1984. Une semaine plus tôt, un autre réfugié basque, Onadera, a été assassiné dans le bar où il travaillait. En quelques mois, le Groupe antiterroriste de libération (GAL) a donc assassiné neuf hommes militants supposés de l'ETA. Le GAL est dirigé par la police et le CESID, les services spéciaux espagnols. Les exécutants sont des truands marseillais, le plus souvent sous la coupe de Tany Zampa, le caïd, à l'époque, du milieu français. Ces hommes du GAL sont par ailleurs des types chanceux : si la police les arrête, la justice française les relâche systématiquement.

En janvier 1984, croyant trouver une solution à ce problème basque, le ministère de l'Intérieur décide d'assigner les réfugiés basques les plus menacés au nord de la Loire. Pour contrecarrer cette politique, 308 réfugiés basques mettent le produit d'une journée de travail dans une cagnotte pour se payer une page de publicité dans *le Monde* : « La France doit stopper le massacre au Pays basque sans s'attaquer aux victimes. »

Cette page du *Monde* n'est qu'une feuille morte. C'est toujours la lune de miel Paris-Madrid. Le gouvernement expulse vingt-quatre séparatistes basques vers l'Amérique du Sud. Le choix est adroit puisque tous ces immigrés se réfugient au Nicaragua. C'est l'un d'eux qui, se faisant passer pour un journaliste, ira placer une bombe lors d'une conférence de presse d'Eden Pastora, « le commandant

Zéro », devenu l'un des leaders de l'opposition aux sandinistes. Le ministre de l'Intérieur se rend à Madrid où il précise : « Un terroriste ne saurait être un réfugié politique. » L'avènement de ce nouveau discours entraîne la satisfaction des Espagnols qui parlent de « virage historique ».

En août 1984, la chambre d'accusation de Paris a compris la nouvelle politique du pouvoir : elle se prononce favorablement pour l'extradition de sept Basques espagnols. Les « extradables » font la grève de la faim. François Mitterrand hésite. Il a peur de heurter ses militants qui continuent de croire en une « France terre d'asile ». Mais les avocats des Basques, pour gagner du temps, se pourvoient en cassation. Le gouvernement accorde donc le sursis à la mesure d'expulsion.

Le 16 septembre, interrogé par TF1, Lionel Jospin, numéro un du PS, laisse entendre que ces Basques pourraient être expulsés vers « un pays d'accueil ». Pourtant, trois jours plus tard, la cour se déclare favorable à l'extradition. Le 23 septembre, Matignon annonce la décision d'extrader trois des sept séparatistes et d'expulser les autres vers le Togo. Ce choix ne laisse probablement pas de place à l'ironie puisque le gouvernement est sans doute le seul à ne pas avoir remarqué que, depuis quelque temps, le Togo est, lui aussi, en proie au terrorisme...

Quelques instants avant le communiqué du Premier ministre, deux hélicoptères sont venus chercher à la prison de Fresnes les quatre expulsés qui ont été conduits jusqu'à l'aérodrome de Villacoublay où les attendait un avion spécial avec assistance médicale particulière. Garcia Ramirez, Francisco Javier, Lujambio Galdeano et Manuel Martinez se retrouvaient ainsi, directement, derrière les barreaux de Carabamchel à Madrid.

Dans *le Monde*, l'avocat Denis Langlois publie un « point de vue » intitulé « les Salauds ». Le papier débute ainsi : « Les salauds! C'est le mot qui m'est venu à la bouche. Je ne vois pas pourquoi j'en chercherais un autre. Ils ont tué le droit d'asile... »

Ironie, le 27 septembre 1985, Garcia Ramirez était jugé à Madrid et acquitté. Pour le gouvernement, le virage de la mauvaise conscience était pris. Le gouvernement français avait perdu son complexe d'extradition. En octobre 1985, le Comité international contre la répression publiait une information que l'on n'avait encore jamais lue : plusieurs familles chiliennes demandant le droit d'asile avaient été expulsées par le gouvernement Fabius. Sous la bannière « France terre d'asile pour tous les persécutés », aucun gouvernement depuis la guerre n'avait procédé à autant d'extraditions.

CHEYSSON MENTEUR, HERNU VICTIME

A Beyrouth, même les couche-tard doivent se lever tôt. C'est un pays où les nuits sont courtes comme la vie. Dès 5 heures, les rues sont un fracas. Taxis, hurlements, appels à la prière : tout se mêle à ce soleil insomniaque pour vous tirer du lit.

Le 23 octobre 1983, comme d'habitude, ce matin sans aube qui arrive sans prévenir m'a chassé du lit. Une fois encore, je suis à Beyrouth parce que je sais que les Syriens y mijotent un drame de plus. Il est clair que, dans les jours à venir, eux-mêmes et certains groupes de l'Organisation de libération de la Palestine, qu'ils manipulent, vont attaquer, près de Tripoli, les camps de Beddaoui et Nar El-Bared. Comme un petit groupe de journalistes, j'ai décidé, installé dans le camp retranché de Yasser Arafat, d'observer l'offensive qui se prépare. Cependant, puisqu'il est impossible depuis Tripoli (Nord-Liban) de communiquer avec le reste du monde, j'ai été contraint de passer à Beyrouth cette nuit du samedi 22 au dimanche 23.

Il est à peu près 6 h 15. Depuis ma chambre de l'hôtel Commodore, j'entends, dans la cour, le perroquet du patron qui imite le bruit d'un obus. Un projectile qui, naguère, a perforé le mur de cette « suite 407 » qui m'abrite et dont le ciment restaurateur est tout juste sec. En attendant mon chauffeur, interprète, assistant et garde du corps Mohamad Baltajji, je finis ma toilette en écoutant la radio.

C'est ici, entre des vapeurs d'après-rasage et des coups de brosse à dents que j'entends deux très fortes explosions.

Quand je dis fortes, c'est en tenant compte des habitudes locales où l'on ne s'émeut plus pour un petit boum qui suffirait à affoler la moitié de la population de Paris. Je grimpe sur le toit pour observer deux champignons de poussière couleur de terre qui s'élèvent au sud.

Quand je redescends dans ma chambre, le téléphone sonne. C'est Mohamad. Il est en bas, à la réception : « Jacques-Marie, les Français et les Américains viennent de "sauter". Une bombe a explosé à Bir Hassan, dans un immeuble tenu par les parachutistes. Je t'attends. »

Arnaud Borrel, mon complice photographe, saisit ses appareils et nous nous lançons dans les escaliers. Les ascenseurs sont bloqués par « l'homme de ménage » qui astique les Formica. En expert du dédale beyrouthin et du contre-braquage de sa Mercedes blanche, Mohamad, en dix minutes, nous dépose dans un paysage d'apocalypse.

Il y a vingt minutes ma tête était occupée par Tripoli, Arafat qu'il fallait coincer pour une interview, le télex à expédier à Paris, ou par la belle journée que se préparaient les amateurs de week-end à Byblos. Subitement on piétine dans le sang, entourés d'hommes qui hurlent.

A l'angle de deux pistes en terre, entre des terrains vagues où s'entassent des ordures, près des ambassades de Chine et d'Iran, un détachement du 1er régiment de chasseurs parachutistes, le 1er RCP, a établi son casernement de troupe en mission. Réquisitionné – si ce mot a encore un sens à Beyrouth où la propriété est bien vagabonde – un immeuble de huit étages avec un toit en terrasse abrite le détachement français. Expédiés au Liban au titre de la Force multinationale d'interposition, ces militaires ne servent à rien. Si ce n'est à tenter de se sauvegarder eux-mêmes.

Des ambulances kaki, leurs grandes portes ouvertes, attendent qu'on y engouffre des hommes morts ou vifs. La Croix-Rouge et le Croissant Rouge libanais sont là avec des hommes qui ont l'air d'étudiants fragiles mais qui sont d'une incroyable compétence, acquise par addition de tragédies.

Côté militaire, c'est la panique ou l'impuissance. Les soldats perchés sur les strates de béton qui servent de cercueil ou de prison à leurs camarades ne savent que faire de leurs mains nues. Ils lancent : « T'as pas une scie à métaux? Hé! Chef, vous n'avez pas un cric, un marteau, une pioche? »

L'armée a visiblement décidé « de se sauver elle-même ». Pourtant elle n'a ni le matériel ni le personnel spécialisés dans ce genre de désincarcération géante. Les experts de la Protection civile, venus de Provence, sont boycottés par l'état-major. Équipés de sondes et de matériel de détection très modernes, cette équipe de civils, bloquée à Marseille-Marignane, devra attendre pendant plus d'une journée un avion pour Beyrouth...

Moins d'une semaine plus tard, le cratère de l'immeuble Drakkar nettoyé, un détachement du 1er RCP rend les honneurs devant ce vaste tombeau ouvert. Dérisoire, un monument en ciment, comme on en trouve le long des hauts murs des casernes de France, a été construit à la hâte : c'est un écusson. C'est le moment de la musique, des discours, des tambours et de quelques larmes.

On expédie vers la France les corps des cinquante-huit parachutistes tués à Drakkar. Et vers les États-Unis, ceux des deux cent quarante et un Marines morts, au même moment que les soldats du 1er RCP, dans les ruines du BLT, un immeuble près de l'aéroport qui leur a servi de linceul. Les enquêtes commencent. Patron de l'armée de terre, le général René Imbot verrouille en un coup de cuillère à pot l'enquête sur Drakkar. Pour l'homme aux étoiles, la vérité est évidente : un camion bourré d'explosifs s'est infiltré dans le sous-sol du bâtiment et ce, malgré l'intervention de la garde qui a tiré. « L'attentat était imparable. »

Le procès-verbal de cette investigation ne fait aucune allusion aux informations sorties, dans les jours précédant l'attentat, par la presse libanaise. Pourtant *la Lettre du Liban*, l'agence Al Markazuyya et le quotidien *l'Orient le Jour* avaient tous publié une sorte de mise en garde : « Les services spéciaux syriens préparent des attentats contre la Force multinationale. »

Au cours de ma propre enquête, en compagnie de Sammy Ketz, journaliste à l'Agence France-Presse, je rencontre un haut fonctionnaire libanais. Le procureur général Germanos l'a chargé d'instruire le dossier de Drakkar et du BLT. En ce qui concerne l'attaque contre le 1er RCP, deux informations retiennent mon attention : mon interlocuteur ne croit pas à l'existence du camion-suicide. Il ajoute : « Le comportement des Français est étonnant. Le coup du sous-marin aurait pourtant dû les mettre en garde »... Sammy, pas plus que moi, ne comprend ce qu'un sous-marin vient faire dans cette histoire. Sans broncher nous feignons d'être au parfum. Le fonctionnaire précise : « Quelques jours avant l'attentat, le *Doris,* un submersible de la marine française a été victime d'un attentat en Méditerranée. Ici, l'armée aurait dû être mise en garde... »

Je téléphone à Paris pour me faire confirmer l'information. La réponse vient d'un service de documentation : c'est exact. Le 22 octobre, ce sous-marin s'est présenté au large du port de Sète où il s'est mis à quai. L'amirauté a fait savoir « qu'à la suite d'une explosion dans la salle des batteries, trois marins avaient été tués et sept autres blessés ». Des articles de presse signalaient que les journalistes et photographes avaient été tenus très à l'écart de ce « fait divers ».

Classée « Secret Défense », l'enquête sur l'explosion du *Doris* ne permettra jamais de vérifier si le fonctionnaire libanais en charge du dossier Drakkar était, lui, bien informé des menaces planant sur notre armée...

A Beyrouth, les drames sont sans mémoire. On croit avoir vécu l'atroce parmi l'atroce. Mais on oublie les linceuls de la veille pour préparer ceux du lendemain. Cet automne 1983, la mort n'aime pas le suspense et la guerre syro-palestinienne commence autour de Tripoli. Là où on l'attendait.

Ce qui ne signifie pas que nous en connaissions le jour et l'heure. Les dures et longues journées du charnier Drakkar passées, avec Mohamad nous avons repris la route de Tripoli. Un matin, c'était un samedi de Toussaint, notre taxi avait quitté la rue du Commodore vers 4 heures. Cette fois nous avions pris Beyrouth au piège de son sommeil. Sortie incognito, barrages de soldats et miliciens endormis. Et nous longions la mer comme on lit un livre saint : Byblos, les châteaux des croisés. Le radio-cassettes nous chantait une rengaine de Toto Cutugno. Une route devenue routine.

C'est à vingt kilomètres de Tripoli que nous avons compris qu'ils avaient « allumé » la guerre : la raffinerie brûlait en mettant la nuit dans ce ciel de jour. Quel que soit son budget, jamais un cinéaste ne pourra recréer un spectacle aussi surnaturel.

Au fond de cuvettes, coincées entre mer et montagnes, les troupes d'Arafat se défendaient avec ce qu'il faut bien appeler l'énergie du désespoir. En face, arrivées là pour faire le siège, les divisions blindées syriennes et libyennes avec, comme partisans « alibis », les Palestiniens d'Ahmed Djibril et Abou Moussa, opposés au Fatah.

Nuit et jour, les Syriens jouent de leurs orgues de Staline, actionnent leurs chars cachés dans les collines d'oliviers. Devant l'hôpital, des camions frigorifiques transformés en morgue font la navette vers les cimetières.

De recul stratégique en positions qu'il faut bien lâcher puisque les défenseurs en sont morts vers le 15 novembre, l'armée d'Arafat est repliée dans la ville même de Tripoli. Pour l'ultime baroud. Le jeudi 17, le jour tombe sur une nouvelle incertitude : la position de cette guerre est très difficile à vérifier puisque, comme d'habitude, tous les communiqués font état de « grands succès ». Peu après 17 heures, les journalistes des quotidiens, qui doivent regagner Beyrouth pour téléphoner leur papier, s'apprêtent à partir quand la station de radio des Forces libanaises annonce : « L'aviation française vient de faire un raid sur Baalbek. »

Impossible en pleine nuit de franchir les montagnes avec ces miliciens qui tiennent chaque carrefour, détestent les étrangers et exigent des « laissez-passer » impossibles à obtenir. Des pièces que l'on ne pourrait se procurer qu'à Damas. Il faut donc se contenter des communiqués officiels.

Vers 18 heures, à la Résidence des Pins de Beyrouth, où se tient l'état-major des troupes françaises, Jean-Paul Kauffmann est le premier à arriver « aux nouvelles ». Il rencontre le lieutenant-colonel Longeaux, un « officier de presse » si capricieux que son comportement a motivé une pétition des journalistes internationaux. Ce soir, plus desserrée que d'ordinaire, la jugulaire de l'officier laisse échapper un petit sourire. Longeaux a entre les mains une feuille de papier manuscrite :

« Un objectif militaire situé à l'est de Baalbek a été

bombardé au début de l'après-midi du 17 novembre par l'aéronavale française, selon les instructions précises du ministre de la Défense et de l'état-major des armées. Les Super-Étendard sont rentrés à leur base. Mission accomplie. Le ministère de la Défense précise qu'il importait de prévenir de nouvelles actions terroristes contre les forces françaises au Liban par une première intervention. » Avant de retrouver ses habitudes de porte-parole muet, le colonel ajoute seulement : « Il faut que vous sachiez que la force navale au large de Beyrouth est totalement indépendante de la force multinationale. Simplement, elles relèvent toutes les deux de l'état-major des armées et du ministère de la Défense. »

A Paris, « pour des raisons de sécurité », le ministère de la Défense refuse de donner des précisions sur le raid français. A Beyrouth, venues jusqu'ici depuis Baalbek par on ne sait quel canal – puisque ici cette ville coupée de tout semble faire partie d'une autre planète – des informations tombent. Les Français auraient attaqué la caserne cheikh Abdallah et l'hôtel Khawam où Hussein Moussaoui, l'un des prêtres de Al Dawa (version du chi'isme qui prêche la révolution sociale), a établi son QG. Naguère le cantonnement cheikh Abdallah était occupé par l'armée libanaise. Mais les soldats en ont été chassés par un groupe de Pasdarans, des « fous de Dieu », venus d'Iran, d'Irak ou encore de Beyrouth ou du Sud-Liban.

Les 250 hommes qui tiennent désormais cette caserne ont en commun cette religion Al Dawa, idéologie née des écrits de Baquir Sadr. En 1960, à Nataf, ville sainte chi'ite d'Irak, des théologiens préparent le réveil de leur foi. Khomeiny, qui va vivre ici quatorze ans, sera le maître d'une chapelle; d'autres étudient le Coran sous la férule du cheikh Fadlallah, de Mohsen Hakim ou de Baquir Sadr. Créateur du courant Al Dawa, ces derniers vont prêcher une religion qui veut changer l'ordre social, transformant les pauvres en élite sociale.

En 1980, ce mouvement révolutionnaire est si gênant pour le pouvoir irakien qu'une partie du « groupe de Nataf » est arrêtée et exécutée. Baquir Sadr et sa sœur Bint Hudal sont dans le groupe des pendus.

Presque tous réfugiés en Iran, les adeptes du Dawa y sont accueillis par le Conseil suprême de la révolution islamique irakienne (en exil) qui les mobilise aussitôt pour les transformer en hezbollahs, version libanaise des « fous de Dieu ». C'est donc cette sorte de brigade internationale de l'islam que l'aéronavale française aurait bombardée à Baalbek. Interrogé à Paris, le jeudi soir, sur cette attaque de la caserne, Charles Hernu dément et affirme que les Super-Étendard ont frappé beaucoup plus loin, à dix kilomètres de la ville.

Pourtant, le lendemain, *France-Soir* décrit l'extermination des commandos-suicide et de leur base « qui n'est plus qu'un amas de ruines ». Le journal cite le chiffre de trente-neuf morts et cent cinquante blessés. Hormis *le Figaro* et *Libération*, la presse donne plutôt dans le superlatif qui décrit l'apocalypse que nous avons fait tomber du ciel. Les journaux sont en vente dans les kiosques quand le ministère de la Défense précise un peu la nature de son opération « tonnerre sur Baalbek » : « Il s'agissait d'une opération chirurgicale que nous avons exécutée sans bavure. »

Le samedi 19 novembre, rentré de Tripoli pour tenter de monter à Baalbek, je passe au bureau de l'AFP, seul îlot chaleureux et stable dans l'océan d'incertitude qui nous entoure. Pour un journaliste occidental, aller à Baalbek était une tâche impossible, mais je viens voir si un chasseur de scoop plus chanceux que d'autres n'a pas réussi...

Dans la vaste salle si claire et si sonore de l'Agence, l'atmosphère balance entre la frénésie et la rigolade. Une consœur me dit : « Tu sais, il ne s'est rien passé à Baalbek! Tout est intact. » Voilà que, comme tout le monde, je m'étais mis en tête des images de cataclysme avec ses morts et ses ruines. Et puis rien! L'apocalypse était un poisson d'avril. Cette amie journaliste m'en dit un peu plus : « Un photographe et un reporter du *Nahar* sont allés à Baalbek. Ils ont vu la caserne sans pouvoir la visiter entièrement; à l'hôtel Khawam, cible supposée des Super-Étendard, les journalistes ont rendu visite à Hussein Moussaoui, le leader de Al Dawa qui avait été donné pour mort. Par ailleurs, les amis du *Nahar* se sont promenés dans les rues. Ils ont interrogé les gens. Ils ont vu les avions, vu et entendu les bombes et les roquettes, mais tout cela n'a fait de mal à personne. Les bombes ont été lâchées dans la montagne. »

La situation est si difficile à comprendre que nous trouvons, en chœur, une solution à l'énigme : « C'est une ruse des Français. Ils ont fait une intimidation sur Baalbek mais, en fait, ils ont bombardé ailleurs... »

Très vite venue du chuchotement libanais, « où tout le monde sait tout », arrive une nouvelle explication : « C'est à Bouday, à vingt kilomètres de Baalbek que les bombardiers ont largué leurs charges sur un camp de hezbollahs... » Puis la rumeur s'affine. Ce n'est plus au Liban mais en Syrie, près de Wadi El Ajar que nos Super-Étendard ont frappé. Cette ville et son « camp d'entraînement de fous de Dieu » sont situés sur la voie ferrée Beyrouth-Hayak-Damas, à six kilomètres à l'intérieur de la frontière syrienne... Chacun est dans le flou mais personne n'évoque un possible fiasco de l'offensive française. A Paris, toujours aussi avare de mots, le ministère de la Défense consentait à préciser que « le raid du 17 novembre était une action destinée à prévenir le terrorisme contre nos troupes installées au Liban ».

Toutefois, sachant que des journalistes libanais ont pu inspecter les cibles de notre aviation, aller « aux résultats », Charles Hernu décide d'ouvrir un premier cran du parapluie. Le samedi 19 novembre au soir, son ministère se fend d'un nouveau communiqué :

« Le 17 novembre, à 16 h 20 (heure locale), l'aviation française, embarquée sur le *Clemenceau*, a bombardé un objectif strictement militaire situé au sud-est de Baalbek sur des instructions précises du ministre de la Défense et de l'état-major des armées.

« L'objectif était un camp militaire d'entraînement servant d'appui au mouvement terroriste que des renseignements soigneusement recoupés avaient permis d'identifier comme responsable de l'attentat de Beyrouth, qui a coûté la vie à cinquante militaires français.

« L'objectif, le camp cheikh Abdallah, était situé en dehors de la ville, à 800 mètres au sud-est des six colonnes du temple de Jupiter. L'ensemble, facilement identifiable (citadelle, bâtiment de commandement, antenne de télécommunication), mesure 650 mètres sur 450 mètres et comprend plusieurs groupes de bâtiments.

« Il avait été repéré et choisi de façon à n'atteindre aucune population civile ou bâtiment. Les Super-Étendard sont rentrés sur le porte-avions leur mission accomplie avec précision.

« Ainsi l'aéronavale française a-t-elle marqué une sanction contre le terrorisme. Cette opération a été conduite de manière totalement indépendante de toute autre force militaire étrangère. »

A Téhéran, l'hodjatoleslam Ali Hachemi Rafsandjani joue, sans doute involontairement, le suppôt d'Hernu. Ce président du parlement iranien annonce le dimanche 20 que quatorze gardiens de la révolution iraniens et trente combattants libanais ont été tués dans la région de Baalbek. A Paris, dans les salles de rédaction on croit avoir enfin trouvé les cadavres manquants... Mais en fait, les victimes dont parle l'hodjatoleslam ont été tuées, la veille du raid français, lors d'une attaque de l'aviation israélienne. Tsahal intervenait en représailles contre le camion-suicide qui, le 4 novembre à Tyr, au Sud-Liban, venait de provoquer la mort de quarante soldats de son armée d'occupation. Dans le froid décompte fait par Téhéran, les Super-Étendard n'étaient pas en jeu. Le jour même du raid français, la presse publiait une photo prise par un journaliste de UPI sur laquelle on voyait déjà une vingtaine de cercueils : ceux de hezbollahs victimes des Israéliens.

Le samedi 21 novembre, le coup d'éclat français ressemble de plus en plus à un fiasco. Par ailleurs, l'atmosphère diplomatique n'est pas « bonne », le monde occidental n'a pas battu des mains au raid de M. Hernu. Pis, au cours du sommet franco-italien qui vient, à Venise, de réunir Mitterrand et Craxi, le ton est resté glacé. Seuls les Israéliens affectent de se réjouir.

Face au scepticisme ou à la désapprobation, le ministre de la Défense doit « verrouiller » son dossier Baalbek. Son raid se transforme en peau de chagrin. Hussein Moussaoui, chef des fous de Dieu visés dans cette vallée de la Bekaa, fait des pieds de nez à notre ministre. Dans son hôtel Khawam dont pas une vitre n'a été brisée, le leader d'Al Dawa donne une conférence de presse au cours de laquelle il ridiculise le raid tricolore :

« Nous n'avons pas été surpris par le raid israélo-américain ni par l'agression française sur la caserne cheikh Abdallah. Nous nous félicitons, en quelque sorte, de ce qui s'est produit, car les musulmans du monde entier comprendront que l'Amérique, les sionistes et la France ont déclaré la guerre à l'Islam et à tous ceux qui rejettent l'oppression. Il est honteux de mettre en branle contre les déshérités toutes les flottes et toute cette technologie alors qu'il n'existe aucun début de preuve concernant notre responsabilité dans les attentats de Beyrouth et de Tyr. Les bilans publiés sont purement fictifs. En tout cas, même si nous devions avoir des milliers de martyrs chaque jour, que nul ne croie que nous arrêterons notre marche islamique de libération. Nous allons régler nos comptes un jour ou l'autre. Nous conseillons aux Occidentaux de partir le plus rapidement possible. Je précise que le raid israélien a fait seize tués et pas plus de trente-cinq blessés; quant au raid français, on peut vérifier que les comptes rendus faits par les médias sont une pure fiction. »

C'est donc à la télévision, une nouvelle fois utilisée comme une force de frappe politique, que Charles Hernu doit tenter de convaincre. En préambule le ministre explique :

« Notre objectif n'était pas de détruire aveuglément. Nous cherchions uniquement à sanctionner le terrorisme, ni plus ni moins qu'il ne convenait. »

Puis le patron de la Défense sort un jeu de photos qui doivent prouver la terrible efficacité de son raid. On voit nettement la graduation d'un système de visée photographique qui équipe les cinémitrailleuses des avions de combat. Le reste est assez flou. On distingue un mur et de la fumée. Rien de vraiment probant. Hernu aurait pu demander à ses confrères israélien ou américain de lui prêter des documents de meilleure qualité puisque, bien sûr, les aviations de ces deux pays ont analysé l'attaque française pas à pas.

Quatre jours après le coup de Baalbek, le ministre, sous la pression de l'opinion, est contraint de donner quelques précisions :

« Comme vous pouvez le constater, nous ne nous sommes pas acharnés sur ce dispositif de grande dimension. Toutes les bombes de 400 et 250 kilos sont tombées sans exception à l'intérieur du périmètre de ce camp.

« Nos avions, qui ont cheminé en trois patrouilles, constituées respectivement de deux, quatre et deux appareils, ont survolé Jounieh et réalisé leur attaque en un seul passage de trois vagues de deux ou trois appareils. Le retour s'est effectué à très basse altitude par des itinéraires différents et indépendants. Nous avons été l'objet de tirs d'artillerie antiaérienne, et l'activité radar de SAM-6 a été perçue par nos avions. Tous sont rentrés à bord du *Clemenceau* sans dommage.

« Les moyens employés ne permettaient pas, à l'évidence, de détruire tous les bâtiments et toutes les forces de ce camp dans lequel résident 100 à 250 personnels militaires des mouvements extrémistes islamiques.

« Nous sommes sérieux; nous avons rendu publiques toutes les informations dont nous avions pu vérifier l'authenticité. Je regrette que ces informations, dont le caractère est incontestable, aient pu être mises en doute par des rumeurs, des informations qui, si elles étaient toujours sans fondement, n'étaient jamais désintéressées. »

Quelques heures plus tard, s'il faut en croire le *New York Times*, l'allusion de Charles Hernu, « nous sommes sérieux », était un message adressé aux Américains qui, dans l'affaire de Baalbek, auraient lâché la France après qu'une action commune eut été prévue... Ce quotidien de New York écrit :

« Jusqu'au dernier moment, le raid a été conçu et organisé comme une opération conjointe franco-américaine destinée à frapper un bastion des militants chi'ites pro-iraniens qui, selon la CIA, étaient impliqués dans l'attentat du 23 octobre. »

Finalement, dans la lutte interne que se livrent les deux secrétaires américains, c'est Caspar Weinberger, responsable de la Défense, qui l'aurait emporté sur George Schultz qui dirige la diplomatie américaine. Weinberger estimait qu'un raid américain pouvait entraîner un conflit non souhaitable avec la Syrie. La France restait donc seule avec sa vengeance...

Petit à petit, le raid de Baalbek gagne l'oubli sans que quiconque se soit montré convaincu par les explications officielles. Le 3 décembre, c'est la revue spécialisée *Air et Cosmos* qui prolonge le débat, en voulant l'éteindre. Pour l'expert de ce journal, « sur le plan technique » la mission sur la vallée de la Bekaa est une grande réussite. Le journaliste insiste sur cet aspect technique comme on analyserait une manœuvre faite avec des cartouches à blanc, on note le geste, pas le chiffre des morts. *Air et Cosmos* précise donc :

« Trente-deux des trente-quatre bombes emportées forment autant de points d'impact dans le camp. A la dernière vague, l'un des pilotes des deux Super-Étendard ne parvient pas à larguer sa charge; plutôt que de procéder à un deuxième passage, compte tenu de la réaction de la défense antiaérienne, le pilote reçoit l'ordre de " larguer sur inerte ", ce qui devrait avoir pour effet de ne pas provoquer d'explosion des bombes à leur arrivée au sol. Le point d'impact des charges se situe hors du périmètre assigné et, malgré la précaution prise, les bombes explosent en prenant contact avec le sol, apparemment dans une zone non habitée. C'est ce double incident – non-largage en temps et lieux voulus et explosion de bombes dont les détonateurs auraient dû être désamorcés – qui fait du raid sur Baalbek une opération militaire non réussie à cent pour cent, mais sur le plan technique la mission a été intégralement exécutée et entièrement réussie. Le commandement n'ayant pas jugé utile, en fonction de la défense antiaérienne adverse, de faire procéder en fin de mission à un passage d'Étendard IV P pour prendre des vues photographiques aériennes, les seuls témoins du résultat du raid seront les images prises par les cinémitrailleuses des deux derniers appareils ayant participé au raid. »

Les pilotes de l'aéronavale ont-ils complètement manqué leur mission? Le pouvoir politique, par le biais de l'état-major a-t-il envoyé son aviation bombarder, volontairement, les cours d'une caserne vide? A ce moment-là le débat demeure.

Ce n'est pas le *Washington Post* qui va véritablement le trancher. Le quotidien rapporte le jugement d'un haut responsable du Pentagone qui déclare : « Les Français ont foiré leur raid sur Baalbek. » Selon la même source, les photos prises par les satellites et avions américains démontrent que la presque totalité de la caserne cheikh Abdallah est intacte. Selon ce même responsable, les Américains avaient envisagé une panoplie d'actions de représailles mais tout avait été bloqué « à moins qu'il s'agisse d'une attaque préventive destinée à empêcher un nouvel attentat ». Mais, ni la CIA ni le service d'intelligence de l'armée américaine n'avaient décelé de menaces motivant la mise en action des bombardiers.

Pour les services français, l'analyse sera identique, aucun rapport de la DGSE ne viendra atterrir sur le bureau de Charles Hernu pour l'inciter à faire décoller ses Super-Étendard. Les hommes de la « piscine » ont, en revanche, une bonne enquête sur les auteurs des attentats du 23 octobre contre Drakkar et le BLT des Marines.

Cette investigation démontre que l'attentat contre l'immeuble Drakkar a été entièrement monté par les services syriens. Le rapport met en cause une demi- douzaine d'officiers de Damas comme le colonel Ghazi Kanaan, patron des services spéciaux de la Syrie au Liban – un grand manipulateur des hezbollahs –, et le commandant Nourredine Sleimane qui, avant l'invasion israélienne, dirigeait dans ce même immeuble, qui deviendra le Drakkar, un service du renseignement syrien.

Les « Chevaliers rouges », organisation para-militaire créée à Tripoli puis à Beyrouth à l'instigation de Rifaat el-Assad, frère cadet du président syrien en homme-orchestre des coups tordus, sont également impliqués dans les attentats du 23 octobre. Officiellement dirigée par l'avocat Nasib Khatib, cette milice de deux mille hommes est totalement encadrée par des officiers syriens. La « piscine » sait que les commandos syriens n'agissent pas sans le soutien logistique du colonel Abdel Dyab. Quant à Abou Kifah et Abou Haydar (cousin de Hussein Moussaoui), ils jouent le rôle de sergent recruteur des commandos-suicide.

Ces personnages sont de vieilles connaissances du service de contre-espionnage français. Le 20 juillet 1980, à Paris, ce sont les Syriens qui ont abattu à coups de pistolet Salah

Bitar, fondateur du parti Baas et chef de l'opposition en exil. Le 4 septembre 1981, à Beyrouth, des tueurs agissant sur ordre de Damas abattent Louis Delamare, ambassadeur de France. Mohamed Yacine, agent spécialiste des « opérations ponctuelles » (assassinats) impliqué dans le meurtre du diplomate, travaille sous les ordres du colonel Ghanem, chef des services spéciaux syriens.

Mais, puisque rien n'arrête cette guerre secrète engagée par la Syrie contre la France, le 15 avril, Hassan Attich, Libanais habitant Zeitouné à Beyrouth ouest, tue à leur domicile Guy et Caroline Cavallo, fonctionnaires de l'ambassade de France. Sous une couverture de spécialiste du chiffre, Guy Cavallo est, en fait, un sous-officier agent de la DGSE. Pour accomplir son coup de commando, Attich a tout simplement voyagé à bord d'une 504 appartenant au commandant Nourredine, officier syrien alors basé à « Drakkar ».

Sept jours plus tard, c'est à Paris, face au 33, rue Marbeuf où se tiennent les locaux du journal *Al Watan Al Arabi* (qui n'aime guère le régime d'Assad), que des « diplomates » syriens parquent une voiture piégée qui provoque deux morts et soixante-deux blessés.

Soucieuse de réalisme politique, estimant qu'il est fondamental de maintenir des relations diplomatiques avec la Syrie, la France, fidèle en cela à l'exemple américain, passera sous silence la série d'attaques dont elle est victime de la part de ce pays. Quelle que soit la gravité de l'offense.

Dès le 30 octobre 1983, une semaine après l'attentat contre Drakkar, l'Élysée, le Quai d'Orsay et le ministère de la Défense ont toutes les données en main. On en revient au leitmotiv : la Syrie est coupable. Et on décide de ne rien faire contre Damas. Ce qui ne signifie pas que la France va rester les bras croisés.

Ensablée au Tchad, engluée au Liban, l'armée française a l'impression de se livrer à des grandes manœuvres meurtrières, qui ne servent à rien. Sur le terrain, le bidasse comme l'officier rêvent de « casser du bougnoule », qu'il soit chi'ite ou toubou. Le général Delaunay, officier n'aimant que les valeurs d'un très lointain passé, vient de démissionner de son poste de patron de l'armée de terre. René Imbot l'a remplacé. Le pouvoir doit donc agir pour démontrer qu'il ne laisse pas tomber cette armée qui lui fait toujours un peu peur. François Mitterrand ne se guérira jamais entièrement du syndrome Allende.

Sur le plan intérieur, les sondages ne sont pas excellents, on parle de cotes d'impopularité. Les stratèges estiment qu'une virile démonstration au Liban pourrait faire regrimper le thermomètre politique. Il serait donc très profitable d'expédier quelques bombes sur des « fous de Dieu » déjà désignés comme coupables.

Plusieurs plans sont mis au point. Des coups de commando terrestre, mais aussi des attaques terrestres. On veut associer l'ami américain, compagnon de deuil, dans cette entreprise de vengeance. D'accord pour marcher avec nos soldats, le Département d'État demande à son confrère de la Défense de travailler sur une stratégie commune.

On renonce au commando terrestre. Le Liban est un guêpier. Une milice peut en cacher une autre et, à tout instant, faire que les armées occidentales se retrouvent avec une poignée d'hommes prisonniers de bergers de la Bekaa. On va donc frapper avec les bombardiers.

La France souhaite l'appui de l'aviation américaine car le dernier raid conduit par notre aéronavale a failli très mal se terminer. Le 23 septembre précédent alors que l'aviation française, en représailles, larguait ses bombes sur une batterie syro-druze qui domine Beyrouth, un appareil a été touché par la DCA. Il n'a regagné le porte-avions *Foch* que de justesse. Le Liban n'est pas la guerre en dentelle que certains pouvaient imaginer. Les Américains eux-mêmes ont perdu des pilotes en voulant attaquer le Chouf avec la sérénité du pêcheur qui va tremper son fil dans une mare.

Très tôt, le matin du 15 novembre, François Mitterrand donne son accord à un raid aérien français. A ses côtés le général Saulnier, chef d'état-major particulier, organise l'opération en liaison avec Hernu et Jeannou Lacaze, chef des armées. Une coordination est toujours prévue avec l'aviation américaine qui doit accompagner les Super-Étendard dans les « représailles préventives ».

Boulevard Saint-Germain, au Centre opérationnel des Armées (COA) si bien décrit par le colonel Spartacus dans *Opération Manta* (« de jolies verrières mais un système de communications internes inefficace »), les képis réunissent leurs feuilles de chêne. Le contre-amiral Klotz, patron de la force navale expédiée au large du Liban, est mis dans le coup. En revanche, on ne met pas dans la confidence le général Cann qui dirige le contingent installé à Beyrouth. A partir de cet instant, le déclenchement du raid échappe à Charles Hernu qui n'en connaît que l'objectif et les modalités d'attaque. L'heure H sera le domaine réservé de l'Élysée.

Le maire de Villeurbanne est malgré tout satisfait car il est convaincu d'avoir « emporté le morceau » en imposant des représailles « de haut de gamme ». C'est-à-dire le bombardement à Baalbek de la caserne cheikh Abdallah occupée par deux cent cinquante hezbollahs. Attaque prévue pour être meurtrière, bien sûr.

Le ministre de la Défense a dû se battre contre Claude Cheysson et le Quai d'Orsay qui exigeaient que toute opération militaire française au Liban soit contrôlée par la diplomatie. Hernu et Jean-François Dubos, conseiller à la Défense que son patron tutoie, sorte de ministre en coulisse, ouvrent un front contre le lobby du « Quai ». Ils font valoir que quatre-vingts parachutistes ont été tués à Beyrouth depuis l'expédition de notre « force de paix ». Les hommes de la Défense ajoutent que l'on comprend mal la politique des Affaires étrangères qui protègent les Syriens alors que ceux-ci ont tué un ambassadeur, des fonctionnaires, expédié des obus sur la représentation diplomatique à Beyrouth. Pour ne citer que les faits les plus graves. Cheysson capitule, accepte le principe d'un raid de représailles à condition que la Syrie en soit informée. Cheysson trouve un allié inattendu en la personne de Caspar Weinberger, le secrétaire américain à la Défense, qui redoute « un nouveau bourbier vietnamien » pour ses Marines et souhaite que les Syriens soient mis au courant du raid sur Baalbek. Nabih Berri, patron de la milice chi'ite, Amal et le président libanais Amine Gemayel sont, eux aussi, informés de ce qui est en train de devenir un secret de polichinelle.

Le 15 et le 16 novembre, la météo n'est pas fameuse sur la montagne libanaise. De gros nuages hésitent entre la pluie et la neige. La visibilité n'est pas assez bonne pour lancer ce raid qui n'apparaît pas aux Américains comme une urgence. Chaque matin les pilotes de Super-Étendard ont assisté à la messe. Comme les toreros passent par la chapelle avant de rentrer dans l'arène. Par le biais de l'équipe de TF1, embarquée à bord du porte-avions *Clemenceau*, on sait que l'aéronavale prépare « quelque chose ».

Chacun des pilotes a pu bachoter sa mission, étudier des photos et des films de l'objectif. Depuis la fin octobre, l'aéronavale a fait trois vols d'observation au-dessus de Baalbek. Les Américains en ont fait autant, et possèdent des photos prises depuis un satellite espion. Les Israéliens ont donné leur dossier Bekaa à l'état-major américain. L'ensemble du camp Abdallah est donc bien défini. On connaît le rythme de vie de cette caserne qui, en permanence, grouille de Pasdarans.

Pour mettre à exécution le plan de l'état-major, les pilotes français savent qu'ils peuvent compter sur une couverture aérienne très puissante de leur allié américain qui va mettre en l'air ses avions F14 qui sont, dans le genre, les appareils les plus modernes du monde. Ils doivent préserver l'aéronavale des éventuelles attaques syriennes et brouiller les systèmes de guidage des missiles tirés depuis le sol.

Le 17, le temps s'est amélioré. Il fait froid mais plus clair. A midi, l'amiral Klotz reçoit directement de l'Élysée l'ordre d'attaquer. Le départ du raid est prévu vers 16 heures. Sur le pont du *Clemenceau* les Super-Étendard et Crusader sont prêts. Il ne manque pas un bouton de guêtre.

Vers 14 heures, l'état-major américain appelle d'urgence son équivalent français :

« N'attaquez pas. Les fous de Dieu ont quitté la caserne. Elle est vide. »

Paris maintient son ordre. Face à cette nouvelle situation, Washington se défile :

« Pas question de nous mouiller dans une telle opération. » Le Pentagone retire donc sa couverture aérienne.

L'état-major français s'en moque un peu car la Syrie a prévenu qu'elle resterait neutre et ne mettrait en action ni son aviation ni ses batteries de DCA SAM 6. *A priori*, nos pilotes ne courent pas grand risque.

A 16 h 20 les escadrilles décollent du *Clemenceau* qui se trouve alors à 180 kilomètres de Baalbek. Les unités de la 6e flotte américaine et les Israéliens sont informés. Simple précaution puisque, à l'écoute radio, ils suivent le trafic du porte-avions tricolore.

En abordant la chaîne ouest qui délimite l'entrée dans la vallée de la Bekaa, le chef de ces pilotes qui viennent pour une part d'Hyères, pour l'autre de Landivisiau est surpris par une attaque de missiles SAM. Ce qui est contraire au programme prévu. Les Super-Étendard captent les émissions radar de la batterie de missiles. L'aéronavale largue ses shafts, ses leurres, des paillettes métalliques et des ballons qui doivent tromper les SAM. Le patron envisage de donner l'ordre de faire demi-tour, quand, autour de lui, il voit les missiles monter, devenir fous et s'autodétruire.

Les pilotes français ignorent que les Américains apportent un appui discret et non officiel à leur entreprise. La 6e flotte a mis en action tous ses dispositifs de brouillage destinés à contrer le guidage des SAM. Parallèlement, des avions F14 ont pris l'air, et patrouillent entre Tripoli et Jounieh. Ils sont équipés de missiles Phœnix et, eux aussi, actionnent les leurres et le système de contre-batterie.

Les Super-Étendard, lors de leur vol d'approche d'à peu près un quart d'heure, se filment les uns les autres. En vue de Baalbek, les chasseurs-bombardiers montent à 800 mètres et préparent leur piqué en trois vagues espacées de trente secondes. Lors de la dernière vague, comme l'a décrit le magazine *Air et Cosmos*, un pilote ne parvient pas à larguer deux bombes. Il demande à son leader s'il doit faire un second passage. Le patron répond : « Négatif. Larguez sur neutre. »

Un éclat de SAM 6 a sans doute détraqué le dispositif de largage du Super-Étendard qui se débarrasse de ses charges sur un terrain « apparemment inhabité ». En fait, les charges qui devaient rester inertes explosent et tuent un berger qui sera la seule victime des représailles françaises... Pour éviter que la famille de ce pâtre de la Bekaa ne fasse trop d'histoires et n'intervienne devant les cours de justice, le gouvernement lui accorde immédiatement une somme de 1 000 000 francs.

Si ce gardien de moutons est mort, les gardes de la révolution sont, eux, en excellente santé. Prévenus du raid, ils étaient allés se mettre à l'abri dans des casemates hors de portée des tirs français.

Dans la caserne cheikh Abdallah, trois roquettes ont explosé sans provoquer d'importants dégâts. Une poignée de bombes a également atterri sur la caillasse qui pave la cour de ce camp militaire, faisant beaucoup de fumée. Le reste des charges est allé arroser la montagne environnante ou percer les murs d'une maison tenue à Baalbek par la Croix-Rouge (qui va protester officiellement). La France a donc bombardé les courants d'air, sur ordre. Les pilotes, chargés de cette mission au risque de se faire descendre, ne sont pas enchantés d'avoir été les instruments d'un bombardement à caractère médiatique.

Quelques heures après le raid, la DGSE tente d'en faire le bilan par l'intermédiaire du réseau d'information qu'elle est parvenue à mettre en place à Baalbek. Elle a infiltré au cœur des hezbollahs un lieutenant français d'origine arabe et un Libanais qui joue les agents de liaison.

Pendant plusieurs jours, la « piscine » n'a aucune nouvelle de son superespion. Finalement c'est en rentrant à Beyrouth que l'agent de liaison va révéler le pourquoi du silence du lieutenant : suspecté, découvert par les fous de Dieu, l'officier de la DGSE a été exécuté.

Cette mort va marquer la décadence du réseau libanais de notre service de contre-espionnage. La direction ne veut pas perdre ses hommes, ceux-ci ne tiennent pas à mourir pour faciliter des bombardements de courants d'air. N'ayant plus les moyens de s'informer au Liban, la DGSE met en œuvre une politique de charme envers les journalistes, hommes d'affaires, scientifiques ou médecins qui doivent séjourner ou voyager au pays. On leur demande de bien vouloir se laisser « débreefer » par des agents de la « piscine ».

Dans *Libération* du 21 novembre 1983, à propos de l'attentat contre Drakkar, Serge July écrit :

« Après l'explosion six noms sont rapidement communiqués à l'Élysée : ce sont ceux des exécutants. Ils appartiennent à une organisation militaire d'intégristes chi'ites pro-khomeinistes. On y retrouve des Libanais d'origine et des Pasdarans iraniens. Les camps de cette organisation sont localisés. Les services de renseignement ont la certitude, par recoupement, que la logistique des attentats a été fournie à toutes les étapes par les services secrets syriens... »

L'analyse est fausse. Les commandos de hezbollahs qui, à Beyrouth, font des attentats sont le plus souvent d'origine irakienne, exilés pour des raisons politiques et religieuses. Ils admirent certes Khomeiny mais leurs vrais maîtres sont Hussein Moussaoui ou le cheikh Mohamed Fadlallah. L'un est à Baalbek, l'autre prêche à la mosquée Radam dans le sud de Beyrouth. Le 12 décembre 1983, c'est un groupe d'Irakiens exilés qui mettra en place, la même nuit, onze véhicules piégés, devant des édifices représentant des intérêts étrangers au Koweit. L'ambassade de France est une de ces cibles.

En revanche, dans l'article de July, la mise en cause des Syriens « à toutes les étapes de l'attentat » correspond à la réalité. Mais, pour ne pas avoir à punir directement la Syrie, on préfère teindre les attentats du vert de l'islam intégriste pour n'avoir à frapper que sur des va-nu-pieds hezbollahs.

Les Américains sont même plus stoïques dans la période qui suit l'attentat contre son BLT qui tue 241 Marines. Aucun raid de « représailles » n'est mis en branle. Au contraire, les diplomates américains demandent au président Gemayel de serrer les liens avec la Syrie. Maintenant que les Palestiniens ont quitté le Liban, les États-Unis et son ami Israel sont satisfaits. Damas peut bien reprendre son rêve de « Grande Syrie » qui englobe une bonne partie du Liban.

On a laissé le travail de vengeance à la CIA. A Beyrouth, l'agence recrute, organise et finance un groupe contre-terroriste. Au printemps 1985, cette équipe va placer une voiture piégée dans le quartier du cheikh Mohamed Fadlallah qui vit entouré de ses gardes du corps (dont deux ont des passeports américains), dans un minuscule appartement de Borj El Brajnié. La bombe tue 90 personnes, des enfants, des femmes, des vieillards, mais ni Fadlallah ni ses soldats. A Washington, la CIA est obligée de s'expliquer sur ce carnage. On conclut que le groupe des contre-terroristes libanais a agi de sa propre initiative...

En France l'opinion comprend parfaitement que, le 17 novembre 1983, les Super-Étendard soient venus « châtier » ces hezbollahs assassins. Pour caricaturer, on explique aux Français qu'un commando a été entraîné à Baalbek puis qu'il est descendu en ville, à Beyrouth. Là il a préparé un camion bourré d'explosifs et exhorté un jeune homme à aller au ciel, en se suicidant au préalable contre le poste Drakkar...

Un an plus tard, cette certitude née des discours officiels n'a plus la même solidité. Jean-Marie Dejan de La Batie, père d'un parachutiste tué à Drakkar, apporte les éléments d'une enquête, la seule qui soit longue, contradictoire, sérieuse, sur la mort de son fils et de ses 57 compagnons. Antoine de La Batie était lieutenant au 1er RCP, basé avec un élément de sa compagnie au poste Drakkar.

Fataliste, mais jusqu'à un certain point, lui-même sous-officier, trente ans plus tôt, au 1er RCP, Jean-Marie de La Batie ne s'étonnait pas de la mort de son fils à Beyrouth. Il voulait simplement qu'on explique les circonstances de celle-ci. Après tout, même pour un accident de la route, il y a bien un constat, une enquête. De simples formalités que le vieil aristocrate n'a jamais pu obtenir. Il en a déduit que l'affaire était obscure. Avec sa femme et Thibaut d'Oiron, un journaliste qui était un ami d'Antoine, le clan a mis en route sa propre investigation. Les La Batie rencontrent quatorze des quinze survivants de Drakkar. D'après lui, aucun ne se souvient de coups de feu tirés ce matin-là pour tenter d'arrêter un camion-suicide. Toujours selon son enquête, ceux qui, au cours d'un interrogatoire militaire avaient déclaré avoir perçu des tirs l'auraient fait « à la demande des enquêteurs. Pour l'honneur du régiment ». Personne, ni à Drakkar, ni en face, au poste Catamaran, n'aurait remarqué de camion ou camionnette circulant rue des États-Unis, le long de Drakkar.

Autre découverte de La Batie : quand, sur plan, on reprend les cotes de la porte du sous-sol de cet immeuble dans lequel un camion-suicide se serait engouffré, on constate que, seule une jeep décapotée pouvait y pénétrer. Le camion-radio devait, lui, coucher dehors. De plus, au cours de l'examen des décombres de Drakkar, on n'aurait jamais retrouvé un seul morceau du véhicule suicide, comme ce fut le cas pour l'attentat qui a touché les « Marines ».

Par ailleurs, quel que soit l'entraînement des kamikazes il semble difficile de coordonner, à la minute près, deux actions suicides dans Beyrouth. Comme un pilote de Grand Prix, l'homme qui allait jeter son camion-suicide sur Drakkar, aurait attendu sur une ligne imaginaire, bloqué sur la route conduisant au cantonnement français... Toujours, d'après La Batie, pas un témoin français ou libanais n'aurait remarqué de camion dans ce coin désert où Beyrouth devient un terrain vague.

Autre élément troublant : avant de servir de casernement de fortune aux Français, Drakkar avait, pendant quelques jours de l'été, reçu la visite de soldats israéliens venus voir si, avant de déguerpir, les services secrets syriens du colonel Ghazzi Kanaan et du commandant Nourredine n'avaient pas laissé quelques intéressants vestiges...

Car les Syriens connaissent cet immeuble comme leur poche. Selon un expert du Fatah, il y a même dans ce secteur des tunnels creusés sous la direction d'ingénieurs est-allemands, permettant alors aux commandos syriens de se déplacer clandestinement. Par ailleurs, une règle de la guerre urbaine veut qu'avant de le quitter on piège un immeuble que l'on a occupé. L'enquête de Jean-Marie de La Batie conclut donc à la responsabilité des Syriens, à l'absence de commando-suicide, et, donc, au mensonge de la commission d'enquête militaire, dont les résultats ont été publiés par le gouvernement.

Pour l'État, selon La Batie, reconnaître qu'il n'y a pas eu de kamikaze, ce serait d'abord avouer que l'on a menti. Puis, remettre en cause le raid de Baalbek qui n'a pas frappé les responsables de l'attentat. Ce serait enfin dire que les paras de Beyrouth étaient mal protégés, mal informés des risques encourus.

Un communiqué officiel réitère la version du commando-suicide, d'après l'enquête diligentée par le général René Imbot, chef d'état-major de l'Armée de terre.

La Batie décide alors de porter l'affaire sur le terrain

politique. Là, il n'aura pas plus de succès. Le 30 octobre 1984, au cours d'une conférence de presse, Claude Labbé, président du groupe RPR au Parlement, annonce qu'il va exiger la constitution d'une commission d'enquête.

Trois mois et demi plus tard, le projet de Labbé est toujours au fond de son tiroir. La Batie, qui s'agite encore, est convoqué par le général de Bénouville, lui aussi député. L'entretien a lieu aux Champs-Élysées, dans les bureaux de *Jours de France*. Le père du lieutenant La Batie décrit ainsi la rencontre :

Pour commencer, le général m'a assuré de sa plus profonde et entière solidarité, avant de préciser : « Je suis en désaccord avec Claude Labbé qui a pris cette initiative seul, sans en parler à Jacques Chirac qui était en voyage en Corrèze. Aujourd'hui même, j'ai téléphoné au général Bigeard et à d'autres camarades. Ils estiment tous que cette histoire va remuer de la boue. Ils sont donc opposés à une commission d'enquête qui, obligatoirement, comporterait des communistes. Moi, je connais bien Hernu. Comme tous les fils de gendarme, il aime viscéralement l'institution militaire. De plus, c'est le moins mauvais ministre de ce gouvernement et nous avons intérêt à le ménager. Je lui ai parlé de votre affaire. Il est d'accord pour que vous consultiez le dossier Drakkar au ministère. »

La Batie est persuadé que le dossier est vide. Il le signale à Bénouville, qui, d'après lui, l'aurait conforté dans cette idée en lui disant :

– Je sais, je l'ai consulté hier. Il est creux et incohérent. Le rapport de Cann tient en quelques feuillets sans intérêt.

Leur conversation est coupée par un appel téléphonique. Le général de Bénouville parle, raccroche et s'explique :

– C'était justement Claude Labbé. Il admet avoir eu tort. Il propose de laisser pourrir l'affaire pour agir plus adroitement quand nous aurons gagné les élections. J'appellerai Hernu pour l'informer. Il m'a dit qu'il était d'accord pour une nouvelle enquête à laquelle vous pourriez participer, sous le sceau du secret...

La Batie refuse ce black-out. La conversation se termine là.

A la Défense, ce père à vif, à la recherche d'une vérité

douloureuse, est reçu par Jean-François Dubos, le « Père Joseph » d'Hernu, puis par le ministre lui-même. Hernu reconnaît que plusieurs parachutistes sont revenus sur leurs témoignages. Puis, le ministre sort une photo, qui, selon lui, est un élément décisif. Le document représente un immeuble.

« Regardez bien, vous pouvez constater qu'un véhicule piégé a parfaitement pu exploser à l'entrée de ce sous-sol. »

Pendant cinq secondes l'aristocrate est troublé. Il ne reconnnaît pas Drakkar. Il compte donc les étages. Il y en a neuf alors que le poste du 1er RCP n'en avait que huit. Le document n'était pas le bon!

Comme toujours, c'est le goût du mystère bien français qui a créé un malaise. Car pour l'armée l'affaire du Drakkar a bien été élucidée. Les conclusions de l'enquête se trouvent dans un dossier qui mesure en fait près d'un mètre de haut qui n'a pas été communiqué à La Batie. Il établirait que l'on a retrouvé de nombreux fragments du véhicule suicide. Son conducteur, en revanche, aurait été volatilisé. C'est un élément qui ajoute à la confusion.

Prenons les faits par ordre chronologique. Il est exact que l'on piège souvent les immeubles en les quittant à Beyrouth.

Seulement le Drakkar a été visité d'abord par les Israéliens, puis par les hommes du génie du colonel Quesnot, chargé de la sécurité du contingent français à Beyrouth. Des super-experts qui ont déminé tout Beyrouth sans perdre un seul homme. Ils n'ont rien trouvé. Ils ont exploré les fameux tunnels qui existent bien. Eux-mêmes les visitent fréquemment, pour déceler des risques d'attentats.

Au sujet de l'attaque même, selon l'enquête de l'état-major, le camion piégé n'a jamais pénétré dans le sous-sol de Drakkar. Il s'est jeté contre le deuxième pilier de soutènement, en commençant par la droite quand on regarde le Drakkar. L'explosion de la charge qu'il transportait aurait provoqué l'effondrement du Drakkar.

Sur les cinquante-huit morts, on n'a retrouvé sur le moment que cinquante-six corps. Il a fallu trois semaines au général Imbot, responsable de l'enquête, pour mettre la main sur les deux derniers. Après avoir fait fouiller toutes les morgues de Beyrouth, on les a finalement localisés à Wiesbaden, en Allemagne fédérale!

Il s'agissait de deux capitaines se trouvant dans un local situé derrière le pilier frappé par le camion-suicide, anciennement la loge de concierge du Drakkar, à l'épicentre de l'explosion. Sous le choc, leurs corps avaient été projetés à cent mètres du Drakkar. Une ambulance libanaise les avait ramassés, dans la pagaïe qui a suivi l'attentat, et emmené à une morgue où on les avait pris pour des Américains. Ils avaient donc suivi le sort des morts américains, transportés à Wiesbaden...

Le fait que les Syriens aient été impliqués, directement ou d'une manière détournée, dans ce massacre du Drakkar ne change pas le fond du problème. Rien ne se fait à Beyrouth sans leur accord et, il est certain, l'enquête américaine le démontre, que Damas a donné son feu vert à ceux qui, matériellement, ont préparé l'attentat.

Le gouvernement d'Hafez-el-Assad, outre sa volonté de voir Américains et Français quitter le Liban, avait d'autres raisons de frapper la France. A la suite de l'assassinat, par les services spéciaux syriens, de Louis Delamare, notre ambassadeur au Liban, la DGSE avait été chargée de le « venger ». Ainsi, ce sont les hommes de la « piscine » qui font sauter le 29 novembre 1981 le siège du parti Baas à Damas, structure politique officielle et unique en Syrie. L'explosion de Drakkar serait donc aussi une contre-attaque dans cette vendetta franco-syrienne. Dans laquelle Paris n'aura jamais le courage d'affronter directement Damas. On bombardera donc une caserne vide de Baalbek.

ACTION DIRECTE : QUI A BALANCÉ LA TAUPE?

Samedi 13 mars 1982, 19 h 45. Un homme habillé en postier sonne à la porte du petit atelier d'artiste-peintre de Gabriel Chahine, dans la discrète rue des Pruniers à deux pas du Père-Lachaise. A travers l'œilleton, Chahine distingue mal son visiteur. Il ouvre sans méfiance, pensant être le destinataire d'un télégramme.

En reconnaissant un des patrons d'Action directe (AD) en face de lui, il pousse un cri et tente de refermer la porte. Trop tard. Il reçoit deux décharges de chevrotines, tirées à bout portant, en pleine poitrine. La « tête brûlée » d'Action directe dévale alors les escaliers du deuxième étage et disparaît.

La compagne du peintre, sculpteur et réalisatrice de films, Marie-Josette, vingt-six ans, se trouvait dans la mezzanine de l'atelier, avec leur enfant, au moment des coups de feu. Elle n'a rien vu.

Au sein de la police parisienne, notamment aux Renseignements généraux, c'est l'affolement. Chahine est un de leurs meilleurs agents. Pourtant, puisqu'il faut donner le change, les journalistes accrédités ont droit à un de ces mensonges officiels dont la préfecture de police est coutumière, « Il s'agit d'un règlement de compte. La victime est inconnue des fichiers judiciaires. »

Né en 1931 en Égypte, à Alexandrie, Gabriel Chahine est libanais et a passé toute sa jeunesse à Beyrouth. Mais, pour des raisons mystérieuses, il doit quitter son pays d'adoption en 1977 en toute hâte. On retrouve sa trace à Toulouse, où ce marginal, artiste à ses heures, se marie et offre curieusement ses services à l'antenne de la DST. Toulouse est justement le berceau des fondateurs d'Action directe, et Jean-Marc Rouillan, le futur leader du mouvement clandestin, milite alors au sein des GARI, les Groupes d'action révolutionnaire internationalistes : des militants antifranquistes qui s'attaquent, à Toulouse et dans tout le Sud-Ouest, aux intérêts espagnols.

Chahine, artiste sans le sou, prétend connaître toute cette nébuleuse anarchiste. A Toulouse, la DST, embarrassée, ne sait pas comment utiliser cet « informateur spontané », qui veut, « en se mettant sous la protection de la police française », assurer sa sécurité. Il affirme qu'il est menacé de mort, notamment par des groupes palestiniens.

Les flics toulousains, qui n'ont qu'une confiance limitée en Chahine, lui conseillent de s'adresser à leurs collègues parisiens de la Direction centrale des renseignements généraux (DCRG) rue du faubourg Saint-Honoré.

A Paris, Chahine reçoit un tout autre accueil puisque en 1979, Action directe signe son acte de naissance en mitraillant le siège du CNPF. Et la DCRG n'ignore pas que les leaders du jeune mouvement terroriste viennent de Toulouse. Comme Chahine. Et décide de l'embaucher.

Le commissaire Pochon demande au peintre d'infiltrer Action directe : une mission pour laquelle il sera parfait. Chahine met à peine un an pour identifier la plupart des militants de AD, toute la mouvance « Autonome » et les anciens militants des NAPAP (Noyaux armés pour l'autonomie populaire).

Si les RG n'arrivent pas à prendre sur le fait les poseurs de bombes et les apprentis terroristes, ils les filent, les écoutent, les perdent, les retrouvent. Ils n'ont plus, grâce à leur « taupe », qu'à préparer un vaste coup de filet pour mettre un terme à la saga d'Action directe, qui le 15 avril 1980 vient de commettre un hold-up sanglant avenue des Ternes à Paris, tuant un gardien de la paix. De sang-froid.

En avril, effectivement, le filet est tendu et vingt terroristes sont arrêtés dans le Midi et à Paris. On y trouve des Français, des Italiens, des Espagnols, tout le gratin d'Action directe. Il y a ici les auteurs d'un hold-up commis à Condé-sur-Escaut, le 18 août 1979, qui avait rapporté 16 millions de francs à AD qui passait ainsi à la vitesse supérieure : le grand banditisme, c'était le nerf de la guerre contre le grand capital. Jusque-là Action directe s'était contentée de mitraillages symboliques et avait revendiqué une douzaine d'attentats qui n'avaient jamais fait de victimes. Le ministère du Travail, celui de la Coopération, installé en mars 1980, les sièges du CNPF et de la Sonacotra, à titre symbolique, avaient été choisis.

Jean-Marc Rouillan et sa compagne Nathalie Ménigon ont échappé à la grande rafle. Chahine, qui a merveilleusement réussi et n'a pas été repéré par ses amis terroristes, va plus loin. Le 13 septembre 1980, il tend un piège énorme à Rouillan et Ménigon. Il leur propose une idée folle du commissaire Pochon : rencontrer Carlos, le terroriste international, et cela dans un appartement de la rue Pergolèse, dans le 16ᵉ arrondissement de Paris. Chahine a dit à Rouillan que Carlos offrait un million de dollars à un groupe capable de faire sauter le barrage d'Assouan, en Égypte. Équipés de micros espions, les RG écoutent cette proposition en riant dans leur barbe. C'est là que Rouillan et Ménigon sont arrêtés en pleine rue par des inspecteurs des RG déguisés en attachés militaires d'une ambassade d'un pays arabe, et censés les mener à Carlos. Le coup a failli rater : Jean-Marc Rouillan exhibe un calibre 11.43, sans avoir le temps de tirer, tandis que sa compagne Nathalie Ménigon vide deux chargeurs de colt 45 sur les policiers, sans les atteindre.

Les deux terroristes, qui sont aussitôt incarcérés, ne se posent même pas de questions sur Chahine.

Ils sont en prison, mais Chahine est leur ami. Persuadés d'avoir été trahis, les deux jeunes gens ne vont jamais réussir à identifier le traître qui les a donnés.

Dix-neuf de ces militants purgent à cette époque des peines de prison pour attentats à l'explosif, tentatives de meurtres et association de malfaiteurs quand arrive le 10 mai 1981. L'euphorie de la victoire socialiste aboutit en quelques mois à la libération de la plupart des militants politiques : le 17 novembre, avec la mise en liberté d'Alain

Orsoni, il n'y en a plus un seul en prison. Au grand désespoir des policiers. Guadeloupéens, Bretons, Corses, militants d'Action directe ont été libérés par le biais d'une loi d'amnistie, de grâces individuelles, ou plus simplement pour raison médicale.

Dès septembre 1981, Chahine retrouve ses deux amis Jean-Marc Rouillan et Nathalie Ménigon qui semblent avoir rompu avec l'action violente. Le commissaire Pochon, considéré comme étant trop à droite, est muté aux Antilles.

Désabusés par ces libérations « qui réduisent à néant plusieurs années de travail », les hommes de la DCRG, comme la plupart des policiers parisiens, se contentent d'écouter et de suivre avec de molles filatures une cinquantaine de jeunes gens et de jeunes femmes, âgés de vingt à trente ans. Ceux-ci paraissent avoir enterré la hache de guerre et retrouvent les charmes discrets de la vie marginale et militante : occupation de « squatts », saccages de restaurants et de magasins de luxe. Les policiers, sans conviction, procèdent à quelques interpellations et perquisitions.

Mais les flics des RG, avec leurs collègues de la Brigade criminelle, ne se laissent pas totalement convaincre par la tranquillité apparente des « amnistiés » de AD. Ils sont persuadés que les militants ont « repiqué » très vite aux « braquages alimentaires », destinés à constituer un trésor de guerre pour des actions futures. Le pécule nécessaire au retour à un vrai terrorisme. Ils notent que de nombreuses attaques à main armée sont commises fin 1981 et début 1982 avec des équipes mixtes hommes-femmes. De vraies opérations militaires où on ne retrouve aucune figure connue du milieu. Ces attaques font appel à des voitures de protection qui « couvrent » les braqueurs. Les guetteurs en planque n'hésitent pas à ouvrir le feu sur les policiers qui interviennent : c'était le cas lors du hold-up de l'avenue des Ternes à Paris.

Les hommes de la DCRG ne peuvent absolument rien prouver, et surtout, démontrer à leur hiérarchie qu'Action directe, dont les militants n'ont pas replongé dans la clandestinité, prépare une nouvelle phase d'activisme terroriste. A l'image de *Rebelles*, le journal du mouvement. Un peu trop violent. Un peu trop inquiétant. Heureusement que la machine policière et ses fonctionnaires ont toujours leur « taupe » : Chahine est dans la place. Ils comptent sur lui pour prendre le noyau dur de AD en flagrant délit. Et donc, pensent-ils, passer outre à la curieuse « complaisance » du pouvoir envers ces terroristes d'ultra-gauche.

A l'Élysée et à Matignon, on est loin de faire la même analyse. On pense au contraire que le terrorisme marque le pas en France et en Italie, où se déroule le procès des tueurs d'Aldo Moro, l'ancien président du Conseil italien et chef de la démocratie chrétienne.

Pour se débarrasser du terrorisme, l'Élysée et ses conseillers se sont décidés à engager des négociations avec les amnistiés de AD, les Corses, les Bretons, les Guadeloupéens, et même les « Syriens ».

Pendant l'hiver 1981, des conseillers du Président et des membres du P. S. engagent des négociations avec AD. Pas question, bien sûr, d'en informer la DCRG ou la section antiterroriste de la PJ parisienne. Mais comment montrer sa bonne volonté à Rouillan, Schleicher et autres Ménigon, sinon en faisant savoir discrètement à AD qu'une taupe infiltre le mouvement pour le compte de la police?

Ce sont des conseillers de l'Élysée chargés des problèmes de sécurité, de superviser les services spéciaux et la lutte antiterroriste qui prendront la décision incroyable de lâcher le nom de Chahine à AD. C'est ainsi que, fin février 1982, le tueur à « la tête brûlée » d'Action directe va trancher en décidant d'exécuter Chahine. C'est chose faite le 13 mars. Libérés en septembre 1981, Nathalie Ménigon et Jean-Marc Rouillan n'auraient certainement pas attendu six mois pour « s'occuper » de la taupe du R. G., s'ils avaient eu le moindre doute...

Malheureusement, le lâchage de Chahine n'a servi à rien. « Le traître a payé », ont alors claironné les dirigeants d'Action directe. Mais, ce cadeau inespéré de l'Élysée n'a pas été apprécié à sa juste valeur par les terroristes : le 31 mars 1982, des militants de AD mitraillent la Mission d'achat israélienne, boulevard Malesherbes à Paris. Les négociations ne sont pas rompues pour autant.

Les policiers répliquent de manière maladroite à l'assassinat de leur indicateur numéro un. Les hommes du commissaire Devos, patron de la Brigade de répression du banditisme (BRB), apprennent l'existence d'une « cache » d'Action directe. L'information vient de la bouche d'inspecteurs de la DCRG. Ces policiers ont demandé à leurs collègues de ne pas intervenir dans l'immédiat. Ils comptent bien identifier, en surveillant ce box de parking au 4e sous-sol du 20 *bis* de la rue du Borrégo, dans le 20e arrondissement de Paris, les utilisateurs de cette « cache », qui porte le numéro 0022. Cette place de parking a été louée au nom de Joëlle Aubron, une jeune fille de « bonne famille », déjà repérée dans la mouvance autonome.

Le commissaire Devos, seulement soucieux de mettre la main sur les auteurs du hold-up de la place des Ternes qui ont, d'après lui, un lien avec cette cache, donne l'ordre à ses hommes de foncer jusqu'au box de la rue du Borrégo. Le 8 avril, l'ouverture du parking tient une partie de ses promesses. La BRB y découvre deux fusils à pompe, sept pistolets-mitrailleurs, six pistolets automatiques, deux revolvers, une grenade et de nombreuses munitions.

Des experts examinent les armes. Aucune n'a servi pour le hold-up de la place des Ternes, mais l'une d'elles, un PM « Sten », a été utilisée pour arroser la Mission d'achat israélienne. Un mitraillage imputé à AD. Voilà que les policiers viennent d'accréditer leur thèse : AD a « repiqué » au terrorisme. Mais ce succès policier est également une bavure si l'on constate qu'il suffisait de laisser les dix-sept armes dans le box pour arrêter au fil des jours tous ceux qui viendraient les récupérer. Un superbe flagrant délit.

Mais le commissaire Devos a décidé inexplicablement de déménager tout l'arsenal au quai des Orfèvres. A-t-il appliqué les consignes de sa hiérarchie, voire du gouvernement, visant à employer la méthode douce vis-à-vis de AD? La raison de cette gaffe est sans doute plus banale : une telle planque, sur un « objectif » même crucial, mobiliserait en permanence un effectif énorme de policiers.

Et la bavure continue : le 9 avril, au lendemain de la découverte de l'arsenal, Joëlle Aubron, vingt-trois ans, et Mohand Hamami, vingt-sept ans, sont arrêtés l'un dans le box, l'autre devant. Face à leurs dénégations, le commissaire

Devos ne pourra pas établir le moindre rapprochement entre ces deux militants de AD et l'arsenal découvert. « Nous sommes là pour réparer une moto qui se trouve dans le parking que j'ai prêté à des amis, sans savoir ce qu'ils voulaient en faire », dit Joëlle. Le 7 février 1982, Joëlle Aubron est condamnée par la cour d'appel de Paris à quatre ans de prison dont dix-huit mois avec sursis. Hamami est relaxé par cette même cour.

L'intervention précipitée du commissaire Devos, qui ne voulait pas se laisser « doubler » par ses collègues des RG, n'est que l'un des épisodes de la guerre qui oppose les polices dans la lutte contre AD. Mais, malgré tout, le box a « parlé » : les flics ont sous la main des tracts de AD rédigés en trois langues, français, arabe et turque, qui revendiquent au nom de mystérieuses FARL (Fractions armées révolutionnaires libanaises) l'assassinat du diplomate Yacov Barsimantov, deuxième secrétaire de l'ambassade israélienne à Paris, tué le 3 avril. Ces tracts et l'arsenal de la rue Borrégo laissent alors penser aux policiers français que AD sert de base logistique aux terroristes internationaux.

Quinze jours plus tard à peine, une bombe explose rue Marbeuf, toujours à Paris, faisant un mort et soixante-trois blessés. Au sein de la police c'est la grogne : les flics de base, mais aussi pas mal de patrons assimilant le terrorisme à la gauche. Pourtant, au lendemain même de cet attentat, ses deux auteurs sont identifiés grâce à un sac retrouvé rue Marbeuf. Il s'agit de deux diplomates syriens en poste à l'ambassade de leur pays rue Vaneau à Paris. Ce même jour, ces deux membres du personnel diplomatique sont déclarés *persona non grata* et expulsés à destination de Damas.

Comme lors de l'affaire de l'ambassade d'Irak en 1979 à Paris, où un diplomate de Bagdad avait tué l'inspecteur Capela de la Brigade criminelle, les policiers ont le sentiment « d'avoir les menottes aux poignets face au terrorisme d'État ».

Alors, certains flics reportent leur hargne, par médias interposés, contre Action directe. AD devient l'ennemi public numéro un. Discrètement et rapidement, un conseiller de Matignon prend contact avec les Syriens et obtient d'eux, à l'issue de longues tractations, que Damas cesse toute action terroriste en France.

Au beau milieu de cette situation bloquée entre l'Élysée et ses services de police, les uns essayant de négocier avec Action directe, les autres utilisant n'importe quel prétexte pour transformer ce mouvement en « internationale du terrorisme », Jacques Bacelon, journaliste au *Matin de Paris*, essaye désespérément d'échapper à cette dialectique. A défaut de connaître la vérité, il veut, au moins, se faire son opinion. Pour cela, depuis plusieurs mois il a noué des contacts avec AD afin de rencontrer Jean-Marc Rouillan et Nathalie Ménigon. Trois jours après Marbeuf, un pur hasard du calendrier, le journaliste obtient au dernier moment l'accord du couple pour un rendez-vous le soir même au bar d'un petit restaurant situé derrière le BHV, rue du Roi-de-Sicile.

Jacques Bacelon raconte ce dîner : « Dès cette époque, les deux jeunes gens sentaient que la presse et la police s'intéressaient trop à eux et ils vivaient dans une semi-clandestinité. Officiellement, ils ne faisaient l'objet d'aucune recherche. Ils voulaient témoigner avant que la police ne les arrête. Ils ne souhaitaient pas du tout lutter contre le gouvernement de gauche, qui avait toute leur sympathie, et rentrer dans la clandestinité. Rouillan et Ménigon étaient tout à fait conscients que la direction de la police éprouvait un malin plaisir à souligner que le terrorisme était une maladie de la gauche en appuyant sa démonstration sur Action directe et sa mise en cause dans la découverte de la cache d'armes de la rue du Borrégo. Tous les deux étaient amusés quoique inquiets en constatant l'amalgame fait par les policiers et la presse entre Carlos, Abou Nidal et Action directe ! »

Au cours de ce dîner, Rouillan et Ménigon précisent l'itinéraire politique de leur existence : les GARI pour le premier, les groupes d'extrême gauche (après avoir été dégoûtée par les « compromissions syndicales » en tant qu'élue CFDT à la Société Générale) pour la jeune femme. Entre deux éclats de rire, les deux militants se mangent littéralement des yeux tout en répondant aux questions. Ils se déclarent « écœurés » par l'attentat de la rue Marbeuf

« opposés aux attentats-massacres », et prennent soin de préciser que le sigle Action directe « appartient à tout le monde ». Il peut donc être utilisé par n'importe qui pour revendiquer telle ou telle intervention.

Au bout de trois heures le journaliste et les semi-clandestins se quittent. Bacelon remonte dans sa vieille Taunus blanche, le couple d'amoureux s'engouffre dans une magnifique Lancia qui ne fait l'objet d'aucune filature.

Un mois plus tard, le 26 mai, les policiers reprennent l'initiative en arrêtant à Paris et à Grenoble vingt-cinq sympathisants ou militants de AD qui sont tous remis en liberté dans la journée. Cette opération policière de pure intimidation a été déclenchée officiellement à la suite de la découverte d'un tract hostile à la venue du président Reagan en France, à l'occasion du sommet de Versailles. En vérité, les flics de la Brigade criminelle cherchent des indices dans deux affaires : le meurtre de Christian Chapman, le diplomate américain assassiné à Paris en novembre 1981, et celui de son collègue israélien, Yacov Barsimentov, tué le 3 avril 1982 (attentat revendiqué par les FARL et approuvé par des militants de AD sous forme de tracts). Mais les policiers font chou blanc.

A l'Élysée, on essaye toujours de dialoguer avec les dirigeants de AD tout en observant avec soin les initiatives policières. Il faut reconnaître que toute approche de AD est à cette époque particulièrement difficile puisque le mouvement éclate en deux fractions qui s'affrontent : les anticapitalistes et les anti-impérialistes ou antisionistes. Le début de l'été 1982 marque la reprise des attentats contre, cette fois, des établissements israéliens. La parenthèse de la prison et les premières hésitations sont terminées. Pour beaucoup, l'entrée des troupes israéliennes au Liban est une reprise de la « guerre » clandestine. A partir de juin, AD ne peut pas rester les bras croisés face au général Sharon qui écrase le Liban.

Le 9 août 1982, c'est l'attentat de la rue des Rosiers à Paris contre le restaurant Goldenberg (six morts et vingt-deux blessés). Dès le lendemain, huit militants de AD, parmi lesquels Jean-Marc Rouillan et Régis Schleicher, sont placés en garde à vue durant quarante-huit heures à la Brigade criminelle. Hasard, Jean-Louis Bruguière, le juge d'instruction chargé du dossier de la rue des Rosiers, instruit également la plupart des affaires imputées à Action directe. Déclarée responsable du cambriolage de la caserne de Foix (coup qui s'avérera avoir été commis par des truands), AD a l'habitude de subir des accusations hâtives.

Les policiers des RG, qui se sont promis d'en découdre avec AD pour venger Gilbert Chahine, sont enfin aidés dans leurs filatures par leurs collègues de la BRI (Brigade antigang) et de la SAT (Section antiterroriste de la Brigade criminelle). La rue des Rosiers leur permet de « mettre le paquet » sur Action directe avec, cette fois, la neutralité du gouvernement qui ne tient pas à heurter de front la thèse des policiers et celle du juge Bruguière. Une thèse qui repose sur des intuitions et des impressions, et que les conseillers de l'Élysée ne partagent pourtant pas.

Les RG réussissent à convaincre le juge Bruguière et le commissaire Mancini, chef de la SAT, d'utiliser la « technique du grignotage » pour s'attaquer au puzzle Action directe. En laissant de côté tout recours à des coups de filet spectaculaires.

Et Jean-Marc Rouillan va les aider. En effet, pour un groupe engagé officiellement dans une logique de la violence même passée, se taire équivaut à approuver les auteurs du massacre de la rue des Rosiers. Aussi, le 1er août, dans une interview accordée à Gilles Millet, journaliste à *Libération*, il déclare : « Nous n'avons rien à voir avec cet attentat et nous n'avons fourni aucun soutien logistique. » Cette mise au point faite, le leader de AD revendique tranquillement, au nom de son mouvement, trois attentats. L'un a été commis contre la voiture d'un membre de l'ambassade israélienne, l'autre contre une banque de l'ex-groupe Rothschild, la « Discount Bank », et le troisième contre le magasin d'un commerçant juif. « C'est une riposte tout à fait normale à la situation au Liban. C'est de la solidarité internationale », explique-t-il.

Voilà du pain bénit pour « Bru-Bru », surnom donné au juge d'instruction Bruguière par les militants de AD, qui fait diffuser le jour même dans tous les services de police une « note de recherches » visant Jean-Marc Rouillan. C'est une suite aux déclarations de celui-ci. A l'Élysée, François

Mitterrand doit le soir même parler du terrorisme à la télévision, les négociations avec Action directe ne sont plus du tout à l'ordre du jour. Il importe maintenant de faire un exemple après la tuerie de la rue des Rosiers. Avec insolence AD se présente comme exutoire. Le lendemain 18 août, le Conseil des ministres dissout ce mouvement et une cellule antiterroriste est créée à l'Élysée sous la responsabilité du commandant de gendarmerie Prouteau, chef du GIGN (Groupe d'intervention de la gendarmerie nationale), qui prend pour adjoints le capitaine Paul Barril et le commissaire Pellégrini, ex-chef de l'OCRB (Office central de répression du banditisme).

De quoi laisser pantois les policiers, qui n'apprécient guère ce virage du pouvoir politique vis-à-vis d'Action directe. Maintenant, sur instructions du gouvernement, les flics doivent mettre la main sur Jean-Marc Rouillan, parce qu'il a fait quelques déclarations à un journaliste... d'où la mauvaise humeur à la SAT, au quai des Orfèvres, qui avait déjà interpellé et gardé à vue le leader AD, une semaine auparavant (suite à l'attentat de la rue des Rosiers).

Or ce jour-là, les policiers avaient été époustouflés par l'irruption incompréhensible de Nathalie Ménigon en plein cœur des locaux de la Brigade criminelle (il faut pourtant montrer patte très blanche pour y monter). Elle y avait attendu la libération de son ami après avoir fait une scène aux policiers. Le groupe de flics chargé de la filer l'avait complètement perdue!

Le 24 août, Régis Schleicher, auteur d'un manuel destiné aux militants de AD intitulé *Comment échapper aux filatures*, se glisse à son tour dans les locaux de la Brigade criminelle pour y donner aux policiers de la SAT une lettre de Rouillan. Celui-ci indique qu'il est prêt à se présenter devant eux dès qu'il aura pris contact avec ses avocats. Les fonctionnaires sont bien obligés de laisser repartir Schleicher, alors qu'ils le soupçonnent d'avoir assassiné « l'indic » Chahine. Mais sans preuve décisive.

Ces pieds-de-nez d'Action directe agacent les policiers. Pour rassurer l'opinion publique face aux attentats – massacres (le train Capitole, Marbeuf et la rue des Rosiers), on leur demande d'arrêter Rouillan alors qu'ils pressentent que son audition ne fera pas avancer l'enquête sur ces tueries. De plus, le leader d'AD, jusqu'à preuve du contraire, n'est pas juridiquement l'auteur des attentats qu'il revendique. Seule la loi Peyrefitte (que les députés viennent d'abroger en première lecture) aurait permis de le coincer grâce à son article 266 qui entendait réprimer toute association ou entente entre malfaiteurs décidés à commettre des attentats du genre de ceux revendiqués par Rouillan.

Faute de pouvoir neutraliser les chefs, les policiers ratissent alors au sein d'une mouvance de ce mouvement qui s'est désolidarisée des antijuifs en déclarant sur Radio-Gilda : « Les récents attentats commis par Action directe sont des erreurs politiques. » Michel Camilltieri, un ancien des GARI, Charles Grosmangin et Olivier Chabaud sont inculpés et écroués le 19 septembre à la suite de la découverte d'un considérable dépôt d'armes à feu au 99, avenue du Général-Leclerc à Paris. L'arsenal : 150 bâtons de dynamite, 28 détonateurs, onze mètres de mèche lente, deux PM « Sten », une kalachnikov, une carabine américaine M1, deux fusils à canon scié, quatre pistolets automatiques, deux revolvers, douze chargeurs, plusieurs centaines de cartouches, des machines à écrire, une machine à fabriquer des clés, des gants, des perruques, des cagoules, six gilets pare-balles, de l'argent français et étranger. Mais surtout les policiers découvrent deux talkies-walkies et deux scanners. Ces deux derniers appareils ont leurs fréquences bloquées sur « Platon 71 », « 22 » et « 21 », les indicatifs respectifs des RG et de la Brigade criminelle. Les gens de AD ont parfaitement identifié les équipes qui s'intéressent à eux dans la structure policière.

Malgré l'importance de cette cache d'armes, certains commissaires ou inspecteurs de la Brigade criminelle ne partagent pas les convictions de leurs collègues des RG toujours aussi acharnés à « bouffer » du militant de AD pour venger Gilbert Chahine. Ces enquêteurs ne sont toujours pas convaincus que cette cache d'armes pose Action directe comme force réelle sur le plan du terrorisme national ou international. Pas plus que l'arsenal retrouvé rue du Borrégo. En fait, ils sont persuadés qu'il faut plutôt aider les gens de AD, des paumés qui peuvent se mettre à la remorque de n'importe quel service spécial étranger. Il suffit pour cela d'une bonne manipulation.

Ces flics rencontrent donc régulièrement des militants du mouvement dissous pour échanger des tuyaux. Parfois pour contrecarrer les initiatives à leurs yeux « un peu folles » des RG. Et surtout pour mieux les connaître. L'arrivée inopinée de Nathalie Ménigon et de Régis Schleicher dans les locaux de la Criminelle avait peut-être été facilitée par certains de ces flics. En ce début d'automne les hommes de la « Crime » acquièrent un certain nombre d'informations qui viennent éclairer le sens de leur travail sur Action directe. Ils obtiennent par exemple la confirmation que la chaîne d'informateurs qui a fait savoir à AD que Chahine était « une balance des RG » a pour origine des conseillers de l'Élysée. La Brigade criminelle a maintenant la certitude que les patrons des RG connaissent les noms de tous les membres impliqués dans cette affaire de fuite qui a abouti à l'assassinat de Chahine. Les cerveaux de la Criminelle comprennent mieux l'acharnement que mettent les RG pour démontrer au pouvoir politique qu'il s'est trompé.

Autre mystère qui cesse d'en être un : la bavure de la rue du Borrégo. C'est dans cette voie de passage que des fonctionnaires de la Brigade de répression du banditisme, sous les ordres du commissaire Devos, étaient intervenus pour ouvrir et vider une cache d'armes de AD. Personne n'avait compris que ces Maigret n'aient pas laissé tout en place et tendu une souricière. De la police élémentaire.

En fait, Devos savait que ce petit arsenal, cette planque, était fréquentée, entre autres, par Mohand Hamami. Important personnage puisque, en Algérie, il est le neveu du n° 2 des services spéciaux et militant du FLN. Hamami, par le biais de son oncle, est en relations constantes avec la DST qui livre à Alger des informations sur son opposition en France. En échange l'Algérie donne à la France des tuyaux sur le terrorisme international. Intouchable, le jeune Hamami ne devait donc à aucun prix être pris dans une rafle contre AD. Curieusement, AD s'est « posé quelques questions » au sujet de Chahine avec l'aide de l'Elysée, mais n'a jamais suspecté Hamami de jouer double jeu. Encore un mystère...

Quelques semaines plus tard, les policiers des RG enragent en découvrant dans *le Matin de Paris* du 15 octobre une interview de Jean-Marc Rouillan qu'ils cherchent désespérément. Ils ignorent que leurs collègues de la « Crime » mettent plutôt le pied sur le frein. « En apprenant par la presse que j'étais recherché, nous étions tombés d'accord sur ma reddition », explique le leader de AD au journaliste Jacques Bacelon qui lui demande dans quelles conditions il avait essayé de se présenter au juge d'instruction à la fin du mois d'août, « mais nous nous sommes vite rendu compte que l'État n'accepte pas cette reddition. Des effectifs de police campent devant la porte du juge pour m'intercepter et m'empêcher d'y pénétrer librement. Mes avocats sont étroitement surveillés. Je l'ai dit, et je le redis, je ne suis pas clandestin. [...] La campagne de personnalisation faite sur mon dos est un appel au meurtre, dans ce contexte, je préfère attendre. J'ai l'expérience judiciaire suffisante pour savoir jusqu'où on peut aller pour éliminer un individu », conclut Jean-Marc Rouillan.

Le leader de AD a peur d'être « mesrinisé » pour payer la mort de Chahine et comme bouc émissaire responsable des attentats-massacres de l'été. La veille de l'interview, le jeudi 14 octobre, M. Joseph Franceschi, tout nouveau secrétaire d'État à la Sécurité publique, avait lui aussi utilisé la méthode Coué et l'amalgame en déclarant :

« Jusqu'ici, on divisait le terrorisme en deux : le terrorisme interne et le terrorisme externe, même si l'on subodorait qu'il y avait des liens entre eux. Aujourd'hui j'ai la preuve qu'Action directe est soutenue par des organisations antisionistes et propalestiniennes. »

En fait, les policiers n'ont pas la moindre preuve de ces liens, seulement des intuitions reposant sur l'utilisation du sigle FARL (Fractions armées révolutionnaires libanaises) par une organisation revendiquant quatre attentats à Paris.

Pour l'assassinat de Barsimentov, le diplomate israélien tué le 3 avril 1982, la revendication avait été faite en même temps à Beyrouth et en France. Dans le second cas, c'est à Paris que cela avait été fait au moyen de tracts tirés par des proches de AD. Aucun élément matériel n'est venu renforcer ce soupçon, notamment sur le plan des liens organiques entre ces différentes organisations.

Cette intervention peu prudente du secrétaire d'État à la Sécurité publique survient juste après l'arrestation de Frédéric Oriach, un maoïste et ex-dirigeant des NAPAP (Noyaux armés pour l'autonomie populaire), que les policiers des RG considèrent comme l'un des fondateurs de AD. Dans les bagages, déposés à la consigne de la gare de l'Est par Oriach, les policiers découvrent des brouillons de revues subversives imprimées en Belgique et approuvant des attentats sanglants comme celui de la rue de la Bourdonnais (où deux artificiers de la préfecture de police sont tués) et de la rue Cardinet (trois blessés graves). Mais rien que des brouillons, alors que, selon le noyau dur de AD, Oriach n'a jamais fait partie de leur mouvement « dont le sigle appartient à qui veut l'utiliser »... Oriach sera condamné à dix ans de prison.

Mais cela ne suffit pas aux hommes des RG qui n'ont qu'une idée : casser AD. Maintenant, le parapluie gouvernemental leur donne des ailes. La technique du grignotage des terroristes est oubliée.

Cette précipitation des RG provoque, le 20 octobre, une nouvelle bavure lorsque ces policiers spécialistes du renseignement accompagnés par leurs collègues de la Brigade antigang tirent en pleine rue dix-huit coups de feu sur Eric Moreau, un militant de AD, qui parvient à s'enfuir très légèrement blessé.

Il est alors 23 h 45 : le jeune homme, fils du commissaire de Colombes (Hauts-de-Seine), rentre à pied à son dernier domicile « connu » au 69 de la rue Saint-Fargeau (20e) lorsqu'il est encerclé par des véhicules de police. Eric Moreau fait un roulé-boulé entre les véhicules banalisés, s'enfuit sur la chaussée sous une grêle de balles et disparaît au bout de la rue.

L'origine de cette tentative d'arrestation : le jeune homme avait été photographié au jardin des Plantes en compagnie de plusieurs des personnes arrêtées fin septembre, après la découverte de la cache d'armes de l'avenue du Général-Leclerc. Les policiers de la SAT se félicitent d'être restés dans leurs voitures, rue Saint-Fargeau, alors qu'il semble bien que les flics des RG et de la Brigade antigang se sont tiré dessus, les uns et les autres croyant qu'Eric Moreau avait ouvert le feu sur eux. Les acteurs de ce fiasco sont obligés de cacher la vérité, sous peine de se ridiculiser, et prétendent que le jeune homme était armé d'un revolver et qu'il leur a tiré dessus. Dans la magistrature et la hiérarchie policière personne n'est dupe. Cette bavure calme le jeu entre AD et les policiers des RG. De leur côté, les hommes de la Brigade antigang et leurs voisins de la SAT se jurent de ne plus suivre aveuglément les RG dans ce type d'affaires.

Cet échec achève de convaincre François de Grossouvre, ses conseillers ainsi que Gilles Ménage, chef de cabinet du Président, chargé de superviser l'action des services de police, que les flics de la Crime et les RG doivent passer la main.

C'est donc le capitaine Paul Barril, leader de la cellule antiterroriste de l'Élysée, qui reçoit la mission de retrouver les principales têtes de AD, de les amener à se rendre tout en fixant avec elles les conditions d'une réelle négociation. Tout cela sans prévenir, bien sûr, le quai des Orfèvres et le juge Bruguière. Paul Barril prend contact avec Jacques Bacelon qui vient d'interviewer Jean-Marc Rouillan. Le gendarme et le journaliste se rencontrent à deux reprises rue d'Argout, près du *Café noir*, un établissement fréquenté par des proches d'Action directe.

Le journaliste contacte l'avocat de Rouillan, Me Thierry Fagart. Une vingtaine de réunions ont lieu dans un bistrot près du BHV, à Paris, entre Me Fagart et Barril, Jacques Bacelon se contentant d'assister à titre d'observateur, de témoin « se portant garant de toute absence de violence de la part de l'officier de gendarmerie ». L'avocat au fil de ces rencontres exige des garanties. Paul Barril écrit une première lettre à l'en-tête de l'Élysée, puis en envoie une seconde, rédigée par Prouteau, qu'il remet en mains propres à Me Fagart.

Ces garanties établies, Jean-Marc Rouillan semble donner son accord, via Me Fagart, pour une reddition dont les modalités sont étudiées par Paul Barril et l'avocat. Une opération aéroportée sera mise sur pied dans la région de Montpellier avec la participation du GIGN. Un avion du

GLAM (Groupe de liaison aérienne ministérielle) doit y prendre en charge Jean-Marc Rouillan. Le capitaine envisage, au moment du déclenchement de l'opération, de prévenir le magistrat localement compétent.

Le 25 décembre 1982 et le 1er janvier suivant, l'opération projetée est reportée. A chaque fois, Me Fagart affirme à Paul Barril, au dernier moment, que Jean-Marc Rouillan fait des difficultés et finalement qu'il n'est pas d'accord pour se rendre. L'opération reddition capote ainsi définitivement.

Bien évidemment, les policiers des RG sont rapidement informés de cet échec. Furieux, ils montent un énorme « bateau » aux gendarmes du GIGN. Un flic appelle Paul Barril à l'Élysée et lui apprend que Jean-Marc Rouillan et Nathalie Ménigon sont confortablement installés dans un restaurant parisien. R5-turbo, CX-break, gyrophares, sirènes, les militaires sortent le grand jeu pour échouer face à des banquettes vides un jour du début janvier 1983, sous l'œil de quelques observateurs qui contiennent mal leurs éclats de rire... Ce double échec ne décourage pas les gendarmes qui commencent à cette époque à s'intéresser aux « squatts ». Hasard d'une enquête : le commandant Beau, de la Section de recherches de la gendarmerie d'Ile-de-France, propose à des marginaux fanatiques d'armes à feu de passer l'éponge sur leurs exercices de tir dans la forêt de Fontainebleau. En échange, ces jeunes doivent « balancer » Schleicher comme étant bien l'auteur de la tentative de meurtre commise sur Alain Carpentier, le 5 janvier 1982, lors d'une bagarre entre squatteurs maghrébins et turcs (ces derniers étant appuyés physiquement par des militants de AD). Alain Carpentier fait justement partie de ce groupe de jeunes marginaux qui, en compagnie d'un de ses copains et d'une amie, dans le bureau du juge Bruguière, accuse Régis Schleicher, Nathalie Ménigon et un autre militant de AD, alors en prison, de l'avoir attaqué. Les gendarmes sont contents. Ils ouvrent une procédure, qui pourra toujours servir en cas d'arrestation.

Dès lors, les principaux leaders d'Action directe entament une longue plongée dans la clandestinité. Leur fuite n'est pas éperdue. Le porte-monnaie gonflé par leur hold-up, pourvus de nombreuses planques, Jean-Marc Rouillan et

Nathalie Ménigon, par exemple, voyagent beaucoup en 1983. On les voit en Belgique, en Italie et en Algérie, où Mohand Hamami visite souvent sa famille. Ils nouent des contacts très étroits avec des terroristes italiens des COLP (Communistes organisés pour la libération du prolétariat). Peu à peu, AD devient une organisation italo-française. Ses attentats sont de plus en plus dévastateurs, sans être meurtriers.

Les différents services de police suivent maintenant tranquillement la trace de ces hommes et ces femmes qui vont commettre leur premier meurtre de sang-froid. Le 31 mai 1983, en plein jour, avenue Trudaine à Paris (9e), trois gardiens de la paix en civil, dont une femme, demandent leurs papiers d'identité à quatre jeunes gens qui sont en train de charger des sacs visiblement très lourds à l'intérieur d'une voiture. Au lieu de réclamer, par radio, l'intervention de renforts après avoir donné le numéro du véhicule, ces jeunes policiers se sont jetés dans la gueule du loup.

En effet, trois autres jeunes gens « en protection » sur le trottoir se ruent dans le dos des policiers et ouvrent le feu avant de les achever à terre d'une balle dans la tête. Seule la femme policier a le temps de s'enfuir.

Dès le départ de l'enquête, en raison de la présence d'une femme parmi les agresseurs, les hommes de la SAT et de la Crime sont persuadés que AD a commis sa première faute irréparable. Les RG voulaient venger Chahine en « flinguant » à l'occasion Jean-Marc Rouillan ou Régis Schleicher. Leurs collègues du quai des Orfèvres vont se lancer, eux aussi, dans une gigantesque traque pour arrêter les assassins des deux gardiens de la paix.

L'affaire a des suites politiques : manifestation de policiers contre Gaston Defferre, place Beauvau, et contre Robert Badinter place Vendôme et devant son domicile personnel; sanctions contre les commissaires n'ayant pas assuré le service d'ordre lors de ces manifestations; révocation du préfet de police de Paris et du directeur de la police nationale.

L'Élysée et Matignon sont intervenus au niveau de la « gestion policière ». Mais n'est-il pas trop tard pour prendre conscience du caractère dangereusement politique des problèmes de police? La gauche apparaît enfin prête à assumer une stratégie de contrôle et de réforme de la police. Mais les Prouteau, Ménage et autres conseillers plus ou moins techniques ont eu le temps de séduire et, par la création d'une sorte de police parallèle, d'affaiblir l'autorité de l'État.

Le gain que tire le pouvoir politique d'une guerre entre la police et la gendarmerie se dissout dans un immense malaise. Action directe met en quelque sorte au défi l'Élysée de trouver une voie moyenne entre un idéalisme laxiste et un réalisme sécuritaire.

Cinq mois après le double meurtre de l'avenue Trudaine, en octobre 1983, un colosse italien, Ciro Rizzato, membre des COLP, est tué par des policiers avenue de Villiers à Paris (17e). Il protégeait la fuite de ses complices, dont Régis Schleicher, qui venaient d'être filmés lors d'un hold-up commis dans une agence de la Société générale. Les braqueurs prennent la fuite à bord d'une R20 volée qui, miracle, sera retrouvée dans la nuit le long d'un trottoir du 18e. Une souricière est tendue : personne ne vient. En plein jour, lorsqu'il ne reste plus qu'une seule voiture de planque, deux jeunes gens montent dans la R20 et démarrent. Les deux policiers filent la R20, mais découvrent qu'ils sont eux-mêmes suivis par une Jetta. La R20 heurte un autre véhicule et ses deux occupants s'engouffrent dans la Jetta qui disparaît sous le nez des policiers bloqués dans un embouteillage.

En novembre 1983, l'arrestation d'un journaliste, Xavier Baudet, montre aux policiers qu'il leur faut désormais « tirer la laine d'un passe-montagne tricoté des deux côtés des Alpes ». En effet, les amis de Baudet appartiennent aussi bien à l'extrême gauche italienne qu'à Action directe. A son domicile les policiers de la SAT trouvent armes, explosifs et faux papiers mais aussi les numéros d'immatriculation des véhicules des fonctionnaires qui viennent de l'arrêter. Questionné, ce journaliste, employé par une société de documentation sur l'Afrique, « craque ». Il avoue qu'il travaille pour la DGSE et donne même le nom de son officier traitant, un colonel de la DGSE qui vient d'être nommé, au grade de général, à la tête du 13e régiment de dragons parachutistes; cette unité basée à Dieuze, en Moselle, travaille essentiellement pour la division Action de la « Piscine ».

Interrogé, le général confirme les dires de Baudet, précise que celui-ci infiltre AD et les Brigades rouges, et révèle que cette manipulation s'est faite en parfait accord avec la Cellule antiterroriste de l'Élysée. Savoir exactement ce que Baudet et son général mijotaient, c'est se heurter au colossal mur du « Confidentiel Défense »...

Toutefois, les policiers ont des raisons de se réjouir au même moment : la cellule antiterroriste de l'Élysée est dépossédée de ses attributions (à la suite de l'affaire des Irlandais de Vincennes). De plus, le ministère de l'Intérieur, en accord avec le juge Bruguière, décide que le commissaire Tchividjan et ses hommes de la SAT sont chargés dorénavant de coordonner, au niveau national, le dossier Action directe.

Depuis le hold-up de l'avenue de Villiers et l'arrestation de Baudet, les RG surveillent de plus en plus les activistes italiens. Et début décembre, ils communiquent au préfet de police l'adresse d'un appartement inoccupé de Levallois-Perret qui pourrait servir de cache d'armes à des terroristes. Les RG ont « retapissé » Vincenzo Spano, un brigadiste qui fait l'objet d'un mandat d'arrêt de la justice italienne que la justice française n'exécutera pas, faute de motifs convaincants.

Les RG ont également repéré les allées et venues dans cet appartement de plusieurs autres personnes parmi lesquelles ils n'ont reconnu aucune figure connue d'AD. La brigade criminelle ayant été accusée d'avoir communiqué des informations au *Canard enchaîné* (encore dans le cadre de l'affaire des Irlandais de Vincennes), le préfet de police Guy Fougier, sur ordre du ministère de l'Intérieur, donne l'ordre le 4 février 1984 au commissaire Claude Cancès, chef de la Brigade antigang, d'aller arrêter un extrémiste italien à Levallois-Perret. Sans aucune indication supplémentaire.

Dès l'arrivée sur place du commissaire, Schleicher sort, dégaine un revolver et passe à côté du policier resté à son volant, lequel n'ose pas bouger de peur de provoquer un massacre sur le trottoir. Le fuyard prend un conducteur en otage et disparaît en compagnie d'une complice. Finalement, Cancès doit se contenter d'interpeller Spano avant de se faire rappeler à l'ordre par le préfet de police, qui lui reproche de ne pas avoir ouvert le feu. Pourtant, ce même préfet et les RG sont les véritables responsables de cette énième bavure. Le commissaire Cancès aurait mis en place un dispositif très différent s'il avait su qu'il traquait Schleicher. Comment les gens des RG n'ont-ils pas identifié, même déguisé, ce leader de AD qu'ils connaissent par cœur? Ils n'ont jamais signalé la présence de la « tête brûlée » de AD dans cet appartement de Levallois. A l'intérieur, les policiers ont découvert « de quoi équiper une section de paras », cela ne les console pas d'avoir encore raté Schleicher. Celui-ci vient de réaliser sa troisième belle. Plus dur pour les enquêteurs : d'après certains « tuyaux » Jean-Marc Rouillan a assisté, de loin, à la scène.

Le 13 mars, Régis Schleicher, Jean-Marc Rouillan et Nathalie Ménigon réussissent à échapper à des policiers belges. Alertés par leurs collègues français, les Belges avaient tendu un piège qui n'a pas fonctionné, dans une agence de location de voitures. Les trois clandestins ont capturé l'un des policiers, l'ont relâché un peu plus tard, et ont disparu. En réalité, un énorme dispositif policier suit, perd, puis retrouve les principaux dirigeants. Ainsi, dès leur arrivée à la frontière française, juste après avoir échappé aux policiers belges, Schleicher, Ménigon et Rouillan sont pris en filature. Mais ils repèrent cette surveillance et réussissent, près de Lyon, à la casser.

Désespérés, les policiers se rabattent sur leur unique chance, leur seule carte, Helyette Besse, une libraire anarchiste de 53 ans, sympathisante de AD et proche de Jean-Marc Rouillan. Le 14 mars, elle prend le train à la gare de Lyon. Une vingtaine de flics montent dans le Paris-Marseille. Une dizaine de voitures rapides se lancent sur l'autoroute du Sud et vont systématiquement s'arrêter à toutes les gares du parcours. Finalement, la quinquagénaire descend à Avignon et conduit « gentiment » ses accompagnateurs jusqu'au pavillon occupé par Schleicher au Pontet.

Le 15 mars, le juge Bruguière et le commissaire Tchividjan décident d'arrêter tout le noyau central de AD qui s'est mis au vert dans cette villa près d'Avignon. Régis Schleicher, Helyette Besse et deux « porteurs de valises », Gérard Delbet, instituteur, et Marie-Claire Voisine, secrétaire, âgés tous deux de trente-deux ans, se rendent sans faire d'histoires. Une Italienne et un Espagnol sont également inculpés et écroués, la première pour recel de malfaiteurs, le second pour détention d'armes de guerre. Les policiers comprennent aujourd'hui qu'ils ont fait une énorme gaffe. Il suffisait d'attendre, donc de n'arrêter personne, pour voir arriver un jour, au Pontet, Ménigon et Rouillan. Cette chance, ils ne la retrouveront pas.

Schleicher et les deux frères Halfen, militants jusque-là non identifiés, arrêtés cinq jours plus tard, sont inculpés le 13 juillet 1984 pour l'assassinat des deux policiers tués un peu plus d'un an auparavant avenue Trudaine à Paris. Une militante d'Action directe, écœurée par ces tueurs auxquels elle avait prêté son appartement (situé à 200 mètres de l'avenue Trudaine) les a dénoncés. On a retrouvé leurs empreintes dans l'appartement et ils ont été reconnus sur photo par les voisins.

Le dernier coup de filet policier de 1984, en décembre, aboutit à l'inculpation de six personnes pour associations de malfaiteurs, dont la journaliste de France-Inter Paula Jacques.

Vendredi 25 janvier 1985 : il est 20 h 50 lorsqu'une R20 stoppe devant une villa au milieu du quartier résidentiel de La Celle-Saint-Cloud. A son volant, l'ingénieur général de l'Armement René Audran, cinquante-cinq ans, un veuf au physique de play-boy, père de trois enfants, exécute une marche arrière pour se glisser dans son garage. Au moment où la Renault monte lentement sur le trottoir, une main ouvre la porte du conducteur et braque un pistolet de calibre 11.43. Huit coups de feu sont tirés. Touché de deux balles dans la tête, et de deux autres dans la poitrine, le directeur des Affaires internationales au ministère de la Défense est tué sur le coup.

A 21 h 15, un journaliste reçoit un coup de téléphone :

« Allô, vous avez un stylo? Action directe revendique l'exécution de René Audran, directeur des Affaires internationales du ministère de la Défense. Signé : Commando Elisabeth Van Dick, membre de la RAF, exécutée à Nuremberg en 1978. »

Cette revendication tombe alors que la police est encore

en route vers La Celle-Saint-Cloud. Elle a été faite par une femme. Ce n'est pas la voix de Nathalie Ménigon. Ce message trouble la police, car, sur la partie qui concerne le titre du général Audran, il est extraordinairement précis. Celui-ci venait d'être nommé directeur des Affaires internationales au ministère de la Défense, huit mois auparavant. Ces nouvelles fonctions qui en faisaient le responsable des ventes d'armes françaises dans le monde n'avaient pas été publiées.

En revanche, le communiqué se trompe sur la date de la mort d'Elisabeth Van Dick qui se situe non en 1978, mais le 4 mai 1979.

Avant même ce nouveau coup spectaculaire, la répression a gagné en efficacité : dix-neuf militants de AD sont alors en prison tandis que sept mandats d'arrêt n'ont pas abouti. Action directe, isolée, doit collaborer avec des groupes terroristes étrangers, comme les Belges des CCC (Cellules communistes combattantes) responsables d'une quinzaine d'attentats contre des objectifs liés à l'OTAN, et la Fraction Armée rouge. Sans oublier les Italiens réfugiés en France qui servent de main-d'œuvre. Ainsi, un lot de 800 kilos de dynamite volé en Belgique, à Ecaussines, sert aussi bien à AD, aux CCC, qu'à la Röte Armee Fraction.

L'organisation terroriste n'est plus « une nébuleuse d'apprentis terroristes, mais bien une organisation solidement structurée, sur le modèle et peut-être avec l'appui de certains services spéciaux.

Près de soixante-dix attentats depuis la naissance officielle de AD (le 1er mai 1979), seize depuis le début de l'année 1985 – un record. Malgré d'indéniables succès policiers contre certains leaders du mouvement, les poseurs de bombes de AD continuent à agir. Les différentes brigades spécialisées n'ont jamais pu arrêter le moindre participant à l'une des « nuits bleues » auxquelles se sont habitués les Parisiens. Ni même impliquer les militants incarcérés pour d'autres délits. Quand on connaît la détermination du ministre de l'Intérieur, Pierre Joxe, et l'incroyable quadrillage policier de la capitale, on peut s'en étonner.

Trois explications sont avancées par des spécialistes pour justifier l'impuissance policière. La première, la division des services de police, est la plus évidente. Le 20 juin 1985, le juge Jean-Louis Debré déclare au cours d'un dîner-débat, organisé au Sénat, par le club Condorcet : « Il n'y a pas aujourd'hui de volonté politique de lutter contre le terrorisme en raison de la division des services de police, division nécessaire au pouvoir afin de mieux la contrôler. »

Division, sans doute. Encore que le ministre de l'Intérieur, depuis les déboires de la cellule élyséenne, a repris les choses en main, obligeant par exemple la DST et les Renseignements généraux à collaborer à fond avec la Section antiterroriste (SAT) de la brigade criminelle. Il est en tout cas certain que la police française a gravement sous-estimé les capacités des terroristes, le retour en force de AD, et ses liens avec l'euroterrorisme.

Peu de temps avant le mystérieux assassinat du général Audran, un commissaire de la Crime confiait : « AD ? Ils sont moribonds. Une poignée de déglingués, de paranoïaques sans envergure. Pour aller acheter un croissant, ils prennent deux taxis pour semer les flics qui les filent. Nous les avons tous à l'œil. » Un jugement cruellement démenti. En fait, les sympathisants de la mouvance de AD, se sachant filés, semblent avoir volontairement « baladé » les enquêteurs. Pendant ce temps, les militants du noyau dur peuvent opérer en toute tranquillité.

Les policiers sous-estiment également le nombre des terroristes, puisque, si une quarantaine de militants d'AD sont tombés dans les mains de la police depuis 1979, les actions violentes se poursuivent.

Si les flics français parlent de « deux douzaines de militants durs », les Allemands font moins de mystère. En septembre 1985 un haut responsable de la lutte antiterroriste du BKA, M. Rainer Hofmer, a affirmé que la RAF comptait un noyau de 25 leaders en liberté, 200 membres « militants », et quelque 200 sympathisants.

Quand on sait que, selon M. Craxi, le Premier ministre italien, son pays a demandé en février 1985 120 extraditions d'Italiens, des « terroristes en fuite en France », on peut penser qu'Action directe en a recruté plusieurs dizaines. De même, les policiers français ont longtemps refusé de croire que la plupart des anciens militants autonomes des années 80 avaient des accointances avec AD.

Une certitude, lorsque AD organise une « nuit bleue » dans Paris, plusieurs dizaines de terroristes sont alors engagés dans l'opération. Ainsi, le 29 avril 1985, peu avant minuit, alors que deux attentats ont ravagé deux établissements de télécommunications travaillant pour la Défense nationale, des témoins aperçoivent l'un des deux commandos. Ils ont vu neuf personnes prendre la fuite. Deux étaient à moto, quatre en voiture, trois autres se sont engouffrés dans une bouche de métro.

Dès les premières explosions, le préfet de police déclenche le « Plan Bleu », un système de barrages routiers et de contrôles dans la capitale. Il mobilise 300 policiers. Un dispositif qui ne donne pourtant aucun résultat.

Difficile de s'expliquer l'habileté avec laquelle les commandos passent à travers ces pièges policiers. D'autant que des enquêteurs surveillent les domiciles de sympathisants d'AD. Une habileté que l'on retrouve lors de l'impressionnante série d'attentats du 14 au 19 octobre 1985. Vraiment étrange puisque la plupart des bâtiments touchés font l'objet de « surveillances ponctuelles, des rondes sont effectuées toutes les dix minutes devant la Maison de la Radio, les locaux d'Antenne 2 ou ceux d'UTA. Les poseurs de bombes, qui entendent protester contre des interviews accordées à Le Pen, ont donc trois ou quatre minutes pour agir, tout au plus, et encore prennent-ils dans certains cas le temps d'effectuer des « bombages » AD sur les lieux.

L'enquête sur les quatre attentats commis par AD le 4 septembre 1985 – un record – a aussi montré que plusieurs équipes – des automobilistes les ont aperçues – avaient opéré. En tout douze personnes, sans compter les équipes de protection, sans lesquelles AD n'opère jamais.

Autre signe – plus symbolique celui-là – de la relative impuissance policière, son incapacité à coincer les porteurs des « communiqués de revendication ».

Pour « signer » leurs attentats, les clandestins de AD utilisent deux méthodes : des lettres postées à Paris, ou le dépôt de communiqués à proximité de l'Agence France-Presse.

Depuis des années, les policiers ont fait des « planques » ponctuelles, et d'autres fixes aussitôt après les attentats, place de la Bourse, avec l'espoir de repérer les porteurs de communiqués. Curieusement sans résultat.

Et pourtant, le scénario de AD est immuable : au petit matin, vers 4 ou 5 heures, un correspondant anonyme appelle l'AFP, revendique l'attentat commis une heure auparavant environ, et indique qu'un texte vient d'être déposé dans une cabine téléphonique proche de l'Agence. Souvent devant le restaurant *le Vaudeville*. Parfois la cabine élue se trouve à quelques centaines de mètres, rue Montmartre.

AD semble avoir une vraie prédilection pour l'AFP. Ses militants avaient fait dans le passé une opération commando au siège de l'Agence, parvenant à faire diffuser, avec une parfaite maîtrise du système informatique, une dépêche « pirate ».

En fait, AD a une excellente connaissance du milieu journalistique et, plus largement, du monde du show-biz. Ainsi, des « casses » simulacres ont été organisés au domicile de journalistes pour s'emparer de leurs passeports. De même, lorsque AD dérobe une voiture, le plus souvent selon une méthode empruntée au milieu « la doublette [1] », on ne frappe pas au hasard. Georges Cravenne ou le fils de Lionel Jospin se sont fait voler leurs clés et leurs véhicules par AD.

« A tous les niveaux, c'est certain, ils sont admirablement renseignés », reconnaît un enquêteur de base. De nombreux sympathisants ou membres de la mouvance de AD ont été interpellés, avant d'être relâchés, autour de Montrouge. Justement là où se trouvent des studios de cinéma porno, tenus par des Italiens...

Accusée au minimum de laxisme à la suite du meurtre du général Audran, la Section antiterroriste (SAT) a des arguments à faire valoir. Si vingt poseurs de bombes opèrent la

1. Il s'agit de voler une voiture en braquant le plus souvent son propriétaire, puis de repérer un véhicule identique et de même couleur de manière à relever son numéro minéralogique. Celui-ci est alors mis sur la fausse carte grise et sur les plaques d'immatriculation de la voiture volée. Le propriétaire de la seconde ignore tout de l'opération, les policiers aussi : en cas de contrôle, le véhicule n'est pas volé.

nuit dans Paris, il faut mettre sous surveillance un noyau d'au moins cent personnes. Or, compte tenu des congés, la filature sérieuse et constante d'un militant présumé de AD demande au minimum cinq enquêteurs, sur vingt-quatre heures. Il faudrait donc cinq cents policiers en permanence « sur le terrain ». Or la SAT ne compte que trois groupes de dix personnes. Même avec l'appui de la BRI (antigang), et des RG, on arrive au mieux à cent policiers disponibles.

En conséquence, la SAT s'est fixé des objectifs prioritaires, la surveillance de « gros poissons », et des filatures de longue haleine pour tenter de remonter l'ensemble d'une filière. Difficile, toutefois, quand on connaît le cloisonnement des différents groupes d'Action directe. Ainsi, les spécialistes français de la lutte antiterroriste avaient assisté de près, fin 1984 et début 1985, à plusieurs réunions organisées à Paris par différents groupes rassemblant les sympathisants d'Action directe, « Otages », « Collectif Oriach », etc. Là ils avaient repéré Ingrid Barabass, qui venait d'être arrêtée en RFA pour complicité avec les terroristes de la Fraction armée rouge (RAF). Or, les policiers français avaient déjà arrêté cette égérie, le 5 mai 1980, à Paris, après avoir cerné une « planque » dans un appartement utilisé par des militantes de la RAF rue Flatters. Ce logement était loué à une tante du metteur en scène Gérard Oury. Cette anecdote donnera l'idée à ce cinéaste de tourner *le Serpent à plume*. Un film, où Coluche, provincial naïf, « tombe » sur des terroristes en venant récupérer l'appartement de sa tante qui vient de mourir. Cinq jeunes femmes avaient été arrêtées et extradées vers la RFA. Mais Ingrid Barabass condamnée à quatre ans de prison avait été remise en liberté par les Allemands en mai 1984.

Lorsqu'ils ont eu, à nouveau, la jeune femme dans leur compte rendu de filatures à Paris, les policiers français n'ont pas compris qu'elle participait à une importante réunion avec des leaders d'Action directe. Les aveux faits le 17 septembre au journal *Libération* par une « balance » d'Action directe le montrent clairement. Jeune Italien fasciné par les Brigades rouges, réfugié en France, « Michel » avait craqué au quai des Orfèvres à la suite d'une rafle. Il avait accepté de tenter de pénétrer Action directe pour la police. Devenu un très bon « indic », mais se sentant démasqué par les terroristes français, il n'avait vu d'autre issue qu'une « confession » à *Libération.* Confession dont l'authenticité ne fait aucun doute, les journalistes de *Libé* ayant rencontré – grâce à un numéro de téléphone donné par « Michel » – ses contacts policiers.

« Michel » raconte que les policiers qui l'avaient interpellé en janvier 1985 n'avaient pas repéré, chez lui, le seul document important qui n'était pas caché (il était plié dans un dictionnaire) : le brouillon rédigé en allemand qui scellait l'alliance entre Action directe et la RAF. « Michel » s'était procuré ce document fondateur de l'Euro-terrorisme en participant, le 6 janvier, à une réunion publique dans une salle du 11e arrondissement du comité de soutien des prisonniers de la RAF en grève de la faim. Y participait une militante de la RAF dont « Michel » ne donne pas le nom. Mais on comprend qu'il s'agit d'Ingrid Barabass. « Il y avait aussi des gens d'Action directe », précise le repenti. A un autre moment, « Michel » explique que les policiers qui ont pris contact avec lui, lorsqu'il a accepté de collaborer avec la Brigade criminelle, lui ont montré des photos des participants à cette réunion.

Pourquoi les policiers français ne sont-ils pas intervenus ce jour-là? Mystère. Peut-être voulaient-ils remonter toute la filière euro-terroriste? Michel ne s'explique pas à ce sujet.

Le repenti italien confirme l'impuissance policière et, en même temps, le fait que les enquêteurs français ont en main toutes les cartes. « Les flics ont toutes les pièces du puzzle, les lieux, les gens, certains noms, mais ils ne savent pas qui fait quoi. Même entre nous on ne se connaît pas, et si on se connaît personne ne sait vraiment ce que fait l'autre. »

Le scoop de *Libération* est passé pratiquement inaperçu. Il confirme pourtant beaucoup d'éléments. Ainsi, « Michel » explique que, « pour les derniers attentats, ce sont des camarades de Strasbourg qui ont transporté les explosifs et les armes qui venaient de Bruxelles ». Pour lui, le noyau de AD est composé d'une cinquantaine de militants qui vivent et travaillent normalement. Une constatation, faite aussi par les policiers français : AD frappe de préférence le week-end, vendredi soir, samedi soir. « Ils sont des jeunes, mais on trouve aussi des professeurs et des intellectuels. En plus de ce groupe, il y aurait dix à quinze Italiens qui donnent des coups de main. »

Ces « révélations » ont-elles apporté quelque chose aux superflics français? Interrogé par *Libération,* le contact de « Michel » a eu cette formule : « Il ne nous a pas appris grand-chose, j'ai toujours pensé que c'était quelqu'un de fragile. »

Le repenti italien explique que les groupes de AD sont cloisonnés, que chacun « peut agir dans son coin, sans coordination ».

Les policiers vont également enrichir leur culture sur AD grâce à l'arrestation, le 20 octobre 1985, place de la Nation, de Meyer Azéroual, vingt-neuf ans, un jeune gangster d'origine israélienne. Celui-ci, condamné par contumace à la prison à perpétuité à la suite d'un hold-up rue La Fayette, est un ami de Rouillan. Il s'était réfugié chez les sandinistes au Nicaragua.

Rentré clandestinement en France, il s'est fait prendre le jour de son anniversaire. Il vit à Paris depuis huit mois. Interrogé par la Brigade criminelle, il prétend qu'il devait monter de toutes pièces un réseau terroriste pour AD. Il peut être suspecté d'être l'auteur d'une attaque contre le contrôleur général des armées, Henri Blandin, qui a échappé de peu à un attentat. « Une action bâclée et surprenante », avaient dit les enquêteurs le lendemain, ne reconnaissant pas le « professionnalisme » habituel de AD.

Les enquêteurs ont légalement établi que Meyer Azéroual avait rencontré Jean-Marc Rouillan, le fondateur de AD, en 1979, à la faculté de Toulouse. Et depuis son retour en France, en perquisitionnant dans sa « planque » – un hôtel du 19e arrondissement de Paris –, les policiers ont retrouvé des documents prouvant son passage à Toulouse et à Montpellier, deux centres « historiques » de AD.

On peut même penser qu'Azéroual a livré beaucoup plus de secrets que les policiers ne veulent bien le dire ou, tout au moins, que les documents trouvés dans sa chambre ont « parlé ». Ce qui a encouragé la PJ de Versailles à effectuer une descente au domicile d'une avocate de Toulouse qui, avec son mari, lui-même avocat, a été arrêtée en plein prétoire. Ce n'était pas la première à être inquiétée par la police. Ainsi, Charlotte Granier, d'origine allemande, professeur d'allemand et avocate stagiaire au barreau de Montpellier, a été arrêtée en compagnie de sa nièce fin mai 1985. Elle est accusée d'avoir apporté une aide logistique à AD. Elles auraient permis à Régis Schleicher, maintenant inculpé et écroué pour l'assassinat de deux policiers avenue Trudaine, à Paris, le 31 mai 1983, et à sa compagne, l'Italienne Gloria Argano, incarcérée en Italie, de louer un appartement à Nice.

Et l'assassinat de deux policiers avenue Trudaine, le juge d'instruction Jean-Louis Bruguière ne l'oublie pas. En effet, à la mi-85, ce magistrat prend sa plume et écrit à l'ambassadeur d'Algérie à Paris pour reprocher à son pays de protéger l'un des tueurs de cet attentat, Mohand Hamami. Le zèle de ce juge provoque alors un très vif mécontentement au quai d'Orsay et à l'Élysée, où l'on mettait tout en œuvre depuis un an pour étouffer l'affaire. Si ce magistrat spécialisé dans les dossiers touchant à Action directe et au terrorisme n'a appris qu'au printemps 1985 avec certitude la présence de Mohand Hamami en Algérie, où il jouit d'une grande liberté étant le neveu du numéro deux des services spéciaux de ce pays, il n'en était pas de même dans certains ministères et à l'Élysée. Deux conseillers « très spéciaux » de l'Élysée s'étaient déjà rendus à Alger dans le cadre de cette affaire et un policier de haut rang avait également fait le déplacement pour rencontrer Mohand Hamami avec le « feu vert » des autorités algériennes et du « château ». Quel était le but de ces démarches? Mystère...

En tout cas, pendant une longue période, Jean-Louis Bruguière a été tenu à l'écart et ce n'est que fortuitement qu'il a appris, bien après, la présence de ce terroriste de AD en Algérie. Un terroriste dont les policiers ont retrouvé les empreintes dans une planque d'Action directe située à 200 mètres de l'avenue Trudaine, qui a été identifié sur portrait-robot comme ayant donné le coup de grâce à l'un des deux policiers. S'il est hors de question qu'Alger puisse extrader l'un de ses ressortissants, le gouvernement aurait pu engager des démarches pressantes, par la voie diplomatique, pour contraindre les Algériens à une tout autre attitude. Au contraire, le pouvoir socialiste a purement et simplement abdiqué devant le refus d'Alger de répondre, notamment aux demandes réitérées d'Interpol agissant en vertu du mandat d'arrêt international délivré depuis décembre 1984 par Jean-Louis Bruguière. Certaines considérations liées au financement de la campagne électorale d'un parti ne sont pas étrangères à cette étonnante mansuétude.

Le *black-out* imposé par le gouvernement sur la présence de ce terroriste en Algérie s'explique aussi par les circonstances de sa fuite à Paris, à la fin de l'année 1984. En fait, Mohand Hamami avait été pris en charge par des membres de services spéciaux algériens venus le protéger dans sa planque située dans la banlieue parisienne. Ces agents spéciaux avaient été alors « entourés » par des « hommes de l'Élysée » chargés d'empêcher toute intervention intempestive de la SAT (Section antiterroriste) ou des RG. Tout ce beau monde avait un beau jour accompagné Mohand Hamami jusqu'à la porte de l'ambassade d'Algérie. Doté quelques jours plus tard du statut diplomatique, le terroriste avait quitté l'ambassade sous bonne escorte et gagné l'aéroport d'Orly, puis l'Algérie.

A l'automne 1985, le juge, qui a reçu une réponse dilatoire de l'ambassade d'Algérie, se rend sur place en Algérie en compagnie de sa greffière. Le juge Bru-Bru adore les voyages. AD lui a déjà permis de se rendre en Belgique, en Italie, en Israël et en RFA. De l'autre côté de la Méditerranée, on le promène en faisant semblant de n'être au courant de rien. Puis, ce magistrat finit par comprendre qu'on se moque de lui avec beaucoup d'amabilités. Jean-Louis Bruguière rentre alors à Paris. Il a compris qu'il ne mettrait jamais la main sur Mohand Hamami, l'un des principaux transporteurs de fonds de AD, en provenance des pays arabes notamment. Raison d'État oblige.

Le juge d'instruction chargé à Versailles d'arrêter les auteurs de l'assassinat du général Audran n'est pas logé à meilleure enseigne que son collègue Bruguière. La raison d'État se profile également dans cette affaire un an après le meurtre de cet officier supérieur. Cet homme, un véritable incorruptible, avait mis le doigt sur un énorme scandale qui secouait l'un des services dont il avait la charge, la Délégation générale à l'armement (DGA), organisme chargé de négocier les ventes d'armes françaises à l'étranger. Des salariés de la société Thomson et des hauts fonctionnaires de la DGA avaient touché d'énormes commissions à l'occasion de l'exportation du téléphone militaire RITA et de la vente fabuleuse à l'Arabie Saoudite d'un système de protection aérienne. On parle de plusieurs dizaines de millions de francs qui auraient été blanchis avant de servir à prendre des participations financières dans l'audiovisuel, la presse, et à financer, en mars 1986, la campagne électorale d'un parti. Le général Audran aurait mis un terme à ces pratiques qui ont repris de plus belle quelques semaines après son assassinat. C'est pourquoi d'anciens collaborateurs de cet officier supérieur affirment être persuadés aujourd'hui que leur patron en savait trop ou qu'il était sur le point de découvrir un autre scandale.

Bref, le général Audran serait devenu gênant. Ses proches et certains policiers ne disposent d'aucune preuve pour étayer ces convictions. Des services très spéciaux auraient-ils manipulé Action directe déjà bien pénétrée par la Sécurité algérienne comme le prouve le cas Hamami? Par ailleurs, les enquêteurs excluent totalement qu'un marchand d'armes ait pu se servir de AD pour régler un compte avec le général Audran comme cela a été écrit ici et là. Ils avaient les mêmes intérêts...

Tandis que les policiers français sont restés relativement impuissants en 1985 face à AD, leurs homologues belges ont réalisé, avec l'aide de services spéciaux, le « grand coup » de l'année. Quelques jours avant Noël à Namur, ils mettent la main sur Pierre Carette, un imprimeur de trente-trois ans, chef présumé des Cellules communistes combattantes (CCC) et chantre de la guérilla urbaine. Avec cet ennemi public numéro un tombent trois autres terroristes belges suspectés eux aussi d'avoir des liens avec Action directe.

Les CCC bénéficient d'un solide appui extérieur pour commettre leurs plasticages. Ils se sont partagé avec la RAF et AD un stock de 800 kilos de dynamite volé sur un chantier à Écaussines en Belgique. C'est la signature de l'Euro-terrorisme, bien que les CCC aient refusé de signer le 15 janvier 1985 le pacte terroriste AD-RAF. De plus, les CCC sont appuyées par Nathalie Ménigon, Jean-Marc Rouillan, les leaders historiques d'Action directe et une nouvelle recrue, Georges Cipriani, trente-cinq ans, qui accompagne ce couple. Ce trio était d'ailleurs présent à Namur dans une voiture garée à 200 mètres du fast-food où Carette et ses trois complices ont été arrêtés. Curieusement, les policiers belges n'ont pas cherché à les interpeller. Pourquoi? Encore un mystère...

Quelques jours après ce coup de filet des policiers belges, réalisé à l'issue de six mois de filatures, une indiscrétion survient à point nommé pour révéler dans la grande presse la traversée du désert des policiers français face à Action directe. Il s'agit d'un rapport de synthèse sur AD rédigé par le contrôleur général François Le Mouël, chef de l'UCLAT, service chargé de coordonner la lutte antiterroriste. Extrêmement critique, ce document souligne que les services de police français sont en panne de « balances », c'est-à-dire d'indicateurs au sein de AD. Ce policier de haut rang qui, ancien patron de la PJ parisienne, avait démissionné par solidarité avec le commissaire Leclerc viré de la Crime par Gaston Defferre, n'a pas peur d'appeler un chat un chat. Dans une annexe à son rapport restée inconnue des journalistes, ce grand flic explique que la police ne peut décapiter AD qu'à la condition de disposer d'une véritable « taupe » au plus haut niveau de cette organisation terroriste.

Or, écrit en substance Le Mouël, nous avons réussi à infiltrer un homme à un niveau assez élevé dans la hiérarchie de AD, mais les efforts de cette taupe sont contrecarrés par les initiatives d'un ex-conseiller de l'Élysée. Et le flic de citer un rapport de filature datant de 1983, où le dénommé Cipriani, suspecté d'être l'un des bras droits de Rouillan, rencontre la « taupe » et un écrivain conseiller à l'Élysée à l'époque. Étant donné le passé de ce conseiller gauchiste et ses amitiés avec des personnes se trouvant dans la mouvance d'Action directe, le contrôleur Le Mouël affirme que les services de police ne reçoivent pas toute l'aide qu'ils seraient en droit d'attendre de la part de personnes placées ou ayant été placées au plus haut niveau de l'État. En effet, la taupe qui a rencontré en fait ce haut personnage de l'État à plusieurs reprises peut légitimement se poser des questions...

Surtout que cette taupe sait très bien dans quelles conditions Gilbert Chahine a été sacrifié et exécuté... Ancien pourfendeur des gros bonnets de la drogue et de la « French Connection », le contrôleur Le Mouël peut lui aussi se poser des questions...

Les policiers peuvent peut-être se passer des services d'une taupe grâce à EDF-GDF et aux PTT. Il suffit de repérer dans les grandes agglomérations les appartements dont les consommations d'électricité et de gaz ainsi que les notes de téléphone sont égales à zéro sur de longues périodes. Puis, d'établir des listings et d'éliminer tel ou tel appartement en fonction des accès mal commodes ou du voisinage. On arrive ainsi à une liste restreinte. Il suffit de « planquer », quelquefois pendant des mois. Les policiers ouest-allemands ont ainsi arrêté plusieurs dizaines de membres de la bande à Baader. C'est la dernière carte des flics français face aux leaders de AD devenus de grands professionnels de la vie clandestine. Mais les techniques les plus élaborées ne permettront jamais de corriger les bavures des socialistes.

TCHAD : LES MERCENAIRES DU PRÉSIDENT

En mai 1981, qu'ils soient au pouvoir ou challengers d'un trône qu'ils espèrent pour demain les différents chefs de l'Afrique francophone ont en tête un sentiment de précarité. Avec le régime précédent, ils avaient leurs repères, leurs interlocuteurs. Ils avaient appris à connaître le mode d'emploi des deux premiers présidents post-gaulliens. Le socialisme arrive. C'est une politique et des hommes inconnus qu'ils doivent apprivoiser.

Après avoir été maître du Tchad, Hissène Habré en est, malgré lui, redevenu le prince consort. Au début de 1981, depuis les sables et la latérite du Soudan, il prépare sa reconquête sans ressentir de solitude. Le gouvernement de Giscard d'Estaing est à ses côtés. Les Américains aussi par le poids des dollars et les conseils empressés de la CIA.

Maîtresse de son Afrique, la France reste cependant l'alliée numéro un d'Habré. Pour défendre son parti, trois officiers français ont laissé leur vie : « Morts pour le Tchad ». Le premier, un capitaine du SDECE, est tombé au combat dans la région d'Abéché, la capitale de l'Est. Les deux autres, également agents des services secrets, ont péri dans un accident d'avion. Au départ du Caire, sans doute saboté, l'appareil dans lequel ils avaient embarqué, avec des soldats d'Hissène et de l'armement, a explosé peu après le décollage. Le 10 mai 1981, Habré est convaincu que cette solidarité va s'arrêter là. Sans l'indispensable assistance, sa guerre est finie. Ses rêves de pouvoir aussi.

Pour être fixé sur son sort, le leader exilé utilise les

services d'un journaliste qui est, en même temps, un agent du SDECE. Il l'avertit qu'il expédie à Paris deux de ses plénipotentiaires et demande à l'homme de presse de leur ménager une rencontre avec un représentant du nouveau gouvernement. Finalement ce sont Pierre Marion, patron de la DGSE (ex-SDECE), François de Grossouvre et Guy Penne, conseillers du président de la République, qui reçoivent les envoyés spéciaux d'Habré. Pour ceux-ci les nouvelles sont excellentes puisqu'ils obtiennent l'assurance « que la politique conduite dans le passé reste inchangée, que Mitterrand soutient Hissène ». L'histoire évolue favorablement puisque, le 7 juin 1982, Habré, poulain de l'Élysée, reprend le pouvoir à N'Djamena.

Le 5 novembre suivant, Jean-Pierre Cot, ministre de la Coopération, fait un séjour au Tchad. Militant de l' « Afrique aux Africains », souhaitant la fin du protectorat que la France continue d'exercer sur ses anciennes colonies, Cot est mal à l'aise quand Habré lui demande, pour le soutenir, l'expédition d'un corps de soldats de la République établissant leur garnison à N'Djamena. Aussi, quand il signe un chèque de 20 millions « d'aide d'urgence », le ministre précise : « Je souhaite l'augmentation de la coopération militaire. A l'exclusion de toute présence en hommes. »

Huit mois plus tard, face à son frère ennemi Goukouni, allié des Libyens, la situation du président tchadien est toujours fragile. A Paris, au ministère de la Coopération, Jean-Pierre Cot a laissé sa place à Christian Nucci. Un homme qui n'a pas d'états d'âme.

Le 21 juin 1983, avant de s'embarquer pour une tournée africaine, Nucci est reçu par François Mitterrand et ses conseillers Guy Penne et Jean-Christophe Mitterrand, fils du Président. Au « château », ces deux hommes suivent les dossiers africains. La décision est prise de ne pas expédier Nucci au Tchad pour éviter les récriminations d'Habré, « un emmerdeur qui passe son temps à crier au loup ».

Fatalité, le lendemain de ce meeting élyséen, Hissène appelle à l'aide : Goukouni vient d'attaquer Faya-Largeau, la capitale du Nord. L'offensive ne devrait pas surprendre les stratèges du gouvernement puisque, le colonel « Spartacus » l'a révélé dans son livre *Opération Manta* (aux éditions Plon), « dans la semaine du 17 au 23 juin, le CERM (organisme de l'état-major des armées chargé de l'exploitation, l'analyse et la synthèse des renseignements) avertit : " Le 13 juin, la Libye a donné son accord à Goukouni Ouedeye pour qu'il lance ses forces en direction de Faya. L'aide logistique libyenne est incontestable. Elle concerne le transport par voie routière ou aérienne de munitions, d'armements, de pièces détachées et de carburant à partir de Sebha et Koufra. " »

Sur le terrain, dans cette immense palmeraie habitée par une dizaine de milliers d'hommes, les heures sont cruelles pour les troupes d'Habré. Le 24 juin, elles doivent quitter la ville en y laissant un millier de morts et de prisonniers.

La France est contrainte de se pencher sur le sort de son allié tchadien. En 1976, Jacques Chirac, Premier ministre, a signé un accord de coopération militaire avec N'Djamena. Le contrat n'a pas été dénoncé par la gauche. Puisqu'il y a urgence, Christian Nucci modifie le programme de son tour d'Afrique, et, le 26 juin, fait une étape imprévue sur les bords du Chari. Habré exige une couverture aérienne de Jaguar et Mirage ou, pour le moins, l'aide d'un détachement des EFAO (Éléments français d'assistance opérationnelle) comme celui dont bénéficie la République centrafricaine avec les « Barracuda ». Nucci transmet la requête à Paris. Elle est rejetée. Claude Cheysson, le ministre des Relations extérieures, s'oppose à l'envoi de matériel militaire, « tant que la présence de Libyens aux côtés de Goukouni n'est pas démontrée ».

Le 28 juin, dans une interview accordée à Europe 1, François Mitterrand précise pourtant : « Tout ce que la France a promis sera tenu. » Au même instant, Christian Nucci est, à nouveau, à N'Djamena. Un de ses conseillers déclare à un journaliste de *la Croix :* « Au gouvernement, les pragmatiques ont fini par l'emporter sur les intellectuels »... Sur l'aéroport, venu de Paris, l'armement arrive à la tonne. La Coopération a déclenché un pont aérien. En quarante-huit heures, Nucci a retrouvé le sourire et annonce que les troupes d'Habré « vont reprendre l'offensive ».

Pendant quinze jours, les avions Hercules de la « SFAIR » et de « Heavy Lift », les DC8 de « Minerve » et des appareils cargos d'UTA font une inlassable navette entre la France et le Tchad, leurs ventres bourrés d'armement. Le voyage n'est pas si simple pour gagner N'Djamena puisqu'il est impossible de survoler l'Algérie et la Libye. Le colonel « Spartacus » estime à 385 millions de francs la facture de matériel livré alors aux troupes d'Habré.

L'arsenal expédié au Tchad est un inventaire hétéroclite où les armes individuelles, rustiques, se mélangent à des engins beaucoup plus sophistiqués. Ainsi, Hissène reçoit une vingtaine de blindés AML équipés de canons de 60 et 90, des camions VLRA et des Renault, 2000 fusils SIG, 3,5 millions de cartouches calibre 7.62, des mortiers de 106, des LRAC antichars de 89, des Land-Rover et du matériel radio Thomson et, fin du fin de l'équipement du fantassin, 30 postes de missiles sol-sol Milan (150 000 francs pièce). Des boîtes ration et des uniformes viennent compléter cette panoplie destinée aux 3 000 guerriers gouvernementaux.

De leur côté, en plus de l'appui de leur avion d'observation Awacs, les Américains font à Habré le prêt d'un lot de missiles Redeye. Des vecteurs antiaériens tirés d'un tube portable sur l'épaule.

Trois experts américains venus de Fort Bliss (Texas) accompagnent ces 30 missiles qui sont le pendant occidental des fameux Sam soviétiques. La chaîne de télévision ABC révèle que ces trois spécialistes américains doivent enseigner le maniement des Redeye à des militaires français qui, à leur tour, en feront la démonstration aux officiers tchadiens. L'information fait scandale. A Paris le ministère de la Défense proteste : « Il n'y a pas un seul militaire français au Tchad. » Refrain repris par le Quai d'Orsay où Claude Cheysson freine toute forme d'intervention : « Les équipements envoyés au titre de la coopération sont, comme le veut l'usage, accompagnés d'experts civils détachés par les industries concernées. Ils sont chargés de mettre en condition de marche les matériels et d'en faire la démonstration aux personnels auxquels ils sont destinés. » C'est enfin Max Gallo, porte-parole du gouvernement, qui enfonce le clou : « Il n'y a pas de militaires français au Tchad. Et il n'y en aura pas. » Au moment où ils se prononcent d'une manière aussi ferme, ces ministres et personnages officiels sont ou menteurs ou mal informés. Recevant leur solde de la France, une centaine d'hommes se bat au sein des troupes d'Hissène Habré... au nom de la République...

Le 13 juin, quand la DGSE apprend que la Libye a donné son feu vert à Goukouni afin qu'il attaque Faya, une cellule de crise se met au travail. Les responsables de la « Piscine » sont appuyés par Robert Peccoud, spécialiste des questions africaines et militaires au ministère de la Coopération. A la Défense, leur interlocuteur est Jean-François Dubos dont on dit qu'il est plus puissant que Charles Hernu. A l'Élysée, François de Grossouvre et Guy Penne suivent le dossier pour le compte du Président. Il est décidé que l'accord de coopération de 1976 servira de paravent à toutes formes d'engagement militaire pour ménager la susceptibilité « des intellectuels » du gouvernement qui, dès que l'on évoque l'expédition de la troupe, font resurgir les ombres encombrantes de Guy Mollet et Robert Lacoste. Christian Nucci est donc prié de porter le chapeau du soutien français.

Le 22 juin dans l'après-midi, dès que le colonel Monti, attaché militaire à l'ambassade de France à N'Djamena, communique à Paris l'information attendue : « Goukouni attaque », la « cellule de crise » tient une réunion. Elle décide d'envoyer sur le terrain un très fort contingent d'officiers et sous-officiers de la DGSE et d'envisager un pont aérien pour acheminer au Tchad du matériel militaire.

Boulevard Mortier, à la DGSE, la mobilisation se fait au plus haut niveau et dans les trois grands services de la « boutique » : action, renseignement et logistique. Le colonel Georges Grillot, chef d'Action et son adjoint, le lieutenant-colonel Faberon, s'embarquent pour N'Djamena avec deux capitaines, quatre lieutenants et sept adjudants-chefs. Ils sont là pour élaborer les plans de bataille, restructurer les FANT, l'armée d'Hissène. Une bonne moitié d'entre eux s'occupe exclusivement de recueillir et traiter le renseignement.

Ce « cerveau » de cette nouvelle guerre du désert est assisté de cinq capitaines, trois lieutenants, deux aspirants et cinq adjudants-chefs qui préparent et répartissent le matériel après avoir assuré la formation des éléments des FANT les plus ouverts aux techniques de la guerre moderne.

Ce commando de la DGSE est complété par un lieutenant-colonel, deux commandants, six capitaines et huit adjudants-chefs chargés de la communication radio mais également de l'écoute de l'ennemi goukouno-libyen. Alors que leurs confrères du service Action viennent de la base de Cercottes, près d'Orléans, cette dernière équipe appartient au 13e régiment de dragons parachutistes basé à Dieuze, en Moselle. En jargon militaire, on baptise ces hommes « les taupes ». Ils sont entraînés à être parachutés derrière le rideau de fer. Là ils creusent un trou et sont capables d'y rester une dizaine de jours à observer les mouvements de troupe et écouter le trafic radio. Grâce à un émetteur miniaturisé très puissant, une « taupe », dans un message codé d'une minute, peut communiquer à sa base l'équivalent de plusieurs pages dactylographiées. Comme des manipulateurs de marionnettes, ces centurions de la DGSE vont manœuvrer les FANT pour en faire une armée de reconquête.

Mais les officiers de la « Piscine » ne sont pas dupes. Ils savent parfaitement que les hommes de l'ethnie gorane qui forment le plus gros de l'armée d'Hissène, en dépit de leur courage, sont incapables d'utiliser les engins expédiés de Paris et d'appliquer un plan de bataille « à l'occidentale ». Et, puisque nos militaires n'ont pas le droit d'intervenir directement dans les combats, il faut trouver des hommes qui serviront de substitut : des mercenaires décidés à obéir à l'État français.

Avenue Franklin D. Roosevelt et rue des Mathurins, à Paris, la société Trans-Occidentale est une sorte de Manpower des soldats de fortune. René Dulac, un colosse, commandant de réserve de l'armée française, règne sur une meute de « chiens de guerre » dont certains, très fidèles, sont depuis une dizaine d'années ses indéfectibles compagnons de coups tordus.

Ancien adjoint de Bob Denard, Dulac est toujours sous le coup d'un mandat d'arrêt international pour avoir, en 1977, tenté de renverser au Bénin un régime marxiste à l'africaine. Il a aussi participé, en 1978, au coup d'État des Comores. Quand il ne fait pas la guerre, Dulac vend, clé en main, des gardes présidentielles pour dictateurs du Tiers Monde ou, encore, des armes fabriquées par des sociétés brésiliennes.

Pour mener en paix une aussi chaude activité, René Dulac a naguère travaillé pour le SDECE. L'arrivée de la gauche au gouvernement a coupé ses liens avec le Service cependant, dans la dernière semaine de juin 1983, Dulac est contacté par le ministère de la Défense. On lui propose un contrat : faire, au nom de la France, la guerre à Kadhafi et Goukouni.

Dans son fichier, Dulac a une liste de « collaborateurs » solides, des gens qui ont fait le coup de feu, au Liban, en Rhodésie, au Bénin ou aux Comores. Ils sont mercenaires. D'autres sont d'anciens militaires démobilisés de fraîche date et qui estiment que la vie civile manque de piment. Un major du 3e régiment de hussards parachutistes, vieux grognard qui s'apprête à faire son sac pour aller jouer la force d'interposition au Liban, recommande deux de ses amis à Dulac : « Dans les milieux paras, on savait qu'il se préparait un coup. » Anecdote : arrivé à Beyrouth, ce major complétera sa légende un soir de bataille au rond-point de Tayounet. Depuis deux heures, l'armée libanaise et les miliciens d'Amal se canardent par-dessus la tête du 3e RHP. Le major, qui n'a pas le droit de se battre, enrage. Mais, puisqu'il est aussi chef de musique, il lui vient subitement l'étrange idée de rassembler sa fanfare. Dans la nuit et sous la mitraille montent les premiers flonflons. Les combattants suffoqués cessent de tirer pour écouter les tambours du major...

Pour encadrer sa troupe, Dulac a quelques baroudeurs de ce genre. Il a également, mais cette fois comme adjoint, Olivier Danet, un militant de l'extrême droite la plus violente et radicale. En juin 1983, Danet vient de sortir de prison où il a passé dix-huit mois après une condamnation pour trafic d'armes.

Pour convaincre Dulac de partir pour l'Afrique – alors que celui-ci affirme que « travailler pour les socialistes va le griller dans son milieu » – il faut bien sûr signer un très gros chèque. Son montant, versé sur un compte d'une banque luxembourgeoise, reste, aujourd'hui encore, du domaine du secret.

Au début de la mise au point du contrat il est prévu que

Dulac enrôle 50 hommes. En fait sa troupe ne dépassera pas un effectif de 32 mercenaires dont quelques-uns sont, parallèlement, des « contractuels » de la DGSE. Mais le grand René ignore ce détail. Chacun de ces soldats couleur de muraille touche une somme de 15 000 francs par mois versée pendant une demi-année. Même si l'engagement au Tchad dure beaucoup moins longtemps. Pour 90 000 francs, ils vont devenir des vacataires du ministère de la Coopération et faire la guerre sous sa bannière.

Au retour de sa campagne d'Afrique, Alain, trente-sept ans, décrit comment il s'est engagé dans cette armée pas comme les autres. Dans sa maison de province, la stéréo diffuse Mozart et les lampadaires une lumière un peu triste. D'une pièce à l'autre une femme blonde va et vient.

« Je suis officier de réserve chez les paras. Je continue à faire des sauts civils. C'est à l'aéro-club qu'un ami m'a demandé : “ Est-ce qu'un peu de baroud en Afrique t'intéresse? ” Je lui ai répondu oui et il m'a demandé d'attendre. Qu'on allait me téléphoner. Le 25 juin, une personne m'a en effet téléphoné pour me demander si j'étais toujours d'accord. Je lui ai dit affirmatif. Et l'autre a précisé : “ Bon. Si c'est OK vous n'avez plus qu'à attendre les ordres. ” Le 1er juillet, le même homme – que je ne connaissais pas – m'appelle vers 13 h 30 et me dit : “ Tenez-vous prêt. Je vous téléphone à nouveau cet après-midi... ” A 16 heures : nouveau coup de fil. On me fixe rendez-vous à Paris. Le lendemain matin à 4 heures, je dois me trouver à l'angle des rues Miromesnil et La Boétie. J'embrasse ma femme – elle est d'accord pour que j'aille me battre contre des salauds – et fonce à la gare. Le lendemain matin, je me plante à l'angle des deux rues. Une voiture s'arrête. Le chauffeur me dit de monter. La voiture se dirige vers l'aéroport du Bourget. On me fait monter à l'arrière d'un avion cargo. Je m'installe à l'intérieur d'un blindé AML qui est arrimé dans les soutes de l'appareil. On me demande de ne rien dire, de faire le mort jusqu'au décollage. Ce n'est qu'en arrivant à N'Djamena que je sais où je suis. Et, très vite, on me précise pour quelle mission. »

La base mercenaire a été installée dans la périphérie de la ville, au-delà du camp Dubut, une caserne désaffectée et maintenant squattée par des familles toubous. Le mot d'ordre est limpide : « Il faut que vous passiez pour des techniciens venus mettre en état de marche le matériel livré aux FANT. »

La première tâche des mercenaires est de choisir et aménager à sa convenance sa propre dotation d'armement. Il faut repeindre les Land Rover et les blindés AML aux couleurs du désert, distribuer les armes individuelles, les boussoles, les pansements individuels, les rations de survie.

Mais le plus clair du temps est consacré à l'entraînement. Les mercenaires ont besoin de se recycler. Depuis l'Algérie – le baroud commun – l'outillage des soldats a bien changé. Dans le désert qui commence aux portes de la ville, ce contingent salutaire tire avec les canons 60 et 90 millimètres de AML, tire encore quelques poignées de missiles Milan. Pour les fantassins, ce vecteur qui n'a encore jamais été utilisé au combat est une sorte d'Exocet de poche. Le tube qui sert de rampe de lancement est fixé sur le plateau d'une Land Rover. Mais le poste de tir et son trépied ne pèsent que 17 kilos. Le projectile est piloté grâce à un fil qui se déroule derrière lui, à 210 kilomètres-heure. Selon l'objectif, ce Milan permet d'attaquer un véhicule ou une fortification dans une fourchette de 25 à 2 000 mètres.

Les hommes de Dulac apprennent très vite. Leurs professeurs, des officiers de carrière, sont eux-mêmes surentraînés.

Pendant que ces volontaires français poussent leur mise au point, sur le terrain, la situation est de plus en plus mauvaise pour les FANT. Le 6 juillet, Oum-Chalouba tombe. La ville a été soumise à une tempête d'obus expédiés par des orgues de Staline BM 16 et BM 21 qui peuvent tirer 40 projectiles simultanément. Cette conquête ouvre à Goukouni la route d'Abéché, la capitale de l'Est, qui est prise deux jours plus tard.

Habré continue de harceler l'Élysée. Il veut que l'armée française et son aviation plongent dans la guerre. Il devient « si insupportable » pour Paris que Guy Penne téléphone à Idriss Miskine et lui propose de prendre la place d'Hissène à la tête de l'État. Le conseiller élyséen ignore qu'Habré écoute de sa maison toutes les conversations téléphoniques grâce à un poste de radio qui capte les ondes hertziennes utilisées par les PTT. Vert de rage, le chef des FANT neutralise son ministre en l'informant qu'il connaît la proposition qui lui est faite. Un mois plus tard, Habré dans une interview donnée au *Monde* qualifiera Guy Penne de « pauvre imbécile, membre du lobby libyen. Et qui ne comprend rien à l'Afrique ».

Le 10 juillet, après avoir reçu de la Coopération un escadron de douze chars à roues AMX 10, l'armée d'Habré, un peu retapée, et la force mercenaire se mettent en marche vers l'est.

Le 12, les conseillers français installent deux canons sur des collines dominant la ville d'Abéché. La préparation d'artillerie dure deux heures. Puis c'est l'escadron d'AMX appuyé par des AML qui, par l'ouest, pénètre dans la ville qui n'est tenue que par une colonne goukouniste sous les ordres de Hamid Moussaye. Avec sa file de Toyota à quatre roues motrices, équipées de canon sans recul ou de mitrailleuses bitubes antiaériennes, Moussaye peut quitter la ville pour le désert.

Les actions d'Hissène remontent puisque Oum-Chalouba est elle aussi reprise par des FANT venus de Koro Toro, au centre du Tchad. Les « taupes » du 13ᵉ RDP avaient capté un message radio des forces ennemies occupant cette ville : « Nous n'avons plus assez de munitions pour tenir. » L'appel est tombé dans la « grande oreille » largement ouverte par la DGSE elle-même appuyée par le centre d'écoutes installé à Bouar, au nord de la République centrafricaine.

Abéché est tout juste « ville ouverte » quand un premier avion, un gros porteur Hercules, se pose sur une piste faite de macadam qui s'envole par plaque et ne forme plus qu'une grande lèpre noirâtre. Habré profite de son succès pour faire suivre l'intendance, la logistique et tous ses renforts. Il occupe l'Est.

A Abéché, des journalistes remarquent « une équipe de Français, trop typée pour ne pas être militaire »... Soumailat Mahamat, le ministre de l'Information répond : « Le Tchad est un État souverain. Nous avons le droit de faire appel à des pays amis. Nous avons aussi le droit et les moyens de nous faire assister par des personnes dont les capacités techniques peuvent nous aider et dont les services peuvent être loués. Leurs nationalités peuvent être différentes. Si nous devions nous allier avec le diable, nous le ferions. »

Est-il nécessaire de préciser qu'en état de cessation de paiement le Tchad est, lui-même, totalement incapable de recruter, même un garde-chasse. L'opération « mercenaire » est bien un coup monté clés en main par le gouvernement français qui, toutefois, et pour préserver sa vertu, a demandé à l'ambassadeur de N'Djamena à Paris de signer le contrat de René Dulac.

Le jour même de sa déclaration Soumailat Mahamat se fait tirer les oreilles par Claude Soubeste, l'ambassadeur de France. Dès le lendemain, le ministre sermonné publie un démenti précisant : « Il n'y a pas de mercenaires au Tchad. Les Blancs qui combattent avec nous sont des amis étrangers très attachés à la cause tchadienne. »

Le 28 juillet, à partir de la nouvelle place forte, Oum-Chalouba, qui n'est plus qu'à 300 kilomètres de Faya-Largeau, l'armada d'Hissène se met en branle. A Paris, cette frénésie d'Habré, sa nouvelle puissance militaire inquiètent des ministres comme Claude Cheysson qui sentent venir le moment où faire la guerre à Kadhafi deviendra inévitable.

Sur le terrain, les stratèges de la Défense ont toujours le feu vert et continuent d'organiser les victoires des FANT. René Dulac est prié d'obéir aux directives. C'est lui qui doit convaincre Habré de l'importance militaire des choix arrêtés. Parfois, comme dans une scène hollywoodienne, on peut voir Dulac et Hissène, assis côte à côte et traçant sur le sable du désert un plan de bataille.

Le 30 au matin, les guerriers toubous de Goukouni sont principalement regroupés au sud-est de Faya, dans le secteur de l'aéroport. Théoriquement, pour ces hommes qui connaissent la guerre depuis l'enfance, Hissène ne peut contre-attaquer qu'ici.

Mais c'est d'ailleurs qu'est venue l'attaque. De l'ouest. Lancée du piton d'Amoul. Trois heures de combats très violents commencent. Éric a vécu ce mélange de guerre moderne et de fantasia :

« La montée vers Faya a été un moment complètement fou. Au volant de véhicules bondés, les FANT foncent à près de 100 à l'heure dans le désert. Si un engin crève une roue ou s'enlise, on l'abandonne pour sauter dans un autre qui passe par là. Pour l'attaque, les FANT ont respecté le plan prévu mais en agissant à leur manière. A l'heure H, tous les moteurs se sont mis à hurler sous la pesée des accélérateurs et c'est parti. Comme un Grand Prix de Formule 1. Ils ont foncé vers la palmeraie en tirant de toutes leurs armes. Imaginez la précision d'un type qui tire au canon depuis la plate-forme d'une Land Rover qui, en roulant, saute d'un bloc de pierre à l'autre... Mais, pour ceux d'en face, c'est très impressionnant. En ce qui nous concerne, nous avions notre propre mission : faire une guerre matérielle et technique. C'est principalement en intervenant avec les AML et les missiles Milan que nous avons pu appuyer efficacement le " rezzou " de nos amis goranes. »

Les colonnes de Goukouni sont en fuite. Sur le terrain, parmi les deux camps, il y a un millier de morts et autant de prisonniers. Les FANT et leurs amis blancs récupèrent du matériel libyen. Un avion neuf, un Twin Otter fabriqué au Canada, est sur le parking de l'aéroport. Un pilote mercenaire va immédiatement faire « une tournée d'observation ». Dans l'arsenal, on trouve aussi dix-huit orgues de Staline, des fusils, et plusieurs postes de missiles antiaériens SAM 7. Tout de suite les mercenaires commencent leur entraînement sur ce type de vecteur qui, pour eux, est mythique. Enfin dix automitrailleuses Cascavel changent de propriétaire. Ironie : c'est René Dulac, courtier en armes, qui a naguère vendu ces Cascavel à Kadhafi...

A peine entrés dans la ville, les mercenaires prennent position avec deux objectifs : prévenir le retour de Goukouni en mettant en place des défenses, des fortifications. Tout simplement, les « affreux » tentent de convaincre les Goranes de creuser des tranchées et des trous individuels. Impossible. Cette pratique ne fait pas partie de la tradition qui veut qu'un homme vivant ne descend pas en terre sans s'attirer de maléfices.

La tombée de cette première journée à Faya ne se fait pas dans la paix. Des appareils libyens profitent de la pénombre pour, avec des caméras à amplificateur de lumière, photographier le dispositif des FANT. Le lendemain vient la suite logique de ce premier raid : un bombardement de Tupolev 22, Mig 21 et Sukhoï. Les Hisséno-Français sont dans le piège des Goukouno-Libyens s'ils ne trouvent le moyen d'intervenir contre ce bombardement venu du nord...

Chaque jour, les vagues aériennes reviennent pour lâcher leurs tonnes de bombes, leur napalm. A l'aide d'un SAM 7, des mercenaires abattent un Sukhoï piloté par un commandant libyen. A Paris, le gouvernement refuse d'engager son aviation contre celle du colonel Kadhafi. Seule solution : fournir de l'équipement antiaérien aux assiégés.

Jusqu'au 6 août, quand ils sont particulièrement habiles et courageux, des pilotes peuvent poser à Faya leurs gros porteurs venus de N'Djamena. Quelques canons antiaériens bitube de 20 mm sont débarqués. Cette arme désuète est très difficile à mettre en place.

En revanche, les 30 postes de missiles Redeye prêtés par les Américains à Hissène sont ici, dans la palmeraie. Les Goranes tentent de les utiliser. En vain. Les piles qui déclenchent le tir ont été mal placées. Le 5 août, un agent américain se rend à Faya pour y récupérer le cadeau temporaire de Reagan. Sachant que la position d'Habré est fragile, les Américains ont peur que les missiles « ne tombent aux mains de Kadhafi qui en fera don aux terroristes »... Israël est d'ailleurs intervenu pour protester contre ce prêt de Reagan fait à Hissène.

Dans la nuit du 6 au 7 août, les mercenaires qui veillent sur l'aéroport entendent approcher un avion. A Faya, la situation est désespérée. Au dernier moment, le gros « Hercules C 130 » allume ses phares et abat son nez vers la piste. Le pilote ignore que celle-ci est coupée en deux par un DC 4 tchadien qui a planté son train dans un trou de bombe mal rebouché. Le pilote de la SFAIR, compagnie privée, remet les gaz et parvient à atterrir un peu plus loin. L'immense tablier arrière s'ouvre. Une vingtaine de mercenaires grimpe à bord, avec Habré et quelques-uns de ses proches. Pour eux, la guerre est finie. C'est à la demande de la DGSE que « l'Hercules » a pris le risque de venir à Faya. A Paris, au ministère de la Défense, on avait décidé de ne rien faire de particulier pour tirer Hissène et la troupe de Dulac de ce nouveau bourbier tchadien.

Restée sur le terrain, la dizaine de mercenaires sait que, maintenant, elle ne pourra s'en sortir qu'avec de la chance. Et seule. Ces hommes organisent la retraite. Elle se fera par le désert, en VLRA et Land Rover en gardant avec soi de quoi défendre, nourrir et désaltérer l'armée en déroute. Le 10 août, plus un homme des FANT, plus un seul Blanc ne reste à Faya qui, de nouveau, appartient à Goukouni.

Une dizaine de jours plus tard, à la pizzeria de Diego ou dans la rue, des journalistes croisent une poignée d'hommes aux yeux creusés, aux joues sans chair : la dernière équipe du généralissime Dulac vient de rentrer de son enfer.

Un an plus tard, la police niçoise arrêtera un de ces « héros » de Faya. Il a braqué une banque et participé à un trafic d'armes. Des pistolets-mitrailleurs venant du Tchad. Avant de quitter l'Afrique, personne n'est venu faire l'inventaire du matériel concédé pour un temps aux mercenaires. A ce propos, une question demeure : que sont devenus les missiles Milan qui, à l'été 1983, ont fait un petit voyage du côté de Faya-Largeau?

CHASSE AUX SORCIÈRES
PLACE BEAUVAU

– Allô, monsieur Ceccaldi?

– Oui.

– Ne quittez pas, je vous passe M. le Ministre...

– Allô. Ici, Gaston Defferre. Je suis heureux de vous annoncer, monsieur Ceccaldi, que vous allez recevoir, à ma demande, la Légion d'honneur. Et cela, lors d'un prochain Conseil des ministres. Le préfet va vous appeler... Au revoir et à bientôt, mon cher Ceccaldi.

Début juin 1981, 9 heures du matin : le ministre de l'Intérieur et de la Décentralisation est bref et matinal, comme d'habitude. Étienne Ceccaldi est, lui, persuadé d'avoir été réveillé par Alex Panzani, le chroniqueur judiciaire du *Provençal*, qui, profitant de son talent pour imiter la voix de « Gastounet », son patron, abuse de ce genre de plaisanterie.

Ce juge de quarante-trois ans, qui préside deux fois par semaine des audiences exclusivement consacrées aux accidents de la circulation et aux chèques sans provision, n'oublie pas qu'il est devenu l'enfant terrible de la magistrature et la bête noire du ministère de la Justice. Encore somnolent dans sa chambre de sa bastide, dressée au milieu des vignes d'Aubagne, le premier juge au tribunal de Marseille ne s'est pas encore adapté au changement qui vient de bouleverser le personnel politique. Lui que certains journaux avaient baptisé le « juge rouge » doit maintenant cesser d'être un ennemi public de la Justice.

Petit, mince, brun et jeune d'allure, l'air timide, l'enfant terrible des prétoires se lève, met son jean et va donner du grain à ses poules. En ce début d'été 1981, le magistrat est heureux que le placard dans lequel sa hiérarchie l'a casé lui permette de vivre comme ça. C'est sa façon d'éviter la dépression nerveuse. Avoir été une sorte de « star » et, par brimade, se retrouver à compter les chaises du palais de justice, n'est pas une situation facile à vivre.

Le juge ramasse ses œufs. Tranquille, il continue à ne pas croire à cette histoire de Légion d'honneur qui lui tomberait dessus comme une « réhabilitation » en forme de ruban. Une faveur.

Sorti en 1968 de l'École nationale de la magistrature, aux côtés de futurs ténors de la profession, tels que Jean-Pierre Michel, secrétaire général du Syndicat de la magistrature puis vice-président de la Commission des lois à l'Assemblée nationale ; Germain Sengelin, le magistrat qui a épinglé la direction des Douanes, et Nicole Obrego, poursuivie par Peyrefitte pour manquement à la discipline, Étienne Ceccaldi se fait remarquer, lui, dès les premières semaines de sa carrière. Juge d'instruction à Bourg-en-Bresse (Ain), il dévoile, en 1969, le scandale des flics proxénètes de Lyon.

Il commence donc sa carrière en inculpant et en faisant emprisonner pour « complicité de proxénétisme et de corruption » le commissaire Georges Meyer, l'adjoint du célèbre commissaire Javilley. Meyer était spécialisé dans « la pénétration du milieu ». Avec l'aide du chef Bardoux, de la Brigade des recherches de la gendarmerie de Bourg-en-Bresse, le petit juge a mis la main sur une énorme histoire de « ripoux » mettant en cause une brochette d'hommes politiques locaux.

Les menaces de mort, écrites ou téléphoniques, affluent au domicile de Ceccaldi ou à son bureau du tribunal. Il ne cède pas, s'arme d'un revolver 38 spécial et se place sous la protection du juge Renaud (qui lui ne quitte pas son colt 45). Le résultat : de 1969 à 1975, une trentaine de policiers lyonnais sont inculpés pour « proxénétisme » ou « complicité de proxénétisme », ou les deux à la fois.

Occupé maintenant à faire cuire des œufs à la coque, face à la montagne Sainte-Victoire, Étienne Ceccaldi n'oublie pas la leçon de courage donnée par Renaud. Celui qui scandalisait les magistrats lyonnais, avec ses chemises roses ouvertes jusqu'au nombril sur une peau bronzée, avec ses jeans. Un homme prodigieux qui se rendait souvent à Bourg-en-Bresse pour y discuter boutique avec un petit juge bon chic-bon genre nommé Ceccaldi. Un très grand juge mort, peut-être, pour avoir obéi aux ordres de sa hiérarchie.

En effet, à la suite d'une bavure au cours de laquelle le juge Renaud avait dégainé son colt 45 en plein centre-ville, et menacé un automobiliste qui venait de lui faire une queue de poisson (en fait, le magistrat croyait être victime d'une tentative d'attentat), le premier président du tribunal de Lyon avait interdit à Renaud de porter une arme. Quelques mois plus tard, il se fera descendre puis achever entre deux voitures. Sans avoir pu se défendre. Son colt 45 était chez lui. Il avait obéi au premier président.

En juin 1981, Ceccaldi a, lui aussi, de mauvais rapports avec ses patrons. Cette hiérarchie vient de lui refuser une promotion. Son ancienneté dans la profession étant jugée insuffisante au bout de treize ans de vie professionnelle. Et voilà que, quelques semaines plus tard, Defferre lui annonce qu'il aura la Légion d'honneur! C'est pourtant vrai que le ministre de l'Intérieur et de la Décentralisation a apprécié le travail du substitut Ceccaldi (chargé à partir de 1973 de la section financière au Parquet de Marseille). Quelques mois après son arrivée au Vieux Port, il dénonce devant le tribunal de cette ville un racket pétrolier. C'est-à-dire « une entente » organisée à l'échelon national par les huit grosses sociétés distributrices de pétrole qui se partagent la vente, pour éviter les baisses de prix que pourrait entraîner un vrai marché libre. Commence ainsi le long et incertain combat du substitut Ceccaldi contre les plus grosses multinationales du pétrole.

Les pressions se multiplient. Les menaces de mort aussi, comme à Bourg-en-Bresse. Le Parquet de Marseille, à la demande expresse du gouvernement, requiert un non-lieu pour les huit grosses compagnies impliquées dans l'affaire. Mais, Ceccaldi persiste. Avec le soutien du juge d'instruction, Elie Locques, qui inculpe finalement une quarantaine de dirigeants de ces multinationales. Elie Locques, la soixantaine bien sonnée, n'a rien à voir avec la dégaine du juge

Renaud, le premier « équipier » de Ceccaldi et son premier modèle. Elie Locques, c'est l'antihéros tel qu'on le voit au cinéma : le béret basque collé sur la tête, le costume bleu pétrole, la petite cravate à pois, la chemise blanche et la politesse toujours égale. Il ne lui manque que la baguette de pain sous le bras.

C'est aussi la volonté farouche de bien ficeler chacun de ses dossiers, l'amour du travail bien fait, et de ne pas céder à la moindre pression, par principe. Aussi, ce vieux juge ne peut qu'admirer le petit Ceccaldi qui se démène comme un beau diable. « Non parce qu'il est de gauche, mais tout bêtement pour faire appliquer la loi. »

Les journées se terminent quelquefois très tard dans les bureaux de ces deux magistrats. Et ces journées se poursuivent dans la nuit. Bien souvent au domicile du substitut Ceccaldi, face à la montagne Sainte-Victoire. Des journalistes du monde entier, puisque des sociétés américaines et britanniques sont impliquées, atterrissent par dizaines dans la bastide, n'hésitant pas à commencer à casser la croûte et à boire un coup lorsque les enfants leur ont ouvert en l'absence de leurs parents. Ces allées et venues chez les Ceccaldi continuent jusqu'en 1976, date à laquelle le procureur des pétroliers refuse sa promotion de procureur de la République à Hazebrouck (Nord). C'est à l'évidence une sanction déguisée visant à le dessaisir du dossier des pétroliers. Le ministre de la Justice, Jean Lecanuet, décide alors de le « réprimander, avec inscription au dossier ». Il est radié du tableau d'avancement et dessaisi de la section financière du parquet de Marseille, mais, à ce même parquet, le voilà spécialisé dans les accidents de la circulation! Ultime « promotion » en 1979, on le nomme « premier juge », chargé de la même besogne.

Une seule personne l'avait soutenu publiquement durant cette traversée du désert : Gaston Defferre. A défaut d'une tâche intéressante, le « procureur des pétroliers » investit dans son retour à la terre, reçoit ses amis, s'occupe de ses quatre enfants et milite au PS à Marseille. Il y fait partie de la Commission « Institutions et libertés », qui se bat contre le projet de loi « Sécurité et Liberté » du garde des Sceaux, Alain Peyrefitte. Ce militantisme, qu'il pensait incompatible avec la fonction de juge d'instruction, lui permet de rencontrer tous les caciques du PS local dont, bien sûr, Gaston Defferre.

Ne pas être utilisé en fonction de ses compétences mais recevoir en même temps la Légion d'honneur, cela apparaît toujours aussi improbable à Étienne Ceccaldi qui sirote son café, accoudé à l'énorme table de la salle à manger. Son petit déjeuner terminé, il se prépare à aller buter ses « Rosenvald », sa variété de pommes de terre préférée. Des rouges. Mais le téléphone sonne à nouveau. Surprise. C'est bien le préfet des Bouches-du-Rhône qui lui demande de passer le voir dans la journée. Pour les formalités nécessaires à l'attribution de la Légion d'honneur. C'est urgent; la préfecture doit envoyer un télex dans la soirée à Paris.

Le « procureur des pétroliers » prétend qu'il n'a pas le temps de se rendre à Marseille, étant pris suite à de nombreux rendez-vous. En fait, Étienne Ceccaldi a rendez-vous avec ses pommes de terre depuis plusieurs jours.

Le préfet des Bouches-du-Rhône se voit donc dans l'obligation de prendre un stylo à bille et de noter le *curriculum vitae* qu'on lui dicte au téléphone.

Le pouvoir socialiste veut lui attribuer la Légion d'honneur (chose ridicule à ses yeux). Eh bien, ce même pouvoir doit faire les démarches nécessaires juqu'au bout. Le vrai problème de Ceccaldi n'est pas sa médaille. C'est le placard où il est toujours au tribunal de Marseille. Car la situation n'a pas changé d'un iota depuis l'arrivée de la gauche à l'Élysée.

Quelques mois plus tard, Gaston Defferre décorait lui-même à Marseille Étienne Ceccaldi des insignes de chevalier de la Légion d'honneur. A cette occasion, le maire de Marseille rendait hommage au « courage civique » du magistrat, « plus difficile et plus rare que le courage physique ». « S'attaquer aux pétroliers, devait-il notamment déclarer, avec le gouvernement de l'époque, c'était montrer beaucoup de courage... Des résistances existent encore dans notre société même avec un gouvernement à direction socialiste. Toute cette histoire est révélatrice d'un certain état d'esprit, d'une certaine forme d'esprit qui ne sont pas acceptables, et c'est pourquoi j'ai tenu à ce que cette cérémonie ait lieu à la mairie, pour lui donner une certaine solennité. »

Dans son discours de remerciement, Étienne Ceccaldi évoque le cas d'une quinzaine de magistrats ayant fait l'objet de sanctions ou de mutations disciplinaires, sous le précédent septennat. Il n'oublie pas sa qualité de membre fondateur du Syndicat de la magistrature et de délégué de cet organisme pour le tribunal de Marseille.

Sous Robert Badinter, le nouveau garde des Sceaux, après quelques mois d'attente, las de se voir toujours confier des affaires traitant de la circulation, le juge rouge accepte, en décembre 1981, le poste de directeur de cabinet de François Autain, le secrétaire d'État chargé des travailleurs immigrés. Il réforme profondément la législation sur l'immigration qui date de 1945. Sont régularisés 130 000 clandestins. Dorénavant, les nouveaux venus seront systématiquement reconduits à la frontière, dès le jour de leur découverte. Il met aussi au point une législation pour lutter contre les abus de demandes de statut de réfugié politique et pour accélérer l'obtention ou le refus de la carte de travail. A ce poste, jusqu'en mars 1983, il lutte sans cesse contre des membres importants du PS qui veulent libéraliser au maximum les lois sur l'immigration. Alors que le reste de l'Europe durcit ces mêmes lois.

Le retour à la terre est bel et bien terminé pour l'enfant terrible de la magistrature qui supporte fort mal les aléas de la vie d'un membre d'un cabinet ministériel. Tous les six mois, il est fortement question d'un remaniement ministériel. Or, si Autain « saute », le petit juge rouge risque fort de retourner à Marseille y retrouver ses affaires de chèques volés et d'accidents de la circulation. Cette carrière en dents de scie, Étienne Ceccaldi n'en veut plus.

Or au même moment, Jacques Médecin, le député-maire de Nice, demande un préfet de police pour sa bonne ville. C'est sa cinquième requête en ce sens depuis l'arrivée de la gauche au pouvoir. Certes, Nice sert de plaque tournante au grand banditisme, mais les « affaires » s'y sont calmées depuis 1979 : casinos, guerre de gangs, racket... En fait, l'argumentation de Jacques Médecin est toute simple. Marseille a été dotée d'un préfet de police. Nice doit avoir le sien. Le prenant au mot, avec un certain machiavélisme, Gaston Defferre décide de donner satisfaction au député-maire. Par ruse ou naïveté, le pouvoir fixe son choix sur Etienne Ceccaldi.

En mai 1983, l'ex-tombeur du commissaire Javilley et des ripoux de la PJ de Lyon devient préfet de police de Nice à l'âge de quarante-cinq ans. Un petit magistrat hissé au rang de préfet de police doit s'attirer les foudres tout à la fois de ses anciens et de ses nouveaux collègues. Jalousie et esprit de corps ; on ne passe que très difficilement de l'une de ces professions à l'autre. Sa réputation de « casseur de flics » et son étiquette de « juge rouge » n'arrangent pas les choses dans le département des Alpes-Maritimes. La gauche y a toujours été très largement minoritaire face au système Médecin qui tient sous sa coupe, entre autres, les différents services de police. Une seule chose rassure le tout jeune préfet de police de Nice : Gaston Defferre ne l'envoie pas à Nice pour « casser Médecin », mais pour « diriger, coordonner et contrôler l'action des services de police ».

Étienne Ceccaldi arrive en « professionnel » pour tenter d'appliquer dans les Alpes-Maritimes les résolutions et recommandations de la Commission Bonnemaison à laquelle il a participé avec passion. Cette Commission parlementaire avait reçu du Premier ministre carte blanche pour trouver des solutions à l'insécurité. Le cœur plutôt tourné vers la prévention (à travers ses soixante-quatre propositions rendues publiques, fin 1982), le rapport Bonnemaison empiète sur les compétences ministérielles et incite les administrations à se réformer et à coordonner leur action au niveau local. Ce texte tient lieu de Bible au juge-préfet qui ne peut oublier l'indigence du programme du PS de 1972 en matière de police : « réduire le milieu », « lutter contre les maffias » et « supprimer les mauvaises polices ».

Durant la semaine précédant son installation officielle à la préfecture de Nice, l'ex-procureur fait à pied des dizaines de kilomètres dans la ville. Des mille policiers affectés dans cette cité-préfecture, il n'en voit que quelques-uns, transformés en plantons, ou « pots-de-fleurs », devant une administration ou une société. Ou d'autres sont lancés dans une course frénétique aux contredanses.

Pour échapper aux gardiens de la paix-plantons ou percepteurs, via les amendes pour stationnement illicite, le préfet de police donne une base à la « politique policière ». Il s'appuie sur un chiffre : 50 % de la criminalité urbaine en France est liée à la drogue. Le juge établit rapidement des « tarifs » pour les toxicomanes ou dealers. Ils seront systématiquement remis en liberté s'ils sont interpellés avec moins de dix grammes d'héroïne ou moins de cinquante grammes de haschisch. Au-dessus, c'est un billet d'écrou garanti pour une prison de la région.

Le monopole de fait accordé à la police judiciaire de Nice en matière de stupéfiants est supprimé. L'acheminement de la drogue, tablant non plus sur de grosses livraisons mais sur un trafic de fourmis, suppose aux yeux du préfet de police que tous les services participent à cette lutte. La PJ de Nice (pour les affaires les plus importantes), la Police de l'air et des frontières, les Sûretés urbaines et surtout les Compagnies républicaines de sécurité (CRS) se partagent donc désormais la « mission ».

Les CRS se voient attribuer une place en première ligne dans la lutte contre la drogue sur les routes et dans les villes des Alpes-Maritimes, où ils procèdent à de nombreux contrôles uniquement à cette fin. Tout contents de sortir de leurs cantonnements et de se voir affectés à autre chose qu'au maintien de l'ordre, ils font merveille. En attendant de « débureaucratiser » la police de Nice, Étienne Ceccaldi annonce, dès son arrivée, aux policiers qu'il est « un antifasciste et un antiraciste viscéral ». Sur ces deux points, « il ne transigera pas ». Pour le reste, il promet à ses fonctionnaires « qu'il les couvrira en cas d'arrestation un peu musclée pouvant se terminer par une mort d'homme ».

Les flics de base sont non seulement contents de voir un de leurs chefs leur tenir ce langage, mais aussi satisfaits d'avoir affaire à un technicien qui sait ce que signifient les mots commission rogatoire (délégation donnée par un juge à un service de police afin de réaliser une enquête), mandat d'arrêt, planque... Magie du verbe ou respect pour l'homme? Le préfet de police Ceccaldi sera d'ailleurs fier de ses policiers; durant ses fonctions, il n'y aura pas une seule bavure et pas une sale affaire « de flics » dans le département des Alpes-Maritimes. Les policiers de base sont stupéfaits de voir leur préfet participer de temps à autre avec eux à des patrouilles de nuit. Les gardiens de la paix apprécient beaucoup, la hiérarchie des commissaires nettement moins.

Quelques semaines de pratique à Nice ont convaincu le juge : les effectifs de policiers sont insuffisants, mais surtout très mal employés, notamment dans la lutte contre la petite et moyenne délinquance, celle qui gêne le plus l'homme de la rue. Or que conseille le rapport Bonnemaison pour enrayer ce mal? La prévention : plus facile à conseiller qu'à appliquer. Cette prévention fait qu'à Nice les toxicomanes et les dealers ne s'y promènent plus qu'avec moins de dix grammes d'héroïne et moins de cinquante grammes d'herbe, ce qui complique singulièrement leurs échanges.

Si le juge-préfet s'est mis les CRS locaux dans la poche – y compris leurs syndicats – ses relations avec les autres services de police s'avèrent, au bout de deux mois, beaucoup plus tendus. En effet, mis à part les commissariats des Alpes-Maritimes qui dépendent directement du préfet de police de Nice, les antennes locales des Renseignements généraux (RG), de la Direction de la sûreté du territoire (DST), de la Brigade de recherches et d'intervention (BRI) et de la Police judiciaire de Nice sont rattachées administrativement à Marseille, puis à Paris.

Étienne Ceccaldi demande alors au ministre de l'Intérieur qu'un secrétariat général de l'administration de la police soit créé à Nice de manière à ce que les services de police dépendent directement de lui et non pas de Marseille. En effet, il voit les représentants de ces services une fois par semaine, lors de la réunion de coordination, qui ne lui apprend jamais rien sinon des informations déjà lues dans les journaux. Defferre enregistre...

D'abord ravis de voir arriver une personnalité de gauche capable, à leurs yeux, de contrebalancer l'influence toute-puissante de Jacques Médecin, les socialistes locaux commencent eux aussi à déchanter. Pour eux, « le juge rouge », « le procureur des pétroliers », était venu à Nice pour mettre le système Médecin en pièces. Le pouvoir socialiste avait créé la fonction de préfet de police à Nice uniquement pour s'attaquer à cette citadelle.

Sur 51 conseillers généraux, 50 sont médecinistes, le cinquante et unième, le maire de Carros, Jaboulet, est inscrit au PS, mais vient de voter le budget de cette assemblée! Sur les 180 maires des Alpes-Maritimes, 3 seulement sont étiquetés à gauche. Enfin, la section du PS de ce département ne compte que 350 adhérents. Et voilà qu'au lieu de faire le ménage pour ses amis socialistes, le préfet de police semble uniquement préoccupé de faire son job de préfet de police.

Et son métier, il ne pense qu'à ça. En été 1983, il crée une brigade canine à la Sûreté urbaine de Nice. Utile en cas de chasse à l'homme ou de recherche de personne disparue, ses deux bergers allemands ne sont pas appréciés par les hommes de gauche chez qui ils réveillent de « vieux souvenirs datant du nazisme »... D'autre part, le préfet de police met rapidement en place le système de l'îlotage dans le centre ville de Nice, à la grande satisfaction des habitants et des commerçants. Un endroit où patrouillent déjà en permanence les CRS à la recherche des toxicos et des dealers. Les socialistes commencent à dire que, finalement, Ceccaldi a trahi et « travaille » pour Médecin.

Preuve de cette trahison, l'accord pris par M. le Préfet de police avec le conseil général de Jacques Médecin, afin de loger ses policiers en HLM. Pourtant, il y avait bien là une réalité incontournable; le prix de location mensuelle d'un deux-pièces sur la Côte-d'Azur coûte environ 2 800 francs, pour un trois-pièces, cela monte à 4 800 francs. Un gardien de la paix touche par mois 6 500 francs net au bout de six ans de carrière. Conséquence : tous les jeunes flics ne demandent pas leur mutation dans cette région ou la quittent le plus rapidement possible. La « population policière » y est donc vieille. Le système Médecin crie « Sécurité, Sécurité », Étienne Ceccaldi peut essayer de donner cette « sécurité », c'est son job, grâce à une grande proportion de flics jeunes, mais en échange le département fera loger ceux-ci dans les HLM, dès la fin 1983. Tout le monde est content. Sauf les militants socialistes...

Ce problème à peine réglé, des sympathisants du PS, en

l'occurrence les dirigeants de la FASP (Fédération autonome des syndicats de police), mettent le juge en colère : ses responsables viennent d'obtenir de Gaston Defferre l'application de la semaine de 39 heures dans tous les services de police.

La satisfaction de cette vieille revendication de la FASP aboutit, en fait, à supprimer toutes les brigades spécialisées des commissariats. A Nice, comme ailleurs. Dans cette ville, les BAC (Brigade anticriminalité) n'existent subitement plus. Ces BAC, composées chacune de gardiens de la paix en civil patrouillant dans une voiture banalisée, avaient pris une bonne part à la chute de la délinquance petite et moyenne enregistrée en France depuis peu.

Le préfet de police de Nice a beau s'époumoner au téléphone contre « la connerie » que constitue cette réglementation. Et il a beau rendre visite à plusieurs reprises à ses interlocuteurs, place Beauvau à Paris, au ministère de l'Intérieur. On ne fait que semblant de l'écouter. A chaque fois, l'ex-tombeur du commissaire explique le danger de cette décision.

Celle-ci aboutit en fait à un nivellement par le bas des compétences et des possibilités physiques de chaque gardien de la paix. Avec cette réforme, tous les policiers en tenue des commissariats de Nice se répartiront entre cinq brigades à horaires fixes. On applique ainsi la grande idée de la FASP : tout le monde sur le terrain. Auparavant les gens unis dans ces brigades étaient sélectionnés parmi les plus jeunes ou les plus agiles. Étienne Ceccaldi prêche dans le désert lorsqu'il souligne qu'un gardien de la paix sexagénaire et pesant 90 kilos n'a rien à voir sur le plan de l'efficacité et du dynamisme avec un policier de trente ans et pesant une soixantaine de kilos. Les BAC doivent êtres formées de jeunes flics capables de courser à pied des malfaiteurs. Sinon, il est préférable de taper le carton.

Autre unité également supprimée à Nice (à la suite de cette décision) : l'ensemble des PLS (Patrouilles légères de sécurité). Les cinquante cyclomoteurs affectés à cette brigade spécialisée ont été cachés dans le garage du commissariat central de Nice à la fin 1983. Aujourd'hui, en janvier 1985, ces deux roues achèvent de rouiller au même endroit.

Ceccaldi réussit tout de même à sauver une brigade spécialisée ; le GIPN (Groupe d'intervention de la police nationale) de Nice qui doit intervenir en cas de coup dur : mutinerie à la prison, prise d'otages...

Fatigué de jouer les Don Quichotte, le préfet de police baisse les bras, juste au moment où les statistiques montrent à l'évidence une remontée de la délinquance à Nice et sur l'ensemble de la Côte-d'Azur. Il ne lui reste plus qu'à multiplier l'îlotage et à sortir son arme secrète : les CRS. Ceux-ci vont dorénavant constituer au coup par coup des BAC. De manière à remplacer au pied levé les gardiens de la paix touchés par la nouvelle réglementation sur les 39 heures de travail hebdomadaire. Parallèlement, les vigiles de la mairie de Nice, équipés de revolvers 357 Magnum, continuent à épauler les flics sans avoir provoqué la moindre bavure. Au désespoir des socialistes locaux. Pourtant à l'automne 1985, le procureur général d'Aix-en-Provence et l'IGPN (Inspection générale de la police nationale) dénonceront, chacun dans un rapport, les « excès » de ces vigiles.

Que reprochent au fond les militants du PS à ces vigiles ? Essentiellement, de recouvrir systématiquement avec l'aide d'autres employés de la municipalité, les affiches du PS une heure après leur collage. Élections ou pas, la photo de Médecin et les slogans d'associations favorables au député-maire monopolisent totalement les murs et panneaux d'affichage de la Côte-d'Azur. C'est pourquoi les socialistes des Alpes-Maritimes demandent, début 1984, au préfet de police de Nice de « faire protéger les affiches du PS par des flics ».

« Si tu n'es pas capable de faire ça, tu ne sers à rien ici », s'entend dire alors le juge par ses camarades.

A la moitié de l'année, au moment où Pierre Joxe remplace Gaston Defferre, la guerre est ouverte entre le préfet de police de Nice et le PS qui n'a plus qu'un seul but : le faire virer de son poste. On colporte : « Il a viré de bord. Il est passé à droite et prépare mars 1986, en fréquentant les bourgeois de la Côte-d'Azur. »

La preuve, la voici : lors de l'élection de Ronald Reagan, le préfet de police de Nice a assisté à cette occasion à une soirée organisée au consulat des États-Unis. Et chaque cacique du PS des Alpes-Maritimes téléphone à Paris, place Beauvau et au siège du parti pour fustiger Étienne Ceccaldi. On va mettre au point une formidable campagne de ragots. Tout y passera : « L'appartement occupé par le préfet de police sur la promenade des Anglais lui a été donné par le clan Médecin en échange de ses services. » En réalité, il s'agit d'un logement de fonction appartenant au Conseil général des Alpes-Maritimes et attribué au secrétaire général adjoint du préfet de ce département jusqu'à son départ en mai 1983. Le juge n'a fait que récupérer cet appartement à son arrivée. Un logement toujours confié à un membre de la préfecture des Alpes-Maritimes.

Des calomnies sur la nouvelle épouse d'Étienne Ceccaldi sont-elles aussi « programmées »?

L'ancien procureur considère tout cela comme étant des « couillonnades ». Lors de ses différentes entrevues avec Pierre Joxe, il ne lui en glisse pas un mot. En revanche, il le met au pied du mur. Ou le poste de préfet de police de Nice est supprimé ou l'on augmente les pouvoirs de ce haut fonctionnaire afin qu'il ne soit plus court-circuité. Il continuera de réclamer à Nice la création de ce qui devient son idée fixe : un secrétariat général de l'administration de la police (SGAP).

Le nouveau ministre de l'Intérieur et de la Décentralisation l'écoute fort attentivement à chacune de ses visites et lui exprime sa satisfaction pour son travail. Mais Étienne Ceccaldi n'est pas dupe : avec le départ de Gaston Defferre, il a perdu son seul et unique véritable appui au sein du PS. Et donc de la police. L'ex-« juge rouge » a l'impression de se trouver avec Pierre Joxe face à un « fanatique qui n'a aucune prise sur l'appareil policier, une police devenue moderne, technique et donc de plus en plus autonome vis-à-vis du pouvoir politique ».

Une anecdote à propos de son ministre lui fait froid dans le dos. Le gardien de la paix qui assure la surveillance du petit jardin installé place Beauvau a été pris en flagrant délit par Joxe sur le coup de midi. Il était en train de manger un sandwich au jambon. Une heure plus tard, ce mutin était « muté » dans un autre service.

Ceccaldi apprend à la même époque que l'un des deux députés PS des Alpes-Maritimes, Jean-Hughes Colonna, était le lieutenant de Pierre Joxe quand celui-ci était président du groupe socialiste à l'Assemblée nationale. Colonna était notamment chargé de faire de la retape de manière à ce qu'un maximum de députés du PS assiste aux séances de l'Assemblée lors des votes importants. Ce serre-file n'hésitant pas à aller chercher ces élus jusque dans leurs chambres.

Ce professeur de gymnastique ressemblant à Noël Roquevert est le premier secrétaire de la Fédération PS des Alpes-Maritimes. Étienne Ceccaldi a rencontré à de nombreuses reprises ce numéro 1 du PS local accompagné de son second, François Giolliti, un employé des postes qui appartient à la loge du Grand Orient de France. Ce dernier, suppléant du député Max Gallo, lui a exprimé de nombreuses doléances et, en particulier, son désir de pouvoir coller des affiches de son parti sans les voir décoller dans les minutes suivantes... En cette fin 1984, le préfet de police n'ignore pas que le tandem Colonna-Giolliti a non seulement l'oreille de Joxe, mais aussi celle de francs-maçons fort puissants à l'intérieur de la police. Ça le préoccupe, mais ne l'empêche nullement de continuer à faire son travail sans se préoccuper des desiderata de ce tandem.

Mieux, Étienne Ceccaldi s'attaque au numéro trois du PS des Alpes-Maritimes : Roger Gianola, chef de la Police de l'air et des frontières (PAF) à l'aéroport de Nice. En outre, il dirige le Groupe socialiste d'entreprise (GSE) police pour le département, et appartient à la loge du Grand Orient de France. Averti par des employés de l'aéroport, le juge-préfet découvre que les policiers de la PAF de Nice ont touché 400 000 francs de dessous de table octroyés par des milliardaires arabes soucieux d'échapper aux longues formalités des contrôles de police d'aéroport. En échange de ces pots-de-vin, des Rolls vont chercher les émirs en bout de piste jusqu'à leur Mystère 20, et les paperasseries sont expédiées en quelques minutes. Puis, chaque Rolls sort de l'aérodrome par une voie discrète.

Le préfet de police n'est pas opposé à ce que ces personnalités puissent échapper à ces contrôles un peu fastidieux pour des VIP capables de perdre avec le sourire 10 millions de francs sur les tapis verts en deux nuits seulement. Ces courtes visites ne peuvent qu'enrichir la région d'une manière ou d'une autre... Mais Étienne Ceccaldi exige que ce « service » soit rendu gratuitement.

Une enquête de l'IGPN (Inspection générale de la police nationale) démontre que la PAF de Nice a bien touché la somme de 400 000 francs de janvier à juin 1984. Le livre de comptes de ce service, retrouvé dans le bureau de Roger Gianola, en témoigne. Celui-ci explique alors qu'il a mis fin à ce trafic de pots-de-vin après en avoir partagé les 400 000 francs entre tous les membres de son service.

Le juge atteint son but en démontrant que sous son autorité les flics, même socialistes, ne pourront jamais être des ripoux échappant à ses investigations. La leçon a dû porter et les pots-de-vin ont cessé à l'aéroport de Nice, mais le préfet de police s'est mis définitivement à dos le PS des Alpes-Maritimes, le GSE-Police du département et les responsables locaux de la loge du Grand Orient de France. Mais ce lobby va susciter des rapports confidentiels, via les renseignements généraux, sur leur propre préfet de police.

Il faut dire que les socialistes avaient la tâche facile. Une taupe, Alain Delpont, inspecteur à la DST devenu chargé de mission au cabinet du préfet de police, les renseignait dans les moindres détails sur le travail de son patron.

Ce policier de trente-huit ans, dandy, habillé par Lanvin, avait atteint le grade d'inspecteur principal sur proposition d'Étienne Ceccaldi. Alain Delpont, sans le moindre diplôme, fils du président de l'Ordre des médecins de Montpellier, ne rêvait que d'une chose : devenir sous-préfet. Avec le soutien de Georgina Dufoix, Ceccaldi propose donc, pour un poste de sous-préfet, ce militant du PS. Courant 1984, l'administration avait donné une réponse négative, « l'inspecteur n'ayant pas les diplômes requis ».

A la fin 1984, juste après la découverte du scandale à l'aéroport de Nice, Alain Delpont sabote, depuis six mois environ, l'action du cabinet du préfet de police de Nice. Ses raisons : il est persuadé qu'Étienne Ceccaldi n'a pas fait le nécessaire afin d'obtenir sa nomination au grade de sous-préfet. Il est furieux.

Tous les documents, même les plus confidentiels, sont photocopiés par lui et remis à la section du PS des Alpes-Maritimes et au Groupe GSE-Police de ce département. Plus grave : ce chargé de mission n'avait pas la délégation de signature et pourtant il se permettait d'écrire à des directeurs du ministère de l'Intérieur et de la Décentralisation en signant « Pour le Préfet, le chargé de mission ». Il faisait des conférences et participait à des manifestations officielles au nom du préfet de police de Nice, mais sans en avertir celui-ci. Enfin, il se permettait de dire à ses interlocuteurs : « Le Préfet vous a peut-être dit oui pour votre demande, mais si moi je ne suis pas d'accord, ce sera non... »

Excédé par ces initiatives intempestives, Étienne Ceccaldi finit par chasser Alain Delpont de son cabinet au début du mois de février 1985. Une heure seulement après avoir été mis à la porte par son patron, l'inspecteur de la DST se trouve dans le bureau de son ami Gianola, chef de la PAF de Nice et du GSE-Police des Alpes-Maritimes. Les deux hommes aidés par Jean-Hughes Colonna mettront alors un mois pour avoir la peau du « juge rouge », un peu trop préfet et pas assez socialiste à leurs yeux.

Une quinzaine de jours plus tard, un membre du cabinet de Pierre Joxe apprend à Ceccaldi les détails de ce complot. Mis au courant, Max Gallo défend Ceccaldi et fait savoir au plus haut niveau de l'État qu'il se désolidarise des manœuvres de la section PS et du GSE-Police des Alpes-Maritimes. Mais Pierre Joxe est devenu l'homme fort du gouvernement et le Conseil des ministres du 6 mars met fin aux fonctions d'Étienne Ceccaldi comme préfet de police de Nice. Ce poste est supprimé, ses attributions revenant au préfet du département.

Le juge a une fois encore perdu. Il est prié de retourner à sa bastide, à son placard : Badinter le nomme substitut à Paris chargé des chèques sans provisions et des accidents de la circulation, un poste qu'il a déjà occupé au parquet de Marseille. Roger Gianola dirige toujours la PAF à l'aéroport de Nice, tandis que Jean-Hughes Colonna a coiffé sur le poteau, avec le soutien efficace de Pierre Joxe, Huguette Bouchardeau et Max Gallo pour être têtes de liste des socialistes en mars 1986 dans les Alpes-Maritimes, où le PS ne peut espérer qu'un seul siège.

A l'époque de sa nouvelle « mutation-sanction », le député-maire de Nice a protesté contre celle-ci par voie de tracts lancés dans les rues de plusieurs villes des Alpes-Maritimes. Il y explique notamment cette mesure par le fait que le « préfet de police Étienne Ceccaldi avait lutté contre la délinquance au lieu de s'attaquer à Jacques Médecin ».

Le substitut Étienne Ceccaldi n'occupe pas un poste très brillant dans la magistrature compte tenu de ses quarante-huit ans et de ses états de service. Mais il y a très peu de magistrats de son âge qui sont chevalier de la Légion d'honneur...

La morale de cette histoire : le pouvoir socialiste a préféré garder aux postes de commande de la police des hauts fonctionnaires ou des commissaires divisionnaires, certes de droite, mais aux ordres. Les remplacer par des hommes de gauche beaucoup plus difficiles à manipuler, c'était prendre un risque... Le « risque Ceccaldi ».

Mitterrand et ses successifs gouvernements ont toujours refusé de faire confiance à la police. C'eût été un acte de courage, il est vrai, difficile à accomplir pour un président de la République souffrant du « complexe d'Allende ».

FIN DE L'IDYLLE AVEC LES ARMÉNIENS

S'il n'a pas ramené la paix, l'automne 1981, à Beyrouth, a installé une pluie froide qui ne fait qu'aggraver la misère. En survolant les camps palestiniens qui forment un bidonville dans les faubourgs du sud, les avions se reflètent dans une mare de boue. Éventrés par la guerre qui, depuis six ans, n'achève jamais son chantier destructeur, Beyrouth et sa terre sont une succession de trous et de cuvettes.

Pourtant, hormis les obus que l'on s'expédie à heures fixes depuis des mois, la vie est plutôt calme des deux côtés de la ligne de démarcation. Les journalistes envoyés spéciaux sont rentrés chez eux. Restent en sentinelles les correspondants qui vivent ici à l'année, le bureau de l'Agence France-Presse étant le lieu géométrique où toute cette petite société d'hommes de presse trouve son équilibre.

En ce qui me concerne, installé dans un hôtel froid et désert, je ne suis pas ici pour tenter de comprendre la dernière folie libanaise, d'anticiper sur le prochain carnage. Ce qui me transplante ici, pour quelques jours, est une affaire purement française, disons une sorte de gros fait divers qui ne cesse d'agiter nos rubriques : l'Armée secrète de libération de l'Arménie (ASALA) a décidé d'installer sa guerre dans l'hexagone. Puisque les chefs aussi bien que les soldats de cette armée clandestine sont au Liban, je suis à Beyrouth pour tenter de les rencontrer.

Le 24 septembre dernier, c'est un commando baptisé Van, et fort de quatre hommes, qui, peu après l'ouverture des bureaux, a débarqué boulevard Haussmann, à Paris, au consulat de Turquie. Un gardien turc qui s'oppose à l'attaque est abattu à « bout portant ». Le consul est touché d'une balle au thorax et soixante-deux personnes sont retenues en otage, pendant une journée, le temps que les autres jeunes gens se décident à se rendre.

Sur le terrain, les forces de police sont dirigées par les commissaires Broussard et Leclercq qui, fidèles aux ordres reçus de leurs nouveaux patrons, nommés par le pouvoir socialiste, se montrent d'une patience et d'une courtoisie à laquelle ils n'avaient pas habitué la presse (il suffit de se rappeler la tuerie du bar *le Thélème* contre le gang Zemour).

Moins de deux mois plus tard, et puisqu'elle ne fait jamais d'armistice, la police arrête à l'aéroport d'Orly un Arménien titulaire d'un faux passeport chypriote au nom de Dimitriu Georgiu.

C'est bien contre sa volonté que ce militant de l'ASALA s'est fait coincer à Paris. L'avion sur lequel il s'était embarqué a dû y faire escale pour une avarie : un hublot qui n'était pas étanche... Ce coup de lasso de la police contre l'Arménien en transit va être à l'origine de la première grande bagarre entre le gouvernement et sa police.

En fait, ce n'est pas par hasard mais à partir d'un « tuyau » venu d'un service de police étranger que les fonctionnaires arrêtent Dimitriu Georgiu. Ils savent déjà que le jeune homme est un militant arménien. Depuis l'attaque contre le consulat turc de Paris, l'ASALA n'a pas fait de trêve en Europe. Il y a moins d'un mois l'un de ses commandos a tenté d'abattre un diplomate d'Ankara en poste à Rome. Celui-ci s'est défendu et affirme avoir blessé son agresseur... Par le biais d'Interpol un télex recommandant la vigilance a donc été adressé à toutes les polices.

Interpellé alors qu'il déjeune dans un restaurant de l'aéroport, Georgiu est conduit dans les locaux de la PAF, Police de l'air et des frontières, où il reconnaît immédiatement être un militant de l'ASALA. Aveu qui entraîne son transfert au 36, quai des Orfèvres, à la brigade criminelle de Marcel Leclercq, où on l'attend. Le télex d'Interpol à la main.

Georgiu est prié de se déshabiller. Cet effeuillage inquisitorial conforte l'hypothèse policière : l'Arménien est blessé au bras. Ils sont convaincus de tenir l'auteur de la tentative de meurtre contre le diplomate turc de Rome. Un médecin expert vient confirmer qu'il s'agit bien d'une plaie provoquée par une arme à feu.

Dans le même temps un examen rapide du passeport permet aux flics de la Criminelle de lever un nouveau lièvre : le document de Georgiu est identique à celui utilisé par Alexander Panadryu, l'un des auteurs de l'attentat le 30 octobre 1980 contre la synagogue de la rue Copernic à Paris. Cette pièce d'identité appartient à une série portant un numéro dont la base est le nombre 300 000. En un an d'enquête sur ce document, les policiers ont progressé dans leur investigation. Ils savent qu'en fait ces passeports sont fabriqués dans une imprimerie borgne de la banlieue d'Athènes. La majorité des clandestins et certains gangsters s'y approvisionnent. Le commissaire Leclercq rend compte de ses découvertes à ses supérieurs.

Informé de l'arrestation de cet Arménien, Pierre Arpaillange, procureur général, décide de ne pas entamer de poursuites. Comme ses collègues du parquet, le magistrat possède une sorte de pouvoir « politique » qui laisse une marge de manœuvre. S'il estime que l'inculpation d'un homme peut provoquer plus de trouble que de bienfait pour l'exercice de la justice, il peut légalement fermer les yeux. Il se trouve qu'à Matignon le permanencier de service, qui a consulté la plus haute hiérarchie du cabinet, est du même avis. Compétent, puisque Orly est sur son territoire, le parquet de Créteil décide de classer le dossier des policiers et de rendre la liberté à Dimitriu Georgiu.

Celui-ci est relâché le vendredi 13 novembre. Trop tardivement pour prendre un avion en direction de Beyrouth, destination pour laquelle il a un ticket. L'Arménien doit dormir à Orly et attendre le prochain vol. Il a récupéré les 10 000 francs suisses qu'il avait en poche au moment de son arrestation. On lui a rendu sa valise pleine de documents sur les luttes de l'ASALA. Le clandestin, qui a déclaré s'appeler Avedissian Khatchig, être né en Turquie et vivre au Liban, s'endort tranquille.

A la brigade criminelle, une sorte de jacquerie commence

à s'organiser. Leclercq et ses flics sont convaincus que la France laisse partir sinon un complice de l'attentat de la rue Copernic, tout au moins un homme qui en sait beaucoup sur cette affaire qui a traumatisé l'État...

Un groupe d'inspecteurs décide de « balancer le dossier à la presse ». Et, ce vendredi soir, à 22 heures, l'AFP diffuse une dépêche résumant la vision policière de l'affaire Georgiu. Ce n'est pas encore cette nuit que les permanenciers de Matignon et du ministère de la Justice vont pouvoir se reposer. Il faut trouver une issue honorable à ce premier accroc entre le nouvel État et ses flics...

La solution est de faire machine arrière. Georgiu, qui n'y comprend plus rien, est à nouveau cueilli à Orly et conduit devant un juge de Créteil qui, dans un premier temps, l'inculpe pour avoir utilisé un faux passeport. Le magistrat, Mme Brégean, signe le mandat de dépôt. L'Arménien est transféré à la prison de Fresnes.

Une fois encore, c'est Pierre Arpaillange qui a été au charbon. Samedi à 11 h 50, le parquet publie un communiqué pour expliquer ce demi-tour : « Compte tenu du dossier et des investigations faites après la libération de Georgiu, son inculpation, maintenant, s'imposait. »

Ce petit texte n'apaise pas la fronde policière. Leclercq maintient qu'alors que le militant de l'ASALA était en garde à vue il a bien transmis au parquet les informations sur le passeport, identique à celui analysé dans l'enquête Copernic. Le SNAPC, syndicat majoritaire chez les inspecteurs, publie un « contre-communiqué », pour répondre au parquet :

« Notre syndicat s'élève contre la facilité avec laquelle les terroristes, armés ou non, peuvent circuler sur notre territoire national. Nous veillerons à ce que les textes législatifs et réglementaires soient respectés. Nous nous souvenons que la violation de ceux-ci a entraîné la mort de notre ami et collègue Jacques Capella lors de l'affaire de l'ambassade d'Irak en 1978. » (Intervenant lors d'une prise d'otage à l'ambassade d'Irak, l'inspecteur Capella a été tué par des gardes du corps irakiens jouissant du statut diplomatique, donc d'une totale immunité.)

Finalement, pour calmer le jeu, Pierre Arpaillange fait état d'une « synthèse qui n'avait pas été faite la veille », c'est-à-dire le 13 novembre, jour de la remise en liberté de Georgiu. Le haut magistrat n'accuse plus la police de ne pas avoir fait son travail. Menaçants, certains flics de la Criminelle se préparaient à livrer « les noms de hauts personnages ayant fait libérer Georgiu ».

A l'hôtel Matignon, Louis Joinet, conseiller de Pierre Mauroy pour « la justice, les libertés publiques et les droits de l'homme », est subitement dans une position difficile. Le gouvernement, partant du principe que l'avènement du socialisme doit, automatiquement, supprimer la tentation du terrorisme, a chargé ce magistrat (détaché à Matignon) de dialoguer avec différents groupes capables de violence. Tandis que d'autres, à l'Élysée, négocient avec Action directe, lui ouvre sa porte aux Arméniens afin qu'ils épargnent la France de leurs commandos.

Beaucoup plus tard, dans le *Quotidien* du 7 décembre 1983, Jean-Louis Remilleux va questionner un militant arménien important, mais anonyme. L'objet de l'interview : les rapports entre l'ASALA et le gouvernement français :

« " J'ai été contacté un jour par M. Louis Joinet, conseiller de Pierre Mauroy, un homme sérieux, intelligent et ouvert qui m'a parlé de la possibilité d'un *accord* à envisager avec mes amis arméniens ", déclare ce militant. Cet interlocuteur privilégié, poursuit Remilleux, rencontre alors quelques têtes connues des mouvements clandestins arméniens et transmet leurs volontés aux bras droit de Pierre Mauroy. Il s'agissait d'exigences fort simples au départ, qui passaient par l'amélioration des conditions pénitentiaires pour les quatre Arméniens arrêtés après la prise d'otages du consulat de Turquie à Paris et l'obtention du " régime politique ", en leur faveur, à Fleury-Mérogis. Ces exigences ont été satisfaites... Petit à petit, les Arméniens en contact régulier avec M. Joinet exigent plus fermement que la France prenne position pour la reconnaissance du génocide de 1915 (un million et demi d'Arméniens massacrés par les Turcs). On verra apparaître à ce moment-là des déclarations ambiguës de Claude Cheysson au *Journal Officiel*, de Gaston Defferre devant l'Assemblée nationale et de plusieurs autres ministres dans ce sens-là. Survient alors l'affaire Kevedjian à Marseille (il est accusé par la justice suisse d'être l'un des auteurs d'un attentat manqué contre l'ambassadeur de Turquie à Berne). D'après l'interlocuteur des Arméniens, ceux-ci exigent de M. Joinet un " procès politique " et la possibilité pour ce terroriste d'obtenir un " verdict de modération " sans quoi " le feu pourrait être mis aux poudres ". Des négociations sont alors entreprises pour obtenir l'arrivée d'un président de tribunal " intelligent ", ce qui sera fait, et une issue heureuse à ce procès Kevedjian. Alors que l'avocat général a requis huit ans de prison, il est condamné à deux ans de réclusion et remis en liberté. C'est alors que M. Joinet cesse d'être le négociateur, côté gouvernement français, car la presse dévoile ses activités mystérieuses. »

Le 2 août 1982, dans une interview accordée au *Matin*, Hagop Hagoppian, leader de l'ASALA, alors installé à Beyrouth, donne des précisions sur ce marché conclu avec la France :

« Quant à l'accord passé avec le gouvernement français, nous regrettons que le groupe Orly ait donné autant de précisions (le groupe Orly est né le jour même de l'arrestation de Georgiu Dimitriu à l'aéroport de Paris. Il devait ensuite revendiquer une douzaine d'attentats). Un officier français a joué un grand rôle dans le règlement du contentieux franco-arménien. Nous répondrons sur ce point, pour l'Histoire. Trois ou quatre jours après l'interpellation de Dimitriu Georgiu, cet officiel français nous a contactés par l'intermédiaire d'un ami arménien qui est toujours à Paris. Notre premier contact a eu lieu en novembre 1981. Tous ces contacts se sont déroulés par téléphone. Orly n'a jamais eu besoin d'un contact direct. Toutes les conversations téléphoniques ont été enregistrées par nos soins, les doubles ont été remis à Orly. Notre dernier contact avec l'officiel français a eu lieu le 13 juillet 1982, dix jours avant le procès de Vicken Tcharkhutian (un Arménien d'origine américaine arrêté à Roissy le 6 juin 1982). Le gouvernement français nous avait promis de le libérer et ne l'a pas fait... »

Parmi les membres du gouvernement, c'est Charles Hernu qui, le premier, avait affirmé la solidarité de l'État avec la cause arménienne. Le 10 octobre 1981 à Decines, dans le Rhône, le ministre de la Défense avait pris la parole à la Maison de la culture arménienne quelques jours après une série d'attentats visant cette communauté : des actes attribués aux services secrets turcs.

« Devant les menaces que vous recevrez des gens qui appartiennent, disent-ils, à l'Europe, et que moi je dirai, hélas, à l'OTAN, n'organisez pas votre communauté, si digne et disciplinée, en comités d'autodéfense, car il serait dangereux d'entrer dans une escalade. [...] Lorsqu'il y a des agressions il faut toujours se demander qui est l'agresseur. Est-ce que c'est un peuple rescapé d'un génocide qui agresse les Turcs, ou alors les Turcs les agresseurs? En ce qui concerne le peuple juif un chancelier d'Allemagne s'est mis à genoux pour s'excuser des crimes des nazis. Quand un Turc le fera-t-il aussi? Il est évident que les Arméniennes et les Arméniens ont encore un état de liberté et de reconnaissance à conquérir. »

300 000 hommes et femmes d'origine arménienne vivent en France, principalement à Alfortville, Issy-les-Moulineaux, dans la région de Lyon et de Marseille. C'est donc une communauté très importante sur le plan électoral. Ainsi, quelques mois après Charles Hernu, c'est Gaston Defferre qui se fait le champion de la lutte arménienne en déclarant :

« La France vous aidera à faire triompher votre cause. Pour sa part, le gouvernement français reconnaît le génocide dont le peuple arménien a été victime. »

Le ministre de l'Intérieur se dit favorable à la construction, à Paris, d'un mémorial du souvenir rappelant le génocide organisé par la Turquie en 1915. Cette revendication figure dans l'accord passé entre l'ASALA et Matignon. Cette armée clandestine veut que ce monument soit édifié sur les Champs-Élysées. Cette « sensibilité » du gouvernement au drame arménien n'empêche pas les Renseignements généraux d'infiltrer un Égyptien, Chahine, à l'intérieur du mouvement français de soutien à l'ASALA. Chahine, (voir le chapitre sur Action directe) doit pousser les jeunes Arméniens français à commettre des attentats.

Je débarque donc à Beyrouth dans cette période indécise, un peu floue et molle où le gouvernement français est coincé : son pacte avec l'ASALA, sa bonne entente avec la communauté arménienne sont remis en cause par la volonté de la police de faire inculper Dimitriu Georgiu.

En dépit de la légende, si l'ASALA a bien un camp d'entraînement et différents locaux au Liban, ses bureaux n'ont pas pignon sur rue, ils sont clandestins. Pour rencontrer ses militants, il faut donc se livrer à tout un jeu de piste. Avec, comme arme, la patience.

A l'hôtel Commodore le kiosque à journaux est tenu par un Arménien aussi costaud qu'aimable. Je lui demande le moyen de communiquer avec l'ASALA. Il me répond le plus simplement du monde que, chaque semaine, l'un de ces « clandestins » vient à sa boutique pour y acheter la presse internationale. Il accepte de lui transmettre une lettre.

Par ailleurs, Xavier Baron, patron du bureau de l'AFP, me signale que l'ASALA occupe une tranche horaire de la Voix des Travailleurs, radio libanaise d'extrême gauche dirigée par Zouheir Alkhatib, un leader marxiste-léniniste. Je vais à pied jusqu'à cet immeuble de la Corniche, proche du bord de mer, coincé dans une impasse qui s'ouvre derrière un garage Peugeot. Une jeune femme brune me reçoit. Elle a fait ses études en France. En m'offrant un café sur une table couverte de posters révolutionnaires et de Kalachnikov, elle me promet de transmettre ma demande de rendez-vous aux « frères de l'ASALA ».

En attendant que ces différentes « sonnettes » s'agitent, je décide d'aller, au hasard, passer mon temps à Borj Hammoud, quartier arménien de Beyrouth est. Sur un boulevard du crépuscule, mon taxi roule à une allure de corbillard, entre la mer et toutes les rues mortes qui débouchent sur elle, comme des égouts. Du doigt mon chauffeur me montre des fenêtres. Souvent des tireurs pas très francs s'y embusquent, des « snipers », pour faire des cartons sur tout ce qui passe. Histoire de se détendre un peu. Dans ce *no man's land,* même les lois de la guerre sont bafouées.

La plupart des Arméniens de Beyrouth vivent à Borj Hammoud. Après le massacre de 1915, et une errance à travers la Syrie ou l'Iran, les survivants ont atteint la mer. Installés en pays maronite, ces chrétiens ont reconstitué une petite Arménie.

Ce dimanche est plus qu'un dimanche ordinaire : l'église

« des quarante martyrs » célèbre les trente-cinq ans de sa chorale. L'évêque Vartan Demirdjian est venu avec sa mitre d'or. Les chants graves et orientaux des chœurs donnent la chair de poule, dans ce brouillard d'encens où des petits enfants soutiennent une forêt de cierges. Ce sont l'Église et la « Fédération révolutionnaire arménienne », c'est-à-dire le parti social-démocrate Daschnak, qui remplacent le gouvernement qui manque à cette communauté d'exilés.

Dans les ruelles serrées on entend chanter *Je veux revoir ma Cilicie* ou *l'Année prochaine à Erevan*, c'est dire si on rêve encore de retour au pays perdu. Les notables que je rencontre tiennent le même langage :

« Il faut que vous sachiez une chose simple. Quand on retrouve un Turc tué au coin d'une rue, c'est l'acte d'un Arménien. Mais quand une bombe explose en France, les Arméniens qui la revendiquent ne sont que des usurpateurs. Ils ne sont pas de notre peuple. »

Finalement, après une semaine de promenades ethnographiques en Arménie transplantée, un correspondant anonyme me téléphone à l'hôtel, et me demande de « cesser de fréquenter Borj Hammoud et les réactionnaires Arméniens... »

– Très bien mais, au lieu de me faire perdre du temps, fixez-moi un rendez-vous. Qu'enfin je vous rencontre!

– On vous rappellera plus tard.

Le lendemain soir, dans des rues noires où les réverbères sont depuis longtemps privés de leur allumeur, je file vers la station de radio la Voix des Travailleurs où je dois être pris en charge par l'ASALA. Deux enfants et leurs pistolets-mitrailleurs gardent l'immeuble. Dans la cour un jeune homme râblé, mal rasé, portant des lunettes qui coupent en deux son visage rond surmonté de frisettes, m'attend devant une 4 L. Il s'appelle « Loulou ». Son anglais est comme sa voiture, en très mauvais état.

Avec William Stevens, le photographe qui m'accompagne, nous grimpons dans la guimbarde. Au volant de cette épave chargée d'armes, « Loulou » conduit comme un dingue. Nous allons vers le « rond-point Coca Cola ». Nous franchissons les barrages sans difficulté : tout le monde connaît notre chauffeur. Il s'arrête dans une rue bordée d'immeubles plus ou moins en ruine, face à une caserne de pompiers. Le building de l'ASALA fait front à l'alignement des camions rouges avec leurs échelles. L'accès est gardé par des hommes armés et protégé par des amoncellements de sacs de terre.

Éclairés par des torches, nous montons sept étages. Dehors on entend des tirs d'artillerie. On nous ouvre une porte : l'appartement est le traditionnel fatras des antres de militants de Beyrouth. Armes, portraits des héros, affiches, livres empilés, téléphones bricolés, postes de radio, de télé juchés sur des armoires bancales, chaises à trois pieds, bouilloire sont le décor. Pour ce qui est des costumes, mes hôtes portent tous une cagoule noire. Sauf un barbu au visage doux que je connais pour l'avoir vu en photo : Alec Yenikomechian. Alors qu'il préparait un attentat et manipulait une bombe dans un hôtel suisse, l'engin a explosé, arrachant un bras du jeune Arménien et le rendant aveugle. Libéré de prison, l'infirme est devenu, à Beyrouth, un héros de la communauté.

Après une demi-heure d'attente durant laquelle un petit homme nerveux hurle au téléphone avec un correspondant qui semble appeler de très loin, trois leaders en cagoule et Yenikomechian se placent derrière une longue table. Nous sommes assis en face. L'interview commence.

On me précise que c'est la première fois qu'un journaliste « met les pieds » au siège de l'ASALA, et que tous nos entretiens seront enregistrés, que nous serons pris en photo et que ces éléments seront publiés dans la revue de l'ASALA. En fait, c'est Hagop Hagoppian qui, seul, va parler tandis que Yenikomechian joue le rôle d'interprète.

– Pourquoi avoir choisi Paris pour, à la fin du mois de septembre dernier, expédier un commando commettre un attentat contre le consulat de Turquie? C'était chercher l'incident avec la France!

– La réponse est non. Lorsque nous avons planifié cette opération, nous l'avons fait sur le principe d'un commando-suicide. Nous savions qu'il y avait une très faible probabilité pour que nos amis sortent vivants du consulat. C'est-à-dire que nous n'avions pas du tout l'intention de créer un problème avec la France. Nos hommes devaient mourir à

Paris. Lorsque l'opération a eu lieu, il s'est produit quelque chose d'imprévu : le gouvernement français a proposé l'asile politique à nos quatre camarades qui se sont donc rendus. S'il n'y avait pas eu cette promesse nous n'aurions aujourd'hui aucune difficulté dans nos rapports avec les autorités françaises. Or, ces gens avaient donné « leur parole d'honneur », puis l'ont trahie en emprisonnant le commando. Maintenant nous pouvons porter un coup très dur à la France. Regardez ce qui est arrivé à Sadate! Le premier geste de votre gouvernement devrait être de permettre l'interview de nos amis en prison. Toute leur histoire serait mise au jour. Mais votre gouvernement a peur.

– Préparez-vous des représailles contre la France ou négociez-vous avec elle?

– Nous n'avons rien à préparer puisqu'en permanence nous frappons quand et où nous le voulons. Certains nous laissaient entrevoir que nos camarades seraient bientôt libres... Malheureusement, les autorités sont allées plus loin. Elles ont arrêté notre camarade Dimitriu Georgiu.

– Pourquoi Georgiu avait-il un passeport semblable à celui de l'homme qui a placé une bombe à Paris, rue Copernic, devant une synagogue?

– Ces faux passeports sont en vente partout, à Beyrouth, en France, en Turquie, en Allemagne, en Italie. Il est très facile de s'en procurer. A Beyrouth ça coûte 200 francs. Si vous faites partie d'une organisation, vous pouvez en trouver.

– Donc les auteurs de l'attentat de la rue Copernic appartenaient à un mouvement révolutionnaire?

– L'histoire de Copernic, que nous connaissons bien, est plus embrouillée que vous n'avez l'air de le croire. Qu'est-ce que les gens, en France, qui échafaudent des théories sur Copernic, connaissent des manipulations possibles? Cette histoire ne nous concerne pas. Nous n'avons rien à voir là-dedans.

Vers 4 heures du matin, alors que les canons ne se sont pas lassés et qu'il va faire jour, nous quittons le PC de l'ASALA. Hagoppian m'a chargé d'un « message » pour le gouvernement français, il s'agit en fait d'une menace d'attentats contre des responsables de la police et de la gendarmerie.

Trois jours plus tard, seul William Stevens, le photographe de notre équipe, sera autorisé à faire un reportage à l'intérieur du camp d'entraînement de l'ASALA, qui en possède cinq au Liban où quarante commandos s'entraînent en permanence.

Le matin de mon départ pour Paris, mon correspondant de l'ASALA me téléphone à l'hôtel. On m'annonce qu'un militant va passer pour me remettre un petit colis. Une heure plus tard, le messager est dans le hall. Il me montre une énorme valise. Je n'ai pas le temps de protester que le commissionnaire s'est envolé. Je monte ce nouveau bagage dans ma chambre. Et décide de l'ouvrir. Elle contient des kilos de papier, sous forme de fiches, de notes et documents divers. Il y a également des photos, des plans, des dessins et de nombreuses cassettes magnétiques. Il est hors de question que je prenne le risque d'acheminer en France cette paperasse donc j'ignore la signification. Avant de quitter Beyrouth je laisse l'encombrante valise au marchand de journaux arménien du Commodore. Il la rendra à l'ASALA.

Je quittais l'aéroport international du Liban en ayant acquis la certitude que le gouvernement français négociait directement avec les leaders de l'ASALA. La promesse faite au commando Van qui, le 24 septembre, avait attaqué le consulat de Turquie à Paris, promesse d'obtenir l'asile politique, était franchement ébouriffante. Cette promesse d'asile aurait été consignée sur un document écrit donné aux Arméniens puis récupéré lors de leur reddition...

Le 9 décembre, quelques jours après mon retour à Paris, la treizième chambre du tribunal de Créteil condamne Dimitriu Georgiu à quatre mois de prison avec sursis. Il ne fait l'objet d'aucun arrêté d'expulsion. Le diplomate turc attaqué à Rome par un membre de l'ASALA n'a pas reconnu Georgiu comme agresseur possible. Par ailleurs, l'affaire de ce passeport identique à celui de l'un des membres du commando de Copernic est maintenant claire : les deux documents proviennent du même lot qui circule dans tout le Moyen-Orient. Le cas Georgiu n'avait donc rien de très remarquable.

Devant le tribunal, Georgiu (qui dit s'appeler Avedissian

Khatchig, vingt-neuf ans) fait une sorte de déclaration solennelle :

« Mon affaire est un bon exemple de la contradiction dans laquelle vit le peuple arménien. Tous les Arméniens ont de faux papiers. Certains ont des passeports français, d'autres libanais, d'autres américains, d'autres chypriotes. Mais la vérité d'un homme ne réside pas dans ses papiers mais dans cet homme. C'est pourquoi le peuple arménien lutte pour l'autodétermination sur le territoire de l'Arménie historique (c'est-à-dire la Turquie et l'URSS). »

Rentré à Beyrouth, Georgiu révèle sa véritable identité : Monte Melkonian. Ce jeune homme de nationalité américaine est, avec Hagop Hagoppian, le vrai patron de l'ASALA. Installé au Liban il cautionne maintenant les attentats du groupe Orly et milite pour la libération des quatre hommes du commando Van enfermé à Fleury-Mérogis. Mais, finalement, la justice française modifie si bien le sort de ces prisonniers et s'engage d'une manière si ferme à défendre la cause arménienne devant l'ONU que, le 29 janvier 1982, l'ASALA fait une déclaration officielle de paix avec la France. Paris a dit aux Arméniens : « Faites ce que vous voulez mais ne touchez ni à des intérêts français ni à des diplomates israéliens ou américains. »

Ce genre de consensus ne fait pas le bonheur de la Turquie, membre de l'Otan, qui joue les tampons du monde occidental aux frontières soviétiques. Surtout qu'à cette même époque les militaires de la dictature turque viennent d'arrêter 800 personnes dans le sud-est de leur pays. Elles sont accusées d'être impliquées dans un vaste complot arménien monté pour déstabiliser le régime d'Ankara. Dans les villes de Gaziantep, de Iskenderum et de Famagouste les rafles se succèdent. Des fonctionnaires complices se réfugient dans le maquis kurde. A Chypre, les Turcs arrêtent Musa Koyluyan, un armateur patron de « Overco Northern Cyprus ». Il est accusé d'avoir mis sur pied le trafic d'armes qui, depuis les Pays-Bas en passant par le Liban et la Syrie, alimente le maquis arménien né en Turquie.

A Ankara, *Cumhuriyet*, un journal de gauche, écrit : « Le lobby arménien est devenu en France aussi influent que le lobby juif aux États-Unis. Tout événement est une occasion pour la presse française d'attaquer la Turquie. Il est difficile de comprendre pourtant cette attitude médiévale consacrant les droits à une revanche historique et encore plus comment elle peut être ancrée dans les mentalités occidentales. »

La trêve arménienne est de courte durée : le 4 juin, alors qu'il vient des États-Unis et se rend au Liban, la police arrête à Roissy un jeune homme porteur d'un passeport irakien : Vicken Tcharkhutian.

Cinq jours plus tôt, une bombe explose à Los Angeles dans un hangar d'Air Canada. L'ASALA est immédiatement mise en cause puisque, quelques jours plus tôt, un juge américain vient de mettre en prison quatre de ses militants. Le FBI s'intéresse depuis plusieurs mois aux activités de Tcharkhutian, à ses relations. En dépouillant le contenu de l'écoute téléphonique d'une conversation tenue en arménien, les policiers constatent que Tcharkhutian évoque les aléas de la fabrication d'une bombe.

Mais l'alerte est donnée trop tard. Le 28 mai l'activiste, qui n'est donc pas le poseur de bombe, a déjà pris l'avion pour quitter les États-Unis. Mais il doit faire escale à Paris. C'est à la demande des flics américains que les fonctionnaires français interceptent ce voyageur pour l'Orient, en pleine salle de transit. Il est accusé d'avoir fabriqué l'engin qui a explosé dans le hangar d'Air Canada mais aussi, le 26 mai, d'avoir placé une bombe à la Swiss Bank de Los Angeles.

Immédiatement le groupe Orly resurgit de son bref oubli. Des machines infernales explosent dans un café du quartier Saint-Michel à Paris, *le Saint-Séverin*, puis au Pub Saint-Germain. Le gouvernement, dont les conseillers, comme ceux de l'Élysée, désapprouvent les arrestations de membres de l'ASALA, ne sait plus que faire pour renouer le dialogue avec cette armée qui vit dans l'ombre, à Beyrouth.

Louis Joinet, le premier interlocuteur, est grillé. C'est le groupe Orly qui a rendu public le marché établi avec Matignon par le biais de ce proche de Pierre Mauroy. Et c'est ici que l'on retrouve un reportage réalisé par Jean-Louis Remilleux dans *le Quotidien*. Il y donne la parole à un leader arménien de nationalité française. C'est lui qui, dans un premier temps, avait servi de truchement entre Louis Joinet et Hagop Haggopian.

« En juillet 1982, quand Orly a menacé une nouvelle fois, j'ai eu la surprise de recevoir la visite d'un nouveau " négociateur ". Il s'agissait de M. Maguer, directeur des Renseignements généraux de Paris. Celui-ci me laisse sa carte de visite, me précise que Tcharkhutian " ne sera jamais extradé ". Enfin, ce patron de la police me demande de téléphoner à Frédéric Thiriez, directeur de cabinet de Joseph Franceschi, secrétaire d'État à la Sécurité publique. Ce fonctionnaire à jolies moustaches veut absolument me rencontrer. Avec ce haut fonctionnaire commencent des négociations d'un autre type, il fait preuve d'une réelle compréhension pour l'ASALA. En ce qui me concerne, devant les exigences croissantes et extravagantes de ce mouvement, je m'exclus des négociations et demande à Thiriez de prendre directement contact avec l'Armée secrète.

« Et là, d'après ce que je peux savoir, ça devient du délire! Les militants de l'ASALA deviennent de plus en plus exigeants et le secrétariat d'État à la Sécurité publique de plus en plus conciliant. La dernière exigence de l'ASALA que je peux connaître est de vouloir disposer en France d'une " plage-transit " lui permettant d'installer une base arrière, avec armes et bagages, de bénéficier d'une relative indifférence des forces publiques, en échange de quoi ils assureront une impunité totale à la France. Un an plus tard, à la suite de l'engrenage épouvantable dans lequel s'était engagé M. Thiriez, des collaborateurs de son cabinet sont revenus me voir pour arrêter cette course infernale. J'ai pu mesurer alors leur totale inexpérience et les risques qu'ils avaient fait courir à beaucoup d'innocents en ne tenant pas leurs promesses. Cet épisode se terminera par l'éviction de M. Thiriez de l'entourage de Joseph Franceschi. »

Les affaires arméniennes sont désormais un dossier « signalé ». Pour la police il n'est pas question de prendre des initiatives. Avant d'agir il faut rendre compte. Les flics sont sous contrôle. Ainsi, en février 1983, quand Hagop Hagoppian, le petit homme sec au langage si violent que j'avais rencontré à Beyrouth en novembre 1981, voyage en France, la DST le suit mais ne l'intercepte pas. C'est pourtant lui qui a ordonné une vingtaine d'attentats contre la France. Des affirmations que l'on peut consigner dans des rapports de police ou de renseignement mais qui, de toute façon, ne peuvent constituer des preuves face à la justice.

Si Hagoppian est en France, c'est que la révolte gronde au sein même de l'ASALA. Il est, lui, le représentant de la tendance dure. Il préconise des attentats à propos de tout et rien. Des actions menées contre n'importe quelle nation. Hagoppian prêche le terrorisme le plus aveugle. Il est en fait devenu un agent jouant le jeu de la Syrie.

Face à lui, les tenants de « l'Arménie aux Arméniens », conduits par Monte Melkonian alias « Dimitriu Georgiu », tentent de maintenir leur ligne : ne s'attaquer qu'aux Turcs ou à leurs intérêts. Le mouvement s'est donc coupé en deux. A Beyrouth, une série de règlements de comptes et « procès » internes suivis d'exécutions ont décimé l'Armée secrète. Vigen Avarian, le surnommé Loulou, le chauffeur qui m'avait conduit si vite vers le building de l'ASALA, lors de l'interview, a été abattu. Pendant un temps, Hagoppian lui-même a fait croire qu'il était mort et préparé son propre enterrement. C'était le moyen de compter ceux qui le pleuraient vraiment. De renaître à la vie clandestine. Privé des anciennes bases logistiques de l'ASALA en France, Hagoppian est venu lui-même pour se reconstituer un réseau de fidèles en s'appuyant principalement sur la communauté arménienne de Marseille.

En été 1982, c'est la reprise en France des attentats signés groupe Orly qui a été le signal de rupture entre Hagoppian et Melkonian. Pendant six mois, unanimes, l'ASALA et ses sympathisants français ont rabâché aux journalistes : « Le groupe Orly est tenu par des jeunes Arméniens qui n'obéissent pas à notre volonté et dont nous désapprouvons parfois les initiatives... »

Tout cela est une farce. Orly et l'ASALA sont une seule et même chose. Ce n'est qu'une façon de masquer son terrorisme. Le 30 juillet 1982, à Gagny près de Paris, quand Pierre Gulunian, Franco-Libanais né à Beyrouth, saute avec la bombe qu'il était en train de préparer, personne ne peut nier qu'Orly et l'ASALA sont différents puisque Gulunian est un militant très connu et proche de Hagop Hagoppian.

Au Liban, Melkonian donne des interviews où il qualifie Orly, c'est-à-dire ses frères de l'ASALA, de « groupe d'extrême droite d'esprit fasciste ». En fait, c'est Hagoppian, le grand chef d'Orly, qui est visé par les critiques de Melkonian. Champion de la lutte pour la libération de sa terre, et non terroriste tous azimuts pour le compte de la Syrie, Melkonian, maintenant leader de l'ASALA-MR, devient l'interlocuteur privilégié de la France.

Le 28 février 1983, Hagoppian démontre qu'il a reconstruit un réseau en France. Un de ses commandos place une bombe 8, rue Boudreau, dans les bureaux d'une agence de voyages. Renée Morin, une jeune secrétaire, est tuée sur le coup, décapitée par des plaques tombées du plafond à l'instant de l'explosion. Hasard? La date de cet attentat correspond au passage d'Hagoppian en France. Le leader radical vient de Damas et y retournera en passant par la Bulgarie et la Grèce, où l'ASALA s'est théoriquement regroupée après l'invasion israélienne de Beyrouth.

Trois semaines plus tard, le 21 mars, Hagoppian fait mettre une bombe sous le capot de la voiture de Ara Toranian, jeune Français, fondateur du Mouvement national arménien et ex-supporter de l'ASALA. Toranian a commis l'erreur de désavouer l'attentat contre l'agence de voyages de la rue Boudreau. Alors il doit sauter. Et a la chance d'être épargné par le long feu du piège.

C'est en 1967 que Walli Addad, Palestinien qui milite pour une politique de coups de main accomplis par des commandos capables de frapper partout dans le monde, rencontre Hagoppian à Beyrouth. Celui-ci, qui est né et a longtemps vécu en Irak, s'appelle alors Bedros Havanassian. Il a à peu près vingt ans et joue les caïds dans une bande de loubards qui traîne sur la Corniche.

Violent, courageux, tête brûlée, le futur Hagoppian est enrôlé dans les commandos palestiniens. Une première légende veut qu'il ait participé aux premiers détournements d'avion, du type de ceux effectués par « Septembre noir ». A Munich, en 1976, il aurait fait partie du commando qui a enlevé les athlètes israéliens... Une certitude : c'est bien lui qui a dirigé le commando prenant en otage l'ambassade du Japon au Koweit afin d'exiger la libération de membres de « l'Armée Rouge ». Un coup extrêmement violent, monté avec une froideur et une minutie militaires.

Longtemps, même après le 20 janvier 1975, jour où il crée l'ASALA, Hagoppian sera le compagnon de route de Georges Habache et son Front populaire pour la libération de la Palestine (FPLP). Le jeune Arménien, qui en 1976 a vécu à Paris, au 17 de la rue Bleue (où une bombe a explosé inopinément), fréquente l'Académie militaire de Habache. En 1982, après le départ de Beyrouth des Palestiniens, j'ai visité cette école qui a alimenté beaucoup de fantasmes chez ceux qui, sans le connaître, décrivaient « ce creuset du terrorisme ».

« L'Académie » se situait au nord de Borj El Brajnieh, en face d'un grand lycée technique. Il y a là, sur la droite d'une route qui est plutôt une piste, un terrain vague surmonté de cabanes en tôle. Au fond, l'horizon est bouché par une volée de trois gradins de béton qui forment une tribune un peu ridicule. On dirait un stade de pétanque. Un piquet de ferraille rouillé sert de mât des couleurs.

Les locaux de « l'Académie » sont enterrés. C'est un vaste parallélépipède de ciment armé de 40 mètres de long sur 15 de large. Des murs dessinent une dizaine de pièces. Sur le ripolin vert pomme, on a placardé les photos de héros morts au combat. Les salles de classe sont pleines de livres traitant de la libération des peuples. Beaucoup d'ouvrages marxistes et marxistes-léninistes. Dans un coin, une pile de diplômes vierges et des spécimens de fausse monnaie. Seule une petite pièce, au fond à gauche, semble avoir été réservée à des travaux pratiques : maniement d'explosifs, fabrication de pièges, maquettes d'immeubles. Aujourd'hui la cour de « l'Académie » est transformée en basse-cour où des gens disputent l'espace vital aux poules, pour jouer au football.

C'est donc ici qu'a été formé le « Carlos » arménien. Leader suprême pendant près de dix ans. Et il suffit de rencontrer Hagoppian pour constater qu'il ne pouvait être autre chose que chef. Il exprime, d'un seul regard, une incroyable violence, il est implacable et a cette force un peu folle dont on comprend qu'elle puisse fasciner des jeunes gens décidés à s'engager dans une véritable guerre révolutionnaire. Selon l'instant il leur propose d'aller tuer le pape ou bien de mettre une grosse bombe dans le métro de Paris, si ce n'est de descendre en vol un avion d'Air France.

Ce mégalomane rêve de provoquer des conflits à l'échelle des nations. Ainsi, début 1983, il a lancé en Irak un maquis arméno-kurde, préparé naguère à Saïda, dans le Sud-Liban. Cette guérilla qui s'appuie sur la révolte kurde a pour objectif la Turquie. La mise en place est faite, sur le terrain, quand le Mossad israélien alerte son équivalent turc, le MIT. L'Irak est d'accord pour que l'armée et la police d'Ankara interviennent sur son territoire. Ce plan, appuyé par la CIA, est exécuté. Le maquis arménien d'Hagoppian est massacré.

Sa tentative de guérilla française va elle aussi échouer. Le 15 juillet, toujours à Orly, qui semble être le pôle d'attraction de l'ASALA, une bombe explose au cours de l'embarquement d'un avion de Turkish Airlines. Huit voyageurs sont tués. Cinquante-quatre personnes sont blessées. Le mouvement d'Hagoppian revendique le carnage.

L'attentat n'étonne pas la DGSE qui, depuis son antenne d'Athènes, avait fait parvenir une information sur la préparation d'une nouvelle attaque arménienne en France. La DST est, elle, plus surprise puisqu'elle piste depuis plus de six mois Hagoppian et ses nouveaux réseaux. La DST est convaincue de contrôler la situation. Par ailleurs, il est impossible d'intervenir puisque au gouvernement Hagoppian a toujours quelques protecteurs. La traque est donc un peu molle. Le 13 juillet, quarante-huit heures avant l'attentat, la DST met en sommeil la filature de ceux qui vont commettre l'attentat. Ce sont les vacances, la fête nationale c'est demain, les effectifs sont faibles, il faut bien lever le pied de temps en temps...

François Mitterrand se fâche et demande à Joseph Franceschi, le secrétaire d'État à la Sécurité publique : « Mais que fait la police? Il paraît que vous saviez tout de ces Arméniens! » C'est la mobilisation générale : on met au point un système antifuite pour éviter que des membres de cabinets ministériels informent la presse, ou même les Arméniens, de la grande rafle qui se prépare. Le 16 juillet, 51 personnes repérées par les filatures de la DST sont interpellées.

Finalement, au terme de la garde à vue, deux Arméniens sont inculpés : Varoujian Garbidjian et Ohannes Semerci. Le premier, né en Syrie, est le patron militaire de l'ASALA pour l'Europe. Il a avoué avoir posé la bombe d'Orly. Aveux qui se révéleront faux. Il a sans doute monté le coup et préparé l'explosif. Semerci, un Arménien de France, a longtemps gardé chez lui les valises de Garbidjian. Elles étaient pleines d'armes. Soner Nayir, ex-séminariste de Jérusalem, est recherché. La DST l'arrête à Marseille le 8 octobre suivant. Il est accusé d'avoir acheté les bouteilles de camping gaz qui, dans la bombe, se sont transformées en éclats.

Au cours du procès devant la cour d'assises de Créteil, en février 1985, Jacques Vergès, avocat de Garbidjian, fera citer François Mitterrand, Gaston Defferre, Joseph Franceschi, Louis Mermaz et Haroun Tazief comme témoins. Ils ne viendront pas. Ce qui permettra à Me Vergès de déclarer devant la cour :

« Lorsque nous parlerons des négociations secrètes que ces gens tiennent, qu'ils ne viennent pas alors nous dire que nous avons profité de leur absence pour les mettre en cause. Ces ministres préfèrent ce que j'ose appeler la fuite. »

Les fidèles d'Hagoppian sont désormais pourchassés. Mais, autour de Monte Melkonian, cet architecte américain qui se fit arrêter à Orly sous le faux nom de Dimitriu Georgiu, le consensus demeure. Melkonian s'est engagé à ne rien faire qui puisse nuire à la France.

En juillet 1984, il participe au Pays basque à une réunion qui regroupe des Arméniens, des Kurdes, des Palestiniens et des Basques. Les 27 et 28 du même mois, il est à Aix-en-Provence pour discuter avec Lévon Minassian, membre du bureau du Mouvement national arménien, un ex-président de l'association des étudiants d'Aix, ancien rédacteur en chef d'une radio libre, qui termine un doctorat de sociologie. Or, Minassian est accusé d'avoir, ce 28 juillet, participé à un hold-up contre un fourgon postal. Il est dénoncé par un supposé complice. Melkonian écrit à la justice française pour annoncer que, contre la promesse de rester libre, il est prêt à témoigner en faveur de Minassian...

Finalement, à l'automne 1985, le ministère de la Justice accepte le marché de Melkonian qui vit en France dans une clandestinité symbolique. Un juge et son greffier consentent à être conduits par des hommes portant cagoule jusqu'à la planque où il sera possible d'enregistrer la déposition de Melkonian. Toute la hiérarchie judiciaire est au courant de cet étonnant transport de justice.

Fin novembre 1985, Melkonian est toujours en France. Le 28 novembre il traverse la place d'Alésia, dans le 14e arrondissement de Paris, quand la DST l'interpelle. Il est en compagnie de Beniamin Kechichian, militant arménien et journaliste à *Haybaykar*, journal historique de l'ASALA.

Dans l'appartement de Zibour Kassbar, une Syrienne de vingt-quatre ans qui vit à Saint-Mandé, les policiers, qui savent que Melkonian y habite, retrouvent un pistolet, des munitions et un dispositif de retardement électronique de mise à feu. Le chef de l'ASALA-MR est inculpé de détention d'armes et de matériel explosif par le juge Boulouque.

Une fouille plus complète des documents de Melkonian permet à la DST de découvrir une photo d'Adnan Bulak, l'ambassadeur de Turquie. On retrouve également la liste du mouvement des bateaux turcs dans les ports français. Pour les policiers, il n'y a pas de doute, l'ASALA-MR préparait un attentat antiturc.

Un à un, les faisceaux qui soutenaient la cause arménienne à l'intérieur du gouvernement sont tombés. Le temps est fini des promesses intenables. On abandonne les amis d'hier. Abandon? En fait, les patrons de la DST ont frappé sur la table. Et très fort. Selon des informations provenant de la DGSE, les Soviétiques ont mobilisé l'ASALA contre la Turquie. L'origine du conflit est claire : les Soviétiques accusent les Américains d'avoir installé à Istanbul un système de surveillance électronique et radar qui permet de « radiographier » les bateaux russes franchissant le Bosphore. D'où, en représailles, l'expédition par les Soviétiques de ces commandos arméniens qui sont un véritable cauchemar pour les Turcs.

Pour la DST, l'authenticité du tuyau sera difficile à vérifier. Peu importe, le temps n'est plus à la clémence. Le pouvoir donne le feu vert à ses policiers pour « arrêter Melkonian, à titre préventif ». Une fois de plus la paix arménienne est rompue.

ORSONI, BARRIL, ET LES AUTRES

Un soir de février 1983, à 22 heures, un « Mystère 20 » du GLAM (Groupe de liaison aérienne ministériel) s'immobilise en bout de piste sur l'aéroport d'Ajaccio Campo dell Oro. Aussitôt, une CX bleue précédée de deux motards file sur le taxi-way jusqu'aux pieds de l'appareil. Une silhouette bleu nuit saute par la porte avant du Mystère 20 et s'installe à l'arrière de la CX qui démarre sur les chapeaux de roues, les deux motos à ses trousses. Direction : la caserne Baciocchi, siège du groupement de gendarmerie de la Corse du Sud, à deux pas d'un port d'Ajaccio.

Quinze minutes plus tard, le capitaine Paul Barril, super-gendarme de l'Élysée, lance à Alain Orsoni, l'un des responsables nationalistes avec lequel il négocie depuis des mois une trêve des attentats en Corse : « Ne t'inquiète pas, je suis là incognito, j'avais besoin de te voir, comme je te l'ai dit au bigophone... » Tutoiement de rigueur, décontraction étonnante. En réalité, Paul Barril démontre qu'il connaît bien mal la Corse.

S'il pense être là incognito, il commet une lourde erreur. En Corse, l'arrivée d'un avion spécial excite plutôt les curiosités. On est, à Ajaccio, dans une ville-préfecture d'à peine 40 000 habitants, où tout se sait, où tout le monde se connaît. Les nationalistes ont des hommes à eux partout, au sein de l'administration, parmi les taxis, les chauffeurs de bus, et le personnel de l'aéroport...

De son côté, la police ne peut ignorer l'arrivée en catimini de l'ancien chef du GIGN (Groupe d'intervention de la gendarmerie nationale) devenu le fer de lance de la « cellule antiterroriste ». On peut imaginer que, moins d'une heure après l'arrivée impromptue du James Bond national, le superpréfet de police de la Corse, l'ex-commissaire Broussard, découvre avec stupeur que l'Élysée négocie dans son dos avec des terroristes qu'il est chargé depuis un mois de « neutraliser ». Notamment en les faisant passer aux yeux de la population pour de simples membres du grand banditisme.

Il ne lui a sans doute pas fallu longtemps pour comprendre qu'au plus haut niveau de l'État on lui « casse la baraque ». Le plus dur à avaler pour l'ancien patron de la brigade antigang parisienne, c'est qu'on lui envoie un gendarme pour piétiner son jardin privé.

Et des soucis, le préfet Broussard en a. Il n'a pas hérité d'une situation facile. En février 1983, le terrorisme corse bat son plein au rythme de sept à huit plasticages par nuit. Déçus par le nouveau statut particulier de l'île octroyé par le pouvoir socialiste, déçus par la toute nouvelle assemblée régionale, le FLNC (Front de libération nationale de la Corse) a en effet rompu la « trêve militaire » qui avait suivi l'arrivée des socialistes au pouvoir. Les nationalistes constatent que l'assemblée locale est complètement paralysée par la *pulitichella* (la petite politique), les magouilles et les rivalités des clans de toutes tendances (RPR dans le Sud, MRG au Nord) qui tiennent l'île en main depuis des générations. Des clans régis par quelques leaders charismatiques, comme le « renard argenté », Jean-Paul de Rocca-Serra, ou François Giaccobbi.

Les étiquettes politiques, de gauche ou de droite, ne veulent rien dire dans l'île. Les chefs de « clan » sont avant tout des « parrains », qui distribuent pensions et subsides aux maires des villages, en échange de leur clientèle électorale.

Pour le FLNC, ce système tribal est responsable de tous les maux de l'île, de son sous-développement, de ses mœurs politiques archaïques, qui accentuent sa dépendance avec la France.

Le 20 août 1982, le FLNC officialise la rupture de la trêve en organisant la plus importante « nuit bleue » de son histoire : dès le coucher du soleil, 110 plasticages sont commis sur l'ensemble de la Corse.

Robert Broussard, superflic, est chargé d'enrayer cette poussée de fièvre terroriste. A l'Élysée, on feint de croire – à moins que les Renseignements généraux n'aient transmis des analyses erronées – qu'il s'agit en fait d'une poignée de fanatiques complètement coupés de la population. En nommant Robert Broussard, le 5 janvier 1983, le pouvoir montre bien qu'il veut user de la force. Le nouveau préfet arrive avec une idée de génie : criminaliser le FLNC, démontrer que les terroristes sont avant tout des truands qui, sous couvert d'activités politiques, rackettent la population.

De qui vient cette théorie de la « gangstérisation » du problème corse ? De Joseph Franceschi, le secrétaire d'État à la Sécurité publique, un pied-noir corse qui, selon ses concitoyens, « ne comprend même pas le dialecte local et les problèmes de l'île ». « Un faux Corse », dit plus méchamment le FLNC.

La mission de Robert Broussard est donc bien « ciblée » : couper les nationalistes de la population. Le FLNC l'accuse d'ailleurs d'avoir employé des moyens sordides pour atteindre cet objectif. Le 10 février 1983, un coiffeur d'Ajaccio, Maurice Schoch, placé sur écoute téléphonique et sous protection policière (à sa demande) est assassiné par des racketteurs. Le préfet Broussard impute ce meurtre aux « éléments impurs » du FLNC. Les nationalistes réagissent vivement. Pourquoi les hommes de Broussard ont-ils laissé tuer un homme placé sous leur surveillance ? N'a-t-on pas voulu, en laissant faire, frapper un grand coup contre le FLNC ? L'accusation est grave, le FLNC ne pourra jamais étayer sa thèse, mais sa contre-attaque ressoude ses militants. En outre, le FLNC épure de ses rangs tous les éléments « troubles ». La leçon a servi.

Cette volonté, criminaliser le FLNC, circule avec insistance dans l'île, et gagne Paris, où certains énarques et intellectuels socialistes – dont la sensibilité « autonomiste » demeure solide – se montrent irrités. Ils soupçonnent le nouveau préfet de fermer les yeux sur les activités de « Francia », une officine de barbouzes anti-FLNC, truffée de membres du SAC, et qui pratique le contre-terrorisme.

A l'Élysée, la gangstérisation du FLNC ne fait pas l'unanimité. Certains se disent qu'il serait peut-être plus sage de renouer le contact avec des nationalistes « honnêtes », les purs et durs.

Le capitaine Paul Barril, lui, a une certaine estime pour les dirigeants du FLNC.

C'est lui qui sous Giscard, en janvier 1980, a obtenu la reddition d'un commando autonomiste qui avait séquestré plusieurs membres de Francia et vingt clients à l'hôtel Fesch, à Ajaccio. Il sait que certains d'entre eux sont d'anciens militaires, d'anciens paras ou même d'anciens OAS. Il connaît aussi des militants plus jeunes, plutôt à droite, qui cohabitent sans problème au sein du FLNC avec des « tiers mondistes » et des militants de l'ultragauche. Il sait qu'il y a là « des garçons sincères, et sérieux ». Sans doute, Paul Barril discute-t-il de la situation avec son chef, le commandant Prouteau, le « patron » de la cellule antiterroriste à l'Élysée.

Paul Barril réussit à convaincre Prouteau et obtient le feu vert pour prendre des « contacts ». Alain Orsoni, un grand jeune homme au physique à la Alain Delon, raconte aujourd'hui, avec le sourire, sa rencontre avec Paul Barril : « Il m'avait connu à la prison de Fresnes, où le GIGN était intervenu lors d'une mutinerie. Il s'est souvenu de moi. Me considérant comme un responsable nationaliste, il pensait que je pouvais servir d'intermédiaire. »

Placé en détention provisoire à la suite du mitraillage de cars de gendarmes mobiles, avenue d'Iéna à Paris, Alain Orsoni était, lors de sa libération, le 17 décembre 1981, le dernier détenu politique corse. Six mille personnes avaient manifesté dans les rues d'Ajaccio pour réclamer sa libération. Au pays, le caractère tardif de sa mise en liberté lui avait donné une stature nationale.

« Pour Barril, j'étais " le gentil terroriste ", " Billy the Kid ", et lui se présentait comme le marginal de la maréchaussée, Pat Garett. » Alain Orsoni poursuit : « Il m'a contacté un jour de juin 1982, vêtu d'un jean et d'un blouson de cuir, à Paris, au bar du Drugstore Étoile ». Alain Orsoni se souvient d'un détail piquant : la scène s'est déroulée sous les objectifs peu discrets des Nikon des policiers de la DCRG

(Direction centrale des Renseignements généraux). Les RG « planquent Barril » qu'ils considèrent comme l'homme qui « sait tout » sur les terroristes de tout poil, et les policiers (guerre des polices?) veulent connaître les secrets du capitaine.

Le supergendarme et son « contact » nationaliste montent dans la R 30 TX noire de Barril, qui débranche le téléphone « pour mettre son passager à l'aise ». « La Renault tourne pendant trois quarts d'heure autour de la place de l'Étoile et rue de Presbourg. Je me croyais au cinéma », se souvient Orsoni.

« C'est con tous ces plasticages, ces bombes, ça peut être dangereux. Faudrait voir si on ne peut pas arranger tous ces problèmes », dit Paul Barril tout en conduisant. Il tient un discours paternaliste, se montre très sympa, et propose concrètement deux choses : une entrevue avec le président Mitterrand et une lettre de l'Élysée au FLNC. Au gentil terroriste de contacter ses petits camarades pour voir s'ils sont d'accord sur le principe d'une négociation. Pour s'entendre sur son mode opératoire.

Juste avant de quitter « Billy the Kid », « Pat Garett » lui confie sans sourire : « Voilà sur ce Bristol mon numéro de téléphone au GIGN à Maisons-Alfort. En caserne, c'est sûr, il n'y a pas d'écoutes téléphoniques. »

En fait, pendant deux mois, Barril reste sans nouvelles du FLNC. Il faut dire que l'Élysée utilise aussi des membres importants du parti socialiste pour entrer en contact avec les indépendantistes. Mais le gendarme l'ignore... Il se demande si Orsoni a bien fait la « commission ». Raison pour laquelle le capitaine profite de l'interpellation fortuite du militant, une affaire de « port d'arme », pour sauter dans un avion ministériel du GLAM et foncer en Corse.

Orsoni doit s'expliquer devant les gendarmes : au cours d'une perquisition dans la maison de la famille Orsoni, à Véro, les gendarmes de Bocognano ont découvert, dans une chambre, un revolver « 38 spécial » de marque brésilienne.

Le responsable nationaliste reconnaît qu'il était armé : « Normal, j'ai fait l'objet depuis ma libération de multiples menaces de mort et tentatives d'intimidation. » Alain Orsoni évoque notamment le communiqué qu'une mystérieuse organisation vient d'envoyer à l'Agence France-Presse. Dans ce texte, « France-Résurrection » donne la liste des dirigeants nationalistes qu'elle va exécuter. Le nom d'Alain Orsoni arrive en tête.

L'organisation ne s'en tient pas là. Elle distribue des tracts dans l'île, signalant entre autres que le leader nationaliste circule à bord de la Mercedes d'un de ses oncles, une voiture immatriculée 732 CS 2A. L'hebdomadaire *VSD*, sur une double page, puis *le Quotidien de Paris* publient le texte de « France-Résurrection » dans son intégralité. Menaces incluses.

Alain Orsoni est donc désigné comme « l'ennemi numéro un » des antiséparatistes. Les menaces se font plus précises. Peu de temps avant cette histoire de port d'arme, Orsoni découvre deux pains de plastic devant la porte de sa maison. Il porte plainte.

C'est dans ce contexte un peu inquiétant pour le leader nationaliste qu'arrive Paul Barril. La R 30 TX du supergendarme s'engouffre dans l'enceinte de la caserne sous le regard inquiet de plusieurs dizaines de militants nationalistes, qui réclament « la libération de leur camarade ».

Le capitaine et Orsoni discutent pendant trois quarts d'heure dans un bureau isolé. Le responsable nationaliste comprend que Barril attend une réponse à ses propositions de « négociation ». Alain répond qu'il a transmis le message, mais qu'il n'y a rien de nouveau. Il faut attendre. Barril repart assez dépité.

Une semaine plus tard, le bel Alain reçoit une réponse du FLNC. Il s'agit d'une lettre destinée au président de la République. Le mouvement clandestin se contente d'y réitérer quelques grandes mesures immédiatement applicables par le pouvoir socialiste qui constitueraient « la base d'une trêve ». Il s'agit de décisions comme « la reconnaissance du droit du peuple corse à l'autodétermination », « la fin de la fraude électorale sur laquelle s'appuient les clans ».

Cette réponse du FLNC justifie une troisième et dernière rencontre entre Paul Barril et Alain Orsoni. Celle-ci a lieu début mars 1983, à Paris, où se rend le leader nationaliste. Cette fois, le rendez-vous ne dure que cinq minutes, toujours au bar du Drugstore Étoile. Ce jour-là, pas trace de la moindre filature. Alain Orsoni se contente de remettre au capitaine la lettre du FLNC.

Supergendarme, sibyllin, annonce à son intermédiaire que « les gens du Front pourront décrypter une " ouverture réelle " dans une phrase que le président de la République prononcera au milieu de son discours d'Ajaccio, lors de sa visite officielle dans l'île, prévue début juin 1983 ». Selon Barril, la main présidentielle va donc se tendre, il suffit d'attendre...

Pendant les semaines suivantes, Alain Orsoni n'entend plus parler de l'Élysée. En revanche, le rythme des attentats s'accélère : le Front n'hésite plus à s'attaquer aux véhicules de police ou de gendarmerie et organise le 23 mai 1983 une nouvelle « nuit bleue ». Cinquante objectifs sont soufflés en quelques heures. Robert Broussard répond au FLNC en multipliant les arrestations. Cette tension se répercute dans le clan Orsoni, où les menaces de mort faites par téléphone prolifèrent.

Surtout à partir du 15 mai, Alain Orsoni et son frère Guy (qui a été condamné par la Cour de sûreté de l'État) constatent qu'ils sont suivis quotidiennement et ostensiblement par une « Visa » rouge ou une « LN » crème, accompagnée (à une seule reprise) par une « 104 » blanche. A la veille de la visite du président François Mitterrand en Corse (fixée aux 13 et 14 juin) les deux frères sont persuadés qu'il s'agit d'une surveillance policière des plus classiques. Depuis leur sortie de prison, ils vivent avec ces filatures qui surgissent par intermittence, les policiers les prenant, notamment Alain, pour les principaux dirigeants du Front. Domiciliés tous deux à Ajaccio, les deux frères empruntent quotidiennement la route de Bastia pour monter au village de leur famille à Véro, où ils s'occupent à la fois d'un centre équestre et d'un élevage de cochons. C'est sur cette route que se produisent les filatures.

Le lendemain de la visite en Corse du président de la République, Alain Orsoni, au nom du CCN (Comité des consultes nationalistes, une des vitrines légales du Front...) dresse un bilan totalement négatif de la venue de François Mitterrand en Corse, et fait état de ses craintes, de la politique de « fuite en avant du pouvoir ». Le FLNC a guetté en vain la « petite phrase » du président symbolisant « l'ouverture » promise par Paul Barril.

Deux jours plus tard, le vendredi 17 juin, Guy descend à Sartène pour y subir, avec son frère Alain, l'examen du Brevet professionnel agricole. Pour la première fois, ils ne prennent pas la même voiture : Alain roule dans la Visa verte d'un ami, tandis que Guy s'y rend dans la Mercedes de son oncle de Véro, Roger Orsoni. Lors du repas de midi pris dans une cantine de Sartène avant de passer leur examen, Guy apprend à Alain qu'il a « cassé » la filature de la Visa rouge à Petreto-Bicchisano. « Les flics m'énervent », dit-il. A 16 heures, les examens terminés, Alain remonte vers Ajaccio avec sa petite Citroën. Guy descend vers Porto-Vecchio. Il n'y arrivera jamais.

Pendant le week-end, personne ne s'inquiète, d'autant que les lignes téléphoniques desservant le village de Véro ont été sabotées. Lundi matin, les deux frères doivent passer un diplôme d' « accompagnateur équestre ». Guy n'est pas là. Alain commence réellement à s'inquiéter. Il téléphone partout, mais sans résultat, et finit par se rendre, à 1 heure du matin, au commissariat d'Ajaccio. Le planton se renseigne et lui affirme que Guy n'a été ni arrêté ni victime d'un accident de la circulation. Par acquit de conscience, le leader nationaliste signale au gardien de la paix que lui-même et son frère étaient suivis depuis un mois environ par une Visa rouge ou une LN crème.

Mardi dans la matinée, Alain bat le rappel d'une vingtaine de ses amis, qui quadrillent la route Porto-Vecchio/Sartène. La Mercedes n'est pas tombée dans un ravin...

Dans la soirée le commissaire Ange Mancini, l'adjoint de Broussard et « patron » du SRPJ d'Ajaccio, donne, par téléphone, un « bon conseil » à Alain Orsoni : « Fais très attention, change de voiture et rentre tout de suite à Ajaccio, tu es en danger de mort... »

Avec ce jeune flic, tout droit sorti de la prestigieuse Brigade criminelle au quai des Orfèvres à Paris où il était spécialement chargé des affaires de terrorisme, les relations du nationaliste sont excellentes. Dynamique et malicieux, avec un sens inné du contact, Mancini, qui a un profil d'aigle, nage comme un poisson dans cette eau corse (bien qu'il soit d'origine italienne). Ses hommes du SRPJ d'Ajaccio le surnomment « Mancinix » et un album d'Astérix, entièrement réécrit par eux, trône sur son bureau. Sur la couverture, le visiteur peut lire : « Les aventures de Mancinix en Corse. » Toutes les « bulles » de la BD ont été réécrites.

Fidèle aux conseils de son ami flic, le leader nationaliste quitte Porto-Vecchio sous l'escorte « de copains armés jusqu'aux dents » et remonte sur Ajaccio, tandis que *Alta Frequenza*, la radio libre des nationalistes, signale toutes les demi-heures, la disparition de Guy Orsoni. Cette station laisse entendre qu'il a pu être enlevé par « des barbouzes à la solde de l'État français ». Tard dans la nuit, le leader nationaliste arrive dans le bureau de Mancini, qui lui révèle « qu'il n'y a aucune Visa rouge dans la police corse ». Le patron de la PJ précise à Alain, au cas où il ne le saurait pas, que sa famille a un grave différend avec la « bande du Valinco » (groupe de gangsters mettant en coupe réglée le sud de la Corse et responsable, selon la police, de dix-sept assassinats ces dernières années). Ultime information de Mancini : « Ton frère Guy a probablement été enlevé par ces malfaiteurs. » Effondré, le leader nationaliste est conduit dans le bureau de Robert Broussard qui lui révèle que la Visa rouge était suivie depuis plusieurs semaines par ses hommes. Ils pensaient que ses occupants, mis sur écoute téléphonique, allaient commettre un hold-up. Malgré les multiples allées et venues de ce véhicule à Véro, le préfet de police affirme « qu'aucun rapprochement n'a été fait avec la famille Orsoni ».

Le lendemain, mercredi 22 juin, sur la route Porto-Vecchio/Ajaccio, au volant d'une grosse jeep Toyota, Alain joue « la chèvre ». Trois flics armés chacun d'un pistolet-mitrailleur sont couchés à ses côtés. Personne ne tombe dans le piège. Le lendemain soir, la PJ d'Ajaccio arrête dix membres de la « bande du Valinco » suspectée d'avoir enlevé Guy Orsoni. Opération facile : les policiers ont tout simplement exploité les filatures et écoutes téléphoniques réalisées pour « loger » ce gang, alors qu'il était censé préparer un « braquage ». Deux membres influents de cette troupe : Jean-Marc Leccia et Henri Rossi s'échappent de très peu grâce à des « indiscrétions ». Dans la soirée, Alain Orsoni est convoqué à la PJ d'Ajaccio.

« Ton frère est mort, lui révèle brutalement le commissaire Mancini, Andréani est passé aux aveux. » Ils l'ont enlevé à Roccapina. Après avoir simulé un accident de la circulation, ils l'ont fourré dans le coffre de la Mercedes et sont arrivés vers 17 heures à Porto-Vecchio, où ils ont réussi à franchir un contrôle alcootest effectué par les gendarmes sur le pont du Stabiacio. « Nous avons vérifié, précise le chef du SRPJ d'Ajaccio, le contrôle était bien en place à ce moment-là, mais la Mercedes n'a pas été fouilléee. Peu après, ils se sont cachés dans un garage de la ville, où ton frère a été interrogé puis torturé au chalumeau et enfin exécuté. Andréani prétend ne pas savoir où ils ont abandonné la voiture et le corps de Guy. » En retenant ses larmes, Alain lit le procès-verbal dans lequel Paul Andréani mentionne tous ces détails. Puis, il sort du commissariat sans avoir le courage de terminer cette terrible lecture.

Le dimanche 26 juin, Paul Andréani, Jean Alfonsi, Salvatore Contini, Jean-Simon Alfonsi, Pierre Buresi, Jean-Thomas Ollandini et Eric Sapet sont écroués à la prison d'Ajaccio sous les chefs d'inculpation de séquestration de personne et d'association de malfaiteurs; le corps de Guy Orsoni n'ayant pas été retrouvé, la qualification d'assassinat ne peut être retenue à leur encontre. Poursuivis pour les mêmes raisons, Jean Bondrille, Liliane Bondrille, son épouse, et Élisabeth Feibelman sont placés sous contrôle judiciaire.

Avec la fin de la garde à vue, la thèse policière épouse étroitement celle des dix inculpés. Elle est toute simple : Paul Andréani avait été chargé par Jean Alfonsi, dit « Jeannot le Long », le chef de la « bande du Valinco », de « s'intéresser » à Paul-Roger Orsoni, l'oncle de Guy et Alain, un homme qui a un « passé judiciaire, et qui veut racketter Jean-Marc Leccia, chimiste mondialement connu pour la pureté de son héroïne ». Jeannot le Long est son meilleur ami, son associé.

A l'appui de ses menaces de racket, Roger Orsoni, selon la thèse policière, aurait laissé entendre que ses deux neveux, Alain et Guy Orsoni, « proches » du FLNC, pourraient lui donner un sérieux coup de main...

Le « clan Leccia » aurait pris ces menaces très au sérieux. Le laboratoire clandestin d'héroïne, qui se trouve près de Porto-Vecchio, est très vulnérable. Dans l'île, son existence est un secret de polichinelle.

Jeannot le Long et Grégoire Leccia, le père de Jean-Marc lui-même soupçonné par la police d'être un parrain du milieu corse, auraient décidé une contre-attaque brutale : l'enlèvement de l'un des neveux Orsoni. Ils veulent à la fois donner un « avertissement » et connaître les projets du clan adverse. Mais l'affaire aurait mal tourné quand le tueur sarde Salvatore Contini aurait abusé du chalumeau qui devait « faire parler » Guy Orsoni.

Cette version est loin de satisfaire les militants nationalistes qui affirment début juillet que « Guy a été enlevé et exécuté par des barbouzes – " la bande du Valinco " agissant pour le compte du gouvernement français ». Pour étayer leurs soupçons, les nationalistes vont faire très vite un certain nombre de révélations troublantes.

En premier lieu, « la bande du Valinco » a agi pratiquement à découvert, après s'être certainement rendu compte de la surveillance policière.

Mieux, la veille du coup de filet policier, peu après l'enlèvement, Jeannot le Long et son fils Jean-Simon sont arrivés par avion privé à Ajaccio en compagnie de Salvatore Contini, le tueur sarde, et de Jean-Paul de Rocca-Serra, député RPR et chef du « clan » du sud de l'île. Émile Mocchi, le maire de Propriano, faisait également partie du « charter ». Ces notables se sont aussitôt rendus à la préfecture pour demander l'ouverture, à Propriano, d'une boîte de nuit (bâtie sans permis de construire à 100 mètres d'une école).

Le dossier sur la disparition de Guy se gonfle de quelques autres détails : des fiches de police judiciaire concernant les Orsoni sont retrouvées dans le coffre de la voiture de Grégoire Leccia. Celui-ci était donc en relation avec des fonctionnaires de l'Intérieur. Par ailleurs, la famille Orsoni s'étonne que la police ait arrêté sa filature des membres de « la bande du Valinco » juste à la veille de l'enlèvement, ce qui passe pour une coïncidence curieuse. Pour le commissaire Broussard, il s'agit d'un remake de l'affaire de Broglie où, là aussi, il avait fait « stopper les filoches » quelques heures avant la mort du prince.

Le CCN enfonce le « clou » chaque jour un peu plus, en livrant les résultats de l'enquête parallèle faite par ses militants. Il s'appuie sur un article de *Paris-Match*, du 3 juin, soit quinze jours avant l'enlèvement, pour tirer à boulets rouges sur Joseph Franceschi, le secrétaire d'État à la Sécurité publique : « Franceschi se cassera les dents sur l'affaire corse en jouant la carte du milieu contre les nationalistes », vient de révéler l'hebdomadaire. Le CCN précise même que le secrétaire d'État a fait un voyage éclair en Corse, le 18 juin, pour déjeuner à Miomo avec Pierre-Jean Massimi, le secrétaire général de la préfecture de Haute-Corse. Les nationalistes affirment que celui-ci est « connu pour ses activités barbouzardes et antiautonomistes ». Motif officiel du voyage : « Le secrétaire d'État est venu se recueillir sur la tombe de son père, en Corse. » Faux, répliquent les nationalistes, son père est enterré en Tunisie.

Le cabinet de Joseph Franceschi se hasarde à fournir une autre explication : le secrétaire d'État « est venu réserver des chambres d'hôtel pour le prochain voyage des petits vieux d'Alfortville, dont il est le maire ». Les nationalistes sourient et renvoient la balle : « le chauffeur de Franceschi était porteur d'une mallette contenant un million de francs destinés à payer " la bande du Valinco " pour l'élimination de Guy Orsoni. » Affirmation dont les nationalistes n'apportent pas la preuve.

La rencontre Franceschi-Massimi sera confirmée officiellement devant la cour d'assises de Lyon qui, en septembre 1985, juge un commando du FLNC venu exécuter, au sein même de la prison d'Ajaccio, Jean-Marc Leccia et Salvatore Contini.

A l'audience Andrée Pierotti, la femme de ménage de Pierre-Jean Massimi est formelle : Joseph Franceschi a bien déjeuné avec Massimi le lendemain de l'assassinat d'Orsoni. Le témoin surprise de la défense va plus loin : le 15 juin, deux jours avant l'enlèvement, Jean-Marc Leccia a rendu visite, chez lui, au secrétaire général de la préfecture.

« Pourquoi n'avez-vous pas fait ces révélations lors de votre interrogatoire par la police? » lui demande le président. Sa réponse est limpide : « On ne m'avait pas posé de questions. »

En juillet 1983, les nationalistes soulignent, une fois encore, les étonnantes similitudes entre la disparition de Guy Orsoni et celles, historiques, de Ben Barka en 1965 et de De Broglie en 1976. Sur le fond d'affaires politico-crapuleuses des truands enlèvent ou tuent avec la complicité des services officiels. Pour les amis d'Alain Orsoni, la tentative de négociation entre Barril et les FLNC a fait très peur à certains clanistes qui redoutent un rapprochement entre le gouvernement socialiste et le « Front ». Les clans auraient donc provoqué l'enlèvement d'Orsoni. Cette analyse n'a jamais été confortée par un aveu, une preuve solide.

Les socialistes qui pèsent très peu dans l'électorat corse ont compris le système des clans. Dès la fin 1982, l'Élysée veut assainir les mœurs politiques locales. C'est justement ce que réclame le FLNC qui pourrait être un « allié objectif ».

Cette analyse, les nationalistes la font eux aussi, très vite. D'autant que leurs révélations sur l'affaire continuent de se succéder. Ce n'est pas très difficile pour les clandestins du FLNC qui ont des informateurs et des contacts partout. Les Corses sont tous cousins... dans la police, la magistrature, le milieu ou au FLNC, et se sont souvent connus dans des facultés sur le « continent ».

Ainsi, l'attachée de presse de Robert Broussard était en fac de droit à Nice avec quelques-uns des futurs leaders nationalistes comme Poggioli ou Rocicioli. Françoise Knittel, le juge d'instruction chargé d'instruire l'affaire Orsoni, a épousé un ancien responsable d'un mouvement d'extrême droite à Nice qui a lui-même formé à l'action politique plusieurs jeunes Corses qui vont par la suite faire partie du FLNC.

Et justement, les nationalistes veulent, durant cet été 1983, prouver que la version policière dans l'affaire Orsoni ne tient plus. Qu'il faut accuser les clans et leur puissance dans l'État. Ils concentrent d'abord leur tir sur Joseph Franceschi, en révélant que l'un des adjoints de Jean-Marc Leccia, Félix Rosso, un restaurateur de Porto-Vecchio, est le beau-frère de Jean-Charles Pellegrini, l'ex-chef de l'OCRB (Office central de répression du banditisme). Nommé en 1982 par les socialistes à la cellule antiterroriste de l'Élysée, Pellegrini s'y occupe plus spécialement des contacts avec la DGSE (services spéciaux français). Il travaille quotidiennement avec le capitaine Barril. Les nationalistes n'y vont pas de main morte. Ils accusent Pellegrini d'avoir prévenu Rosso des négociations Barril-Orsoni. Et ce Rosso d'avoir alerté Jean-Paul de Rocca-Serra, qui redoute, plus que tout autre, que l'Élysée prenne langue avec les nationalistes. Suite logique, toujours selon les nationalistes, Rocca-Serra s'entend avec Joseph Franceschi, son « ennemi politique » et le persuade de s'attaquer au FLNC, une bonne fois pour toutes en utilisant des barbouzes.

Au milieu de l'été 1983, le FLNC croit à ce scénario. Les preuves lui manquent mais l'intime conviction est là. Elle suffit à justifier, aux yeux des militants, une vendetta politique, qui va d'abord toucher « les responsables de la mort de Guy Orsoni ». Le coup d'envoi en est donné le 22 juillet à Porto-Vecchio. Quatre militants du « Front » blessent de trois balles de 11,43 Charles-Henri Salvini, gérant de la boîte de nuit d'Henri Rossi qui, lui, est recherché par la justice pour le meurtre de Guy Orsoni. Une punition par procuration. Mais en octobre 1985, Henri Rossi sera arrêté aux États-Unis.

Le 11 septembre, Félix Rosso, beau-frère du commissaire Pellegrini, est tué d'une balle dans le dos, devant son restaurant à Porto-Vecchio. Deux jours plus tard, Pierre-Jean Massimi, secrétaire général de la préfecture de la Haute-Corse, ancien collaborateur de Joseph Franceschi, bras droit de François Giacobbi (MRG), homme fort du nord de l'île, est assassiné comme un truand. Il reçoit une balle en pleine tête, alors qu'il est au volant de sa voiture.

Le FLNC revendique ces deux assassinats, ce qui provoque des réactions gênées du gouvernement socialiste. Qui lance des rumeurs sur le goût exagéré de Massimi pour le poker et les femmes. Avant de s'abstenir d'envoyer le moindre ministre, ou sous-ministre, aux obsèques du haut fonctionnaire.

Durant l'été, le commissaire Pellegrini avait été victime d'un mystérieux accident de plongée sous-marine dans la baie d'Ajaccio. Grièvement blessé, il fut rapatrié par avion sanitaire à Paris. Le Front prétend que le commissaire a été blessé d'une balle par l'un de ses militants. Le mystère demeure.

Le 31 décembre 1983, le FLNC annonce que Jean-Marc Leccia « a été arrêté à l'aéroport de New York ». C'est de « l'intox », grâce à des documents photocopiés à l'intérieur même des services de Broussard, par certains de leurs sympathisants, les nationalistes savent pertinemment qu'il n'en est rien. Que Leccia est simplement filé par des flics américains et français depuis six mois environ. Mais le Front est persuadé que Broussard ne tient pas du tout à voir Leccia revenir en Corse, qu'il faut lui forcer la main en lançant une information à moitié vraie. Du coup, les juges français doivent demander à la police américaine d'arrêter Leccia qui est, et c'est gênant, en train de conclure une grosse transaction de drogue. Finalement arrêté le 2 janvier 1984 à Miami, puis extradé, Leccia se retrouve au fond d'une cellule de la prison d'Ajaccio, où il a rejoint ses complices, hormis Jeannot le Long qui vient de mourir d'un cancer.

Si tous ces membres de « la bande du Valinco » pensent qu'ils échapperont à la vendetta du Front, grâce aux murs de la prison d'Ajaccio, ils ont tort, terriblement tort. Comme le pouvoir a eu tort de sous-estimer la représentativité des indépendantistes. Le FLNC veut toujours affirmer sa puissance et venger Guy Orsoni aux yeux des Corses. Derrière les barreaux, tous les protagonistes de l'enlèvement continuent de nier. Même Paul Andréani dont le procès-verbal d'audition a mystérieusement disparu de la procédure, alors qu'Alain Orsoni l'a lu en partie et qu'un autre inculpé y fait allusion dans sa déclaration.

Le 7 juin 1984, à la prison d'Ajaccio, soit presque un an jour pour jour après l'enlèvement de Guy Orsoni, cinq militants du FLNC interviennent en commando.

A 6 h 10, la porte de la maison d'arrêt s'ouvre : deux surveillants traînent les lourdes poubelles sur le trottoir de cet établissement pénitentiaire qui ressemble plutôt à un lycée aux murs lépreux. Deux militants du Front revêtus d'uniformes de gendarmes s'approchent suivis par un troisième « encagoulé ». Les deux gardiens sont braqués, entraînés dans la prison, ligotés et enfermés dans une salle. Première mission : deux militants détenus sont libérés.

Puis, le trio ouvre la cellule de Salvatore Contini, le tueur sarde, l'homme au chalumeau tueur de Guy Orsoni, et l'exécute calmement de plusieurs coups de feu. Enfin, c'est le tour de Jean-Marc Leccia qui est à son tour abattu avec méthode. Les trois hommes découvrent alors Andreani et Alfonsi. Le premier, qui a fait déjà quelques confidences aux policiers dans le fameux procès-verbal disparu, se confesse plus clairement mais avec cette fois un « calibre » dans la bouche. Il est épargné. Alfonsi aussi après un bref interrogatoire qui précède l'arrivée des policiers alertés par le directeur de l'établissement.

Près de la prison, les deux nationalistes en couverture sont repérés et arrêtés. A 11 heures du matin, à l'issue de tractations téléphoniques avec Robert Broussard, le commando se rend. Accompagné des deux détenus qu'il a délivrés, mais qui n'ont pu franchir la porte. Pantaléon Alessandri, trente et un ans, Bernard Noël, trente-trois ans, et Pierre Albertini, vingt-quatre ans, étaient, pour les deux premiers, des amis de Guy Orsoni. Le troisième membre du commando-suicide l'avait souvent rencontré. Les trois hommes déclareront au magistrat instructeur « qu'ils n'ont été que les exécutants d'une opération décidée au-dessus d'eux ». Ils n'en diront pas plus. Jamais.

Jugés, en septembre 1985, à Lyon, par la cour d'assises du Rhône, les cinq membres du commando, accusés seulement de tentative d'évasion à l'aide de violence, seront tous condamnés à des peines égales ou inférieures à huit ans de prison.

Ce verdict s'explique par le malaise des jurés face à l'affaire Orsoni dont c'était en quelque sorte le procès – et par le désir du pouvoir politique de calmer les esprits corses, tout en masquant ses responsabilités. D'ailleurs l'Élysée ne s'y était pas trompé puisque, à la mi-84, Joseph Franceschi devenait secrétaire d'État aux Personnes âgées. Il est bien tombé sur le dossier corse.

La torture à laquelle a été soumis, avec un soupçon de raison d'État, Guy Orsoni a fait basculer toute une frange de

Corses, nationalistes modérés, et même des citoyens tranquilles. Ils ont subitement regardé le Front avec plus de sympathie ainsi que sa vitrine légale le MCA (Mouvement corse pour l'autodétermination). Face à cette évolution des mentalités dans l'île, les Renseignements généraux ne peuvent tenter que des manœuvres d'intimidation, puis envoyer leurs rapports à Paris.

Les résultats sont là : le Syndicat corse des enseignants rassemble 35 % des professeurs et vient de passer aux élections professionnelles devant le SGEN-CFDT. Les nationalistes ont obtenu 30 % des suffrages aux élections de parents d'élèves en 1985. Le syndicat des travailleurs corses est la deuxième organisation syndicale de l'île, juste derrière la CGT. Tous ces syndicats sont ouvertement « nationalistes » et ne condamnent jamais les actions du FLNC.

Parallèlement, les peines infligées aux plastiqueurs du FLNC deviennent de moins en moins lourdes. Sur les 45 militants du Front encore emprisonnés fin 1985, aucun ne purge une peine supérieure à huit ans. Cette capitulation de l'État est sensible au niveau de la police qui se fait discrète depuis le départ de Broussard. Aujourd'hui, les principaux dirigeants du Front se promènent ouvertement en ville avec leur revolver « 38 Spécial » glissé dans la ceinture, sous leur blouson. Ces responsables sont connus, les arrêter provoquerait une émeute.

L'affaire Orsoni a en effet permis au Front et aux Corses de découvrir que cette organisation, le FLNC, pouvait lutter à armes égales avec le pouvoir politique et même le faire reculer. En fait, ce consensus, que les négociations Barril-Orsoni n'ont pas permis d'atteindre, a été rendu possible par la terrible réaction du FLNC à l'encontre des tueurs de Guy Orsoni et des instigateurs de son assassinat.

Depuis l'arrivée de Pierre Joxe à la tête du ministère de l'Intérieur, le Front observe en effet une sorte de trêve militaire, le rythme des attentats a nettement baissé. Joxe n'essaye pas, pour l'instant, de négocier d'un côté et de criminaliser le FLNC de l'autre. Mieux, durant le dernier trimestre de l'année 1985, Joxe s'est ouvertement attaqué au système des clans notamment lors d'un discours prononcé devant l'assemblée régionale corse. Les nationalistes n'en reviennent pas! Leur obsession à l'aube des législatives de mars 1986 : atteindre la barre des 20 %. Si cela est chose faite, ils pourront remercier le duo Franceschi-Broussard qui leur a servi l'affaire Orsoni sur un plateau d'argent.

LE COUP DE PASSION DE LA DST POUR ALGER

La veille de la Toussaint 1980, l'automne d'Alger conjugue la paix des cimetières aux flonflons qui célèbrent l'anniversaire de l'insurrection. Jour d'amnistie : le président Chadli Bendjedid décide de libérer Ahmed Ben Bella. Un prisonnier qui compte presque autant de jours de prison que cette république, dont il fut le premier président, a d'existence.

Contre l'avis de membres importants du Front de libération nationale, Chadli estime que seize années sans liberté suffisent à punir Ben Bella, ce grand timonier des origines mis aux fers le 19 juin 1965 lors du coup d'État de Houari Boumediene. En libérant l'ancien adjudant de tabors marocains, le président cède à la pression de militants socialistes et d'intellectuels français qui pensent que maintenir en détention ce leader historique de soixante-deux ans est faire une trop grosse entorse aux droits de l'homme.

Redevenu simple citoyen, libre de sortir de sa résidence surveillée de M'Sila, Ben Bella décide de voyager en Algérie, une patrie qu'il ne connaît plus. Il rend visite à des amis ou s'en va déposer des fleurs sur les tombes de compagnons morts au cours de la guerre. Pour éviter de rencontrer une foule où se comptent des fidèles, l'ancien président voyage incognito.

Cette discrétion ne suffit pas. De sa propre initiative la police remet autour de Ben Bella une surveillance si sévère qu'il redevient un prisonnier sans barreau. On le force ainsi à quitter le pays. Exil possible puisque la Sûreté d'Alger vient de lui délivrer un passeport diplomatique. Après un séjour de santé en Espagne puis un pèlerinage à La Mecque, le désormais très religieux Ben Bella (qui préside la Ligue des droits de l'homme islamique) s'installe en France. En septembre 1981, il loue une villa de deux étages, en pierre meulière, au 78, rue Chevalier à Montmorency.

Côté rue, un muret surmonté d'une grille et un portail métallique ferment l'accès à la maison. Côté jardin, de hauts murs isolent un espace gazonné des propriétés voisines. Des volets de fer peints en beige préservent d'une trop forte lumière ou d'intrusions malveillantes. Ben Bella, qui a son réseau d'informateurs, sait que des membres de services spéciaux algériens, par exemple à la Sécurité militaire, n'ont pas renoncé : ils veulent sa peau.

Dès que l'ex-étoile du Tiers Monde dépose ses premières malles à la villa, le préfet Lambert – qui depuis Pontoise règne sur Montmorency – lui propose une protection policière. Au ministère de l'Intérieur la direction de la Sécurité publique appuie sa démarche. Mais Ben Bella n'a pas confiance et refuse l'assistance officielle en précisant : « Ben Barka a été enlevé par des agents de l'État agissant sur ordre de l'étranger. Je n'ai pas envie de subir un sort identique. Ce sont donc mes amis, et ils seront armés, qui prendront en charge ma sécurité. »

C'est Mohamed Yadi, un homme de cinquante-quatre ans, né à Marnia, le village de Ben Bella, qui met au point la protection de l'ex-président. Ce fonctionnaire est à son affaire puisqu'il a jadis dirigé les douanes puis la Sûreté algériennes. A l'arrière de la bâtisse il fait installer un réseau de surveillance par rayons infrarouges qui peuvent fonctionner dans le noir. Cette barrière électronique est doublée d'un système d'observation par caméras vidéo.

Parmi les fidèles de Ben Bella, nombreux dans la communauté immigrée, Mohamed Yadi sélectionne une demi-douzaine d'hommes, pour en faire des gardes du corps. Ceux-ci logeront à la « villa Chevalier » ou accompagneront le président en voyage.

En prélevant un budget spécial sur son « trésor de guerre » évalué à 30 millions, Ben Bella peut payer ses gardiens et financer leur armement. Pour se maintenir en forme, ces hommes du président transforment la cave en salle de gymnastique et de sports de combat. Sous les ordres de Yadi, Mohamed Keltoumi, trente ans, Lounis Mekboul, vingt-trois ans et Mustapha Hachem, vingt-six ans, sont les plus zélés des cerbères. Cette maisonnée n'est ni provocatrice ni tapageuse. Les voisins ignorent la présence de Ben Bella dans leur quartier et sont convaincus que la villa a été louée « à un groupe d'Arméniens ».

Affirmant qu' « il n'a plus d'ambition politique et ne souhaite pas revenir à la tête de l'État algérien – ou ce ne serait alors que pour six mois – » Ben Bella ne se prépare pas pour autant à vivre une retraite bien tranquille. Il veut rester un leader, « une conscience ». Selon ses analyses, l'Algérie et une bonne partie du monde ne lui semblent pas tourner rond et il veut le faire savoir. Il s'appuie sur une métaphysique, un mysticisme découverts en prison où le Coran fut, pendant longtemps, son unique livre. Il est maintenant le militant « d'un islam progressiste qui accepte les juifs et les chrétiens ».

Mais, pour son combat, l'exilé de Montmorency ne se contente pas de prières ni du seul support du renouveau islamique. Il récupère également toutes les minorités algériennes en lutte avec le pouvoir central. Subitement il défend les Kabyles qu'il a jadis combattus et utilise ces Berbères pour grossir ses troupes en France et en Algérie. Le 27 septembre 1981, invité au Club de la presse d'Europe 1, il admet « qu'il y a un problème kabyle dans son pays et que l'on a tort de croire que les troubles qui éclatent régulièrement sont téléguidés de l'étranger ».

Dans la foulée, et c'est bien normal pour un néo-religieux, le président embarque sous sa bannière tous les intégristes arrêtés par la police algérienne depuis deux ans. Des dissidents, des purs et durs du Coran, liés au mouvement international des Frères musulmans.

En France même, Ben Bella retrouve le soutien de quelques-uns parmi ceux qui, à l'époque de la guerre d'Algérie, ont soutenu le FLN. Au sein du gouvernement français celui que l'on appelle familièrement « B.B. » a quelques fidèles qui, stratégie oblige, font valoir qu'en cas de crise la présence du prisonnier de M'Sila peut être un objet de chantage face au régime algérien. Enfin, avec Michel

Pablo, leader trotskiste du parti communiste international, « B.B. » retrouve un vieux compagnon de route et une organisation, marginale mais active.

Avec les fonds importants dont il dispose, Ben Bella peut très vite fonder un authentique mouvement dont le journal *El Bilial* (l'Alternance), tiré à 30 000 exemplaires, joue le rôle de bulletin de liaison. Des cassettes contenant des discours du président sont également diffusées. Des liens sont renoués avec des dirigeants du Tiers Monde que Ben Bella a aidés alors qu'ils militaient pour la révolution. Tout cela se prépare et s'organise dans la villa de Montmorency.

Cette activité n'échappe pas au gouvernement algérien. « B.B. » est tout juste arrivé en France que, le 20 octobre, le quotidien *El Moudjahid* attaque, sans le nommer, « Monsieur le touriste parisien ». Et l'accuse « de s'être jeté dans les bras des médias occidentaux pour les inonder de propos qui ne font que réitérer l'aliénation de leur auteur, son reniement de la marche historique de la révolution algérienne et son obstination à ignorer les données nouvelles et les acquis révolutionnaires sous la direction du parti du FLN ».

Par l'intermédiaire de partisans émigrés à Dijon, le président apprend que « des tueurs algériens, de véritables SS, se sont mis en route pour le tuer ». Facilement paranoïaques les services algériens de la Sécurité militaire voient l'histoire se répéter et Montmorency devenir un second Neauphle-le-Château, sous Ben Bella se cacher un Khomeiny.

Le 19 mars, jour anniversaire des accords d'Évian, interrogé par plusieurs stations de radio, le président déchu active le feu en souhaitant « un prompt retour de la démocratie en Algérie » et en accusant ses dirigeants « d'incapacité et de corruption ».

Immédiatement les Algériens interviennent « officieusement » auprès de Gaston Defferre et à la direction du parti socialiste. Le 1er avril le Quai d'Orsay demande à son hôte de se conformer « à l'obligation de réserve exigée des citoyens étrangers séjournant en France ».

Neuf jours plus tard, « B.B. » tient une conférence devant 150 personnes à Belfort. La réunion est perturbée par un commando venu « défendre la révolution algérienne ». La police doit séparer les deux parties et l'orateur quitte la salle par une porte dérobée.

Le surlendemain, l'Amicale des Algériens en Europe publie un communiqué où « elle dégage sa responsabilité dans tout incident qui pourrait opposer l'émigration algérienne à cet aventurier aigri et ambitieux dans le cas où il continuerait sa campagne d'insultes et de dénigrement de l'Algérie ».

Le printemps arrive et « B.B. » ne poursuit pas directement sa querelle avec ses anciens geôliers : l'entrée des troupes israéliennes au Liban le mobilise entièrement. A Beyrouth, il expédie un message enregistré sur bande magnétique et destiné à son allié Ibrahim Koleilat, chef des Morabitouns, une milice libanaise sunnite qui s'inspire de la pensée de Nasser. Tous les quarts d'heure, la station de radio de Koleilat diffuse le message du « frère Ben Bella ».

En juillet, l'ancien chef d'État algérien apprend que l'ambassade de son pays à Paris a reçu le renfort de plusieurs officiers de la Sécurité militaire, c'est-à-dire l'équivalent de la DGSE française. Des policiers du ministère de l'Intérieur, attachés à la Direction de la sécurité publique, viennent en visite à la villa de Montmorency. Leur spécialité est de protéger les personnalités étrangères habitant la France comme Bani Sadr ou Chapour Bakhtiar, les deux anciens Premiers ministres iraniens. Ils font part à Farouk Sellami, qui les reçoit, des menaces qui pèsent sur Ben Bella. Celui-ci continue de refuser une protection officielle et Mohamed Yadi, son bras droit, recrute un garde du corps de plus : Youssef Hachem, un garçon de vingt-quatre ans dont le frère Mustapha est déjà employé par le président.

Le 5 août, celui que les dirigeants d'Alger n'appellent plus que le « marabout de M'Sila » participe, place de la Concorde, à une manifestation anti-américaine au cours de laquelle quelques drapeaux étoilés sont brûlés. Membre d'une délégation, Ben Bella est reçu par un conseiller américain auquel il déclare : « Les États-Unis sont les principaux responsables de ce qui se passe au Liban. Nous n'oublierons jamais cette action américaine. »

Dans la foulée, sans faire montre de beaucoup de sens diplomatique, le président critique le soutien militaire accordé par la France au régime irakien. A la même période, il intervient auprès du colonel Kadhafi afin que celui-ci accentue son aide à l'Iran.

A la fin de l'été le président exilé reprend sa tournée des popotes en visitant différentes villes où des comités de soutien à Ben Bella se sont formés. Mais au début du mois de décembre, le gouvernement français fait monter la pression. On fait comprendre au citoyen de Montmorency qu'il est maintenant indésirable. Le Premier ministre Pierre Mauroy se joint au ministre des Affaires étrangères, Claude Cheysson, pour convaincre Ben Bella de quitter le pays. Moins souple, Gaston Defferre le menace d'une « perquisition de sa villa qui sera suivie d'une expulsion ».

En Algérie, la campagne anti-Ben Bella est à sa cote la plus haute. Des rafles policières sont opérées chez les dissidents intégristes que l'on accuse de recevoir une aide de l'exilé de Montmorency. Le président Chadli se prépare à faire, le 17 décembre, un bref voyage en France. Ben Bella comprend qu'il vaut mieux « faire un break ». Il décide d'aller quelque temps en Suisse pour y respirer l'air des montagnes.

En arrivant à Paris le colonel Chadli est de mauvaise humeur. Le fait qu'il soit le premier chef d'État algérien à être reçu officiellement en France ne modifie pas son état d'esprit. Ses diplomates ont fait savoir à Claude Cheysson que « depuis le 10 mai 1981 les relations franco-algériennes traversaient la plus grave des crises ». L'asile accordé à Ben Bella est au cœur du litige. Chadli a libéré le prisonnier de M'Sila contre l'avis des cadres du FLN. Et l'activité que celui-ci développe maintenant en France lui est fréquemment reprochée.

Avant de négocier avec Matignon un nouveau chapitre commercial le liant à la France, le colonel président pose en préalable « une solution à l'affaire Ben Bella ». Le gouvernement de Pierre Mauroy est d'accord. Sur le plan technique le directeur algérien de la Sûreté est chargé de liquider le dossier en collaboration avec le ministère français de l'Intérieur. Deux conseillers de François Mitterrand supervisent cette affaire d'État.

Le 10 janvier, Maurice Grimaud, directeur de cabinet de

Gaston Defferre, fait à Alger un voyage secret. Dans un salon qui domine la Méditerranée, l'ancien préfet de mai 1968 prend connaissance de l'apocalyptique dossier instruit sur Ben Bella par les services du colonel Chadli.

En rentrant à Paris, Maurice Grimaud peut décrire la fureur des Algériens qui n'est pas retombée. Rage augmentée encore par l'annonce du voyage que François Mitterrand va faire « chez l'ennemi marocain », le 29 janvier. Lâcher Ben Bella devient un impératif de la diplomatie élyséenne. Une semaine avant l'assaut final, que l'on prépare contre Ben Bella, Mohamed Lakhdiri, patron de la Sûreté algérienne, est à Paris. On va agir la main dans la main.

Mardi 25 janvier 1983. Il fait encore nuit, ou presque, quand le commissaire Georges Moréas bourre sa seconde pipe depuis son réveil. Ce flic à dégaine d'artiste n'aime pas traîner dans les rues à l'heure du laitier. Mais, patron de l'Office central de répression du banditisme (OCRB), sa mise à l'affût doit commencer tôt.

Il travaille derrière son bureau, en écoutant les informations à la radio, quand le planton lui passe une communication : « C'est la direction. » Au premier éclat, Moréas reconnaît la voix de Pierre Richard, le sous-directeur de la police judiciaire. Comme s'il était nécessaire de motiver l'intérêt de son interlocuteur, Richard prend le ton de celui qui vous met sur un joli coup :

« Moréas, je vous appelle à propos de Youssef Hachem. Un braqueur recherché par nos services et qui sert de garde du corps à Ben Bella. Vous connaissez le dossier? Eh bien, vous allez le " sauter " dès aujourd'hui dans la villa de Ben Bella à Montmorency. »

Le chef de l'OCRB a cette histoire en tête. C'est un dossier « signalé », quelque chose de délicat dont il connaît les détails. L'affaire est politique. Lui qui n'aime que son travail de flic de PJ déteste ça. Pour gagner un peu de temps, pour tenter de négocier avec son supérieur, il avance que l'opération présente des risques physiques...

Le sous-directeur « s'en fout ». Il faut intervenir puisqu'il s'agit « d'une instruction ministérielle ». Ce n'est pas le genre d'argument qui fait courir Moréas. Mais son métier est aussi d'obéir. Ses garde-fous sont les règles contenues dans le code de procédure pénale. Et il ressort ce dossier Youssef Hachem qu'il connaît comme la demi-douzaine de flics qui, depuis huit mois, ont passé un peu de leur temps à travailler sur cette affaire minable.

Précy-sur-Oise est un bourg mutant. Ses 2 000 habitants ne savent pas s'ils vivent en ville ou à la campagne. Autour d'eux, les zones industrielles jouent à cache-cache avec les champs de betteraves. Le 5 juin 1981 est ici un jour chaud et, sur le chemin de terre qui conduit à l'usine « Le Béton S.A. », en passant, les camions balayent beaucoup de poussière.

Dans son bureau, le directeur de cette entreprise – dont les trente-cinq ouvriers font des pièces moulées en béton – prépare la paye. Deux hommes ressemblant à ceux qui, chaque jour, viennent demander du travail entrent dans la pièce. Celui qui avance le premier est, comme on le dit dans les communiqués de police, « de type méditerranéen », l'autre est « européen » et, de la main droite, il porte un sac de skaï. Le premier type sort un pistolet de sa poche et le braque vers le patron. Son assistant empoigne les 44 000 francs empilés dans un placard. L'affaire faite, l'équipée fait demi-tour pour rejoindre la Renault 30 rangée dans la cour. Le directeur sort à la suite des braqueurs, relève le numéro d'immatriculation de la grosse berline et téléphone à la police.

Le 12 juin, les policiers de la PJ de Creil, chargés de l'enquête, se déplacent à Honfleur et arrêtent Éric Courtault, dit « Nounours », un joufflu de vingt-huit ans. Lors du hold-up de Précy-sur-Oise il portait le sac et avait même été assez naïf pour utiliser sa propre voiture sans en maquiller les plaques.

« Nounours » est emprisonné. Il refuse de « donner » son complice. Pour les flics de la PJ, qui ont des affaires plus graves à traiter, le dossier « Le Béton S.A. » prend la direction d'une étagère au cœur de l'armoire « affaires en cours ». Pour identifier le « Méditerranéen » on attend un miraculeux tuyau.

Celui-ci arrive un an plus tard, le 9 juin 1982. Un policier des Renseignements généraux (RG) reçoit la visite d'un indicateur qui lui livre le nom du braqueur manquant : Youssef Hachem. Un jeune homme qui fréquente, à Montmorency, la villa de Ben Bella. Le flic fait une première vérification au « sommier », là où dort tout le passé judiciaire de ceux qui, un jour ou l'autre, ont été condamnés par un tribunal. Youssef Hachem, « connu des services de police, a été condamné pour vol ». En recueillant ce tuyau, le fonctionnaire ignore qu'il est le premier pion d'une manipulation montée par la Sécurité militaire algérienne.

En France le plus gros travail de cette SM est de surveiller et contrecarrer les activités d'Ahmed Ben Bella, premier président de la République algérienne, emprisonné le 19 juin 1965 et relâché le 30 octobre 1980.

Mustapha Hachem, frère de Youssef le braqueur, également repris de justice, est l'un des gardes du corps de Ben Bella. Ce dernier ignore qu'à quelques exceptions près il n'est entouré et gardé que par des espions payés par la SM d'Alger qui, depuis longtemps, a noyauté l'opposition installée en France. Chaque jour ou presque, les « taupes » qui veillent sur l'ancien président font leur rapport à la SM qui arrive ainsi à savoir les noms de code, ultra-secrets, que les opposants se sont donnés pour certaines missions.

Youssef Hachem n'est pas James Bond. Il fait partie de ces petits truands pour lesquels politique et banditisme font bon ménage. Pour quelque protection, pour une poignée de dinars, un type comme lui se fait indicateur, provocateur. Connaissant son passé, sachant qu'il est recherché par la police, la SM tente de l'introduire parmi les gardiens de Ben Bella.

A la fin du mois de mai 1982, l'enrôlement de Youssef comme pistolero est certain, Mohamed Yadi, l'ancien chef de la Sûreté d'Alger, qui fait cause commune avec Ben Bella, a donné son feu vert. La SM envoie donc l'un de ses agents jouer les « indics » auprès d'un inspecteur des RG avec lequel il est en relations depuis longtemps. Les barbouzes algériennes savent qu'en introduisant Youssef Hachem sous le toit de Ben Bella ils ont miné l'activité politique et le séjour en France de leur ex-président.

« Le tuyau Youssef » ne reste pas aux RG qui le communiquent à l'Office central de répression du banditisme. Peu excité par cette histoire mineure, dont il n'ignore pas les connotations politiques, le commissaire Moréas « refile » l'information à la PJ de Creil qui, à l'origine, a couvert cette enquête. Finalement, l'OCRB et les fonctionnaires de Creil font quelques vérifications qui leur permettent de connaître les habitudes d'Hachem. Les policiers proposent à la direction de la police judiciaire de « sauter » le braqueur dans la rue pour exclure tout incident diplomatique avec Ben Bella. Mais, de « très haut » et répercuté par Frédéric Thiriez, conseiller technique au ministère de l'Intérieur, l'ordre vient de ne pas agir. De laisser Youssef Hachem en paix. Le garde du corps de Ben Bella n'a pas l'air de craindre la police. En juillet 1982, il répond aux questions du juge Bullit, puisqu'il est entendu comme témoin dans une affaire concernant Mustapha, son frère. L'Algérien est également questionné par le commissaire Dipizzo qui règne sur la police de Montmorency...

Après avoir formulé une politesse d'usage, le commissaire Moréas interrompt la conversation avec le sous-directeur Richard et raccroche le téléphone. Le voilà avec un « lézard » sur les bras. Mais il se force à agir comme s'il s'agissait d'un cas ordinaire, sans la pression des grands chefs. Logiquement, pour une intervention à ce niveau de banditisme, c'est le Service régional de police judiciaire de Versailles, par le truchement de son antenne d'Argenteuil, qui devrait « serrer » Youssef Hachem. Versailles refuse : « On a autre chose à faire. » Moréas n'a plus qu'à aller au charbon lui-même.

A l'OCRB on sort le dossier Hachem. L'équipe de six fonctionnaires qui part à Montmorency avec le patron se met en tête le visage du braqueur. On « apprend les photos » par cœur. Avant de partir en mission, « l'Office » ne reçoit aucune information « politique » et ignore même si Ben Bella est chez lui.

Près du 78, rue Chevalier, en vue de la maison du président, les fonctionnaires parquent leur « sous-marin » : une R 4 qui abrite deux policiers en « planque ». Les autres tournent discrètement dans le quartier. Moréas a toujours l'intention de capturer Hachem dans la rue où des éléments des RG sont également à l'ouvrage. Entre eux et l'OCRB l'atmosphère n'est pas amicale et « la planque » se passe mal.

Si mal qu'en début d'après-midi un car de police-secours stoppe devant la villa. Deux « képis » en descendent, pénètrent dans la propriété de Ben Bella et sonnent à la porte... Furieux, Moréas se précipite au commissariat de Montmorency. Un collègue lui explique que, depuis Paris, la direction des RG a téléphoné. Elle cherche à joindre le responsable du dispositif qu'elle a mis en place autour de Ben Bella. On a donc demandé « au car » d'aller prévenir ce superflic. Mais ne le trouvant pas, les « képis » sont allés chez le président : « Pardon monsieur. Vous n'auriez pas, par hasard, vu un policier des RG? »

Au milieu de l'après-midi, Moréas rentre à son bureau. Au téléphone, le sous-directeur Richard l'attend pour savoir comment évolue l'affaire. Le commissaire lui explique que la planque n'a rien donné et qu'à la nuit tombée il va lever le dispositif.

Le directeur refuse en ajoutant que Frédéric Thiriez, le conseiller du ministère de l'Intérieur, « exige l'arrestation immédiate d'Hachem ». Informé par les RG et par « les taupes » de la Sécurité militaire algérienne, le ministère sait que Youssef est dans la villa. Détail qui n'a même pas été communiqué à l'OCRB qui travaille « dans le flou complet ». Mais, puisque le gouvernement prend tellement à cœur l'arrestation d'un petit braqueur, le chef de l'OCRB accepte de maintenir une planque de nuit à Montmorency.

A 20 heures, Richard téléphone à nouveau :

« Il faut pénétrer dans la villa, piquer tout le monde et faire une perquisition. »

Moréas proteste en répliquant qu'il ne fera rien qui l'écarte de la loi, du type de procédure en cours, c'est-à-dire celle des « flagrants délits ».

Avant de raccrocher, Richard menace :

« Si vous refusez d'agir j'envoie quelqu'un d'autre. »

La troupe de « l'Office » repart vers Montmorency divisée en deux équipes. En tout une quinzaine d'hommes. Il faut intervenir avant 21 heures puisque c'est à « l'heure des théâtres » qu'expire le droit de la police de pénétrer sans mandat chez les honnêtes gens.

Pour agir il est convenu que le commissaire Leray et huit hommes pénétreront par le jardin (ces policiers ignorent qu'un système sophistiqué de surveillance par infrarouges y a été aménagé à la demande de Ben Bella mais que ce soir-là il a été opportunément débranché par les taupes infiltrées par la SM algérienne auprès de l'ex-président).

Le patron de l'OCRB a, lui, prévu « d'attaquer » par l'avant. Tout simplement en sonnant à la porte. Il colle donc son gyrophare au toit de sa voiture banalisée, stoppe devant le portail, entre et presse le bouton. Un Algérien ouvre la porte. L'escouade de Moréas s'engouffre dans la villa.

Vêtu d'un T-shirt, Youssef Hachem est au premier étage, dans la salle de bains. Il se laisse arrêter sans broncher. A deux mètres de lui, comme si quelqu'un lui avait donné l'ordre de l'accrocher là, un pistolet-mitrailleur Uzi pend à la poignée de la porte. Pour le très légaliste Moréas, c'est un élément juridique déterminant sur lequel on ne peut fermer les yeux : la découverte de cette arme le place dans une procédure de « flagrant délit », il doit donc faire une perquisition et répondre au vœu de son gouvernement. Les fonctionnaires des RG veulent participer à la « perquise » mais l'OCRB les « vire » : n'étant pas officiers de police judiciaire ils n'ont ici aucun droit.

Outre Youssef, les flics embarquent Mohamed Keltoumi, trente ans, Lounis Mekboul, vingt-trois ans ainsi que Mustapha Hachem, vingt-six ans, le frère de Youssef, et Mohamed Yadi, cinquante-quatre ans, ancien patron de la Sûreté algérienne en 1965. Ces deux derniers possèdent de faux papiers.

Plusieurs valises de documents sont chargées dans les voitures de police en même temps que les seize armes trouvées sur place, avec des munitions, des gilets pare-balles, des postes émetteurs-récepteurs, 70 000 francs et des dinars démonétisés.

A l'OCRB, rue du faubourg Saint-Honoré, les flics entassent les archives de Ben Bella dans la grande salle de réunions du rez-de-chaussée. Inutile de mettre les scellés puisque, théoriquement, un local comme celui-ci n'est pas un hall de gare.

Dans les étages, c'est la routine. On interroge les hommes « raflés » à Montmorency. Ils n'ont rien de bien extraordinaire à déclarer. Le sort de Youssef Hachem est dissocié puisqu'un juge de Senlis l'attendait pour l'inculper « d'attaque à main armée », délit passible de la cour d'assises.

Après une nuit aussi brève que les autres, le 26 janvier au matin, Moréas reprend son travail. Il passe près de la salle de conférence du rez-de-chaussée où il a la très désagréable surprise de constater que, pendant la nuit, « on » est venu fouiller les archives de Ben Bella.

Celles-ci contiennent des informations sur l'opposition algérienne, un fichier de Français apportant leur soutien aux dissidents et des photos représentant Ben Bella avec des amis comme l'Aga Khan. Autant d'informations privées qui, théoriquement, n'auraient dû tomber ni dans les mains des RG ni dans celles de la Sécurité militaire algérienne.

Dans cet après-midi du mercredi, tandis que les hommes de l'OCRB tapent leurs procès-verbaux, un motard du ministère de l'Intérieur apporte un courrier. Il contient quatre arrêtés d'expulsion. Moréas qui les découvre a la surprise d'y lire : « A la demande de l'OCRB, les dénommés untel et untel sont expulsés du territoire français »... Les quatre hommes sont à nouveau embarqués dans des voitures. A Roissy, l'OCRB confie les quatre Algériens à la Police de l'air et des frontières. Hachem, Mekboul, Keltoumi et Yadi, les « raflés » de Montmorency, sont expédiés en Italie. Seul pays qui accepte leur présence.

Youssef Hachem, lui, reste en France. Ce serviteur de la patrie est libéré de prison deux mois plus tard, le 30 mars 1983. Dès sa première confrontation avec le directeur de Béton SA., l'homme qu'il est accusé d'avoir braqué, il est reconnu par sa victime. Un chauffeur de poids lourds, qui a vu Hachem « planquer » l'usine au bout du chemin de terre, la veille du hold-up, est également formel. Par ailleurs, l'enquête démontre qu'Hachem connaît Éric Courtault, son « complice ».

Rien n'y fait. Assisté de trois avocats qui bétonnent son cas, Youssef se fait innocent. La justice française lui donne un coup de main puisque, selon un juge de Beauvais, tribunal chargé de cette instruction, « le dossier Hachem, sur ordres supérieurs, a été allégé des pièces les plus compromettantes ». A tout jamais, ce hold-up qui a rapporté gros à la diplomatie française est enterré.

Enterrée également la poursuite de l'investigation de l'OCRB sur ses découvertes de la villa de Montmorency. Les clients expulsés, Georges Moréas ne sait que faire de toutes ces armes trouvées sur le terrain. On lui demande de les confier au greffe du tribunal où, là encore, la justice va jouer l'étouffement.

Pourtant les six Beretta découverts dans la chambre de Ben Bella proviennent du même lot que celui utilisé par des agents libyens ayant, le 7 avril 1980, à Londres, exécuté un opposant, le journaliste Mohammed Ramadan. L'investigation aurait pu être riche si l'on observe que ces Beretta ont été introduits chez l'ex-président par un agent algérien.

Le 1er novembre 1985, le gouvernement français va donner la preuve que, pour lui, ce moment d'histoire de l'opposition algérienne est bien « verrouillé ». Ce jour de la Toussaint, le ministre de l'Intérieur interdit la manifestation que des dissidents avaient prévue place du Trocadéro. Le motif d'interdiction est sans ambages : « Cette manifestation est susceptible de porter atteinte aux relations internationales de la République. »

LA MONTÉE EN PUISSANCE DE LA DST

Parmi les cadeaux de bienvenue que le président François Mitterrand a trouvés sur son bureau en entrant à l'Élysée, il y avait un dossier de la Direction de la surveillance du territoire. Ce dossier portait son nom, le concernait de bout en bout. Ce cadeau, en signe d'allégeance, venait du directeur de la DST. Il perdait une bonne partie de sa valeur si l'on sait que le nouveau Président le possédait déjà. Il gardait toutefois toute sa saveur car il est bien évident qu'un service qui possède un dossier sur le nouveau chef de l'État a bien d'autres renseignements en réserve.

Le service de contre-espionnage français a toujours voulu montrer qu'il était légaliste mais cela ne l'empêche pas d'avoir des états d'âme, quand il assiste à l'arrivée d'un gouvernement de gauche et en particulier d'union avec les communistes, l'ennemi héréditaire vers qui des dizaines d'années d'enquête se sont concentrées. Simplement il s'agit de professionnels du renseignement qui évitent les maladresses. A aucun moment les responsables de la DST n'ont fait de déclarations fracassantes contre un éventuel gouvernement de gauche, comme ces officiers du SDECE de la base d'Aspretto qui promettaient de jeter aux orties leur képi en cas de changement de gouvernement. Il faut dire que seul un nageur de combat, plus à gauche que d'autres et s'étant ému en constatant que ses officiers étaient restés en poste après la prise de pouvoir de François Mitterrand, a été sanctionné, muté, pour n'avoir su appliquer l'obligation de réserve!

Le ministre de l'Intérieur sait bien que la DST comporte 1 300 fonctionnaires puisqu'il doit les payer, il connaît l'organigramme de la maison avec ses quatre sous-directions réduites à des lettres : A pour le contre-espionnage, un chiffre suit en fonction de la répartition géographique, 2 pour les pays occidentaux, 3 pour le Tiers Monde, 4 pour l'URSS et 5 pour ses satellites, B est la lettre de la subversion dans laquelle sont posés pêle-mêle le communisme international et le terrorisme. La sous-direction C est réservée aux techniciens qui chatouillent des appareils d'écoute, de radio. Reste D qui regroupe les services centraux, l'administration, le recrutement, la formation, la sécurité et deux sections particulièrement importantes : les archives et la liaison avec les autres services français mais surtout étrangers en particulier la CIA, les MI 5 et 6 et le Mossad. A cela s'ajoute une implantation géographique dans toute la France avec les Brigades de surveillance du territoire, réparties dans six régions militaires, immuables alors que l'organigramme évolue en fonction des fuites et des besoins.

Au-delà de ces brèves connaissances, le ministère de l'Intérieur doit composer, trouver un moyen d'entente avec un service qui représente une force à lui tout seul.

Peu après mai 1981, dans son rapport sur la police, le député socialiste Michel Belorgey écrit : « Certains services que la nature de leurs missions voue à des conditions de fonctionnement particulières, essentiellement la DST, ne font en fait pratiquement l'objet d'aucun contrôle... L'argument du secret défense est, il est vrai, un argument difficile à éluder. A l'abri de cet argument, la DST est, en réalité, seule maîtresse de la définition des stratégies qui sont les siennes, de la déontologie qu'elle croit bon d'adopter et de la légitimité des libertés qu'elle prend, dans un souci de défense patriotique ou dans d'autres, moins louables, avec la légalité et la tradition républicaine... »

La DST est mal aimée, d'autant qu'elle laisse des souvenirs critiquables dans l'esprit des nouveaux venus au gouvernement. L'une des affaires les plus célèbres est la pose des micros du *Canard enchaîné.* Les plombiers étaient des policiers de la DST, identifiés. Plus récemment, un homme est allé en prison grâce à la DST et libéré, en partie, grâce à la campagne reprise par les mouvements de gauche : Roger Delpey. Le 10 mai 1980, cet écrivain, ancien soldat d'Indochine, est interpellé par des policiers de la DST alors qu'il sort de l'ambassade de Libye. Il est accusé de déstabilisation de l'Afrique francophone. Depuis plusieurs mois il enquête sur le rôle de la France giscardienne en Centrafrique, les raisons d'un coup d'État organisé à Paris pour destituer l'empereur Jean Bedel Bokassa, remplacé par un gouvernement imposé par Valéry Giscard d'Estaing. Tout cela se passe sur fond de diamants, de cadeaux et entretiendra le caractère scandaleux de la campagne électorale de 1981. La DST n'a pas su rester neutre dans cette affaire. Roland Dumas, ami de François Mitterrand et futur ministre des Affaires étrangères, est le premier à dénoncer les agissements d'un sous-directeur de la DST, Jean Baklouti, et de son subordonné, Émile Casanova. Roger Delpey est libéré le 28 novembre 1980. Il sera plus tard reçu par François Mitterrand, alors président de la République et obtiendra un non-lieu. Autant de désaveux pour la DST, accusée de s'être acharnée sur lui afin de plaire au précédent président.

L'arrivée de la gauche ne correspond pas à une lune de miel entre ce service du contre-espionnage et le nouveau gouvernement. Il est question de destruction de dossiers sensibles, concernant, par exemple, les communistes, objectif principal et traditionnel de lutte de la DST. A l'époque, l'exemple a été donné par le locataire sortant de l'Élysée, un déménagement ou une fumée supplémentaire passaient relativement inaperçus. Aujourd'hui, il faut bien constater que les destructions ont été beaucoup moins nombreuses qu'on a bien voulu le dire. Il semble, d'après des policiers de ce service, qu'il s'est beaucoup plus agi de mise à l'abri d'archives sensibles dans une période où chacun pouvait se demander si le rose allait virer au rouge ou progressivement perdre de sa texture.

Toujours est-il que le gouvernement est confronté à un problème simple à énoncer, compliqué à résoudre : comment prendre en main des services qui lui échappent traditionnellement comme la DST? Paradoxalement, alors que certains chefs de service de la police changent, que le gouvernement met un homme à lui à la tête du SDECE, le patron de la DST reste en place. Marcel Chalet est un homme du sérail. Il est entré à la DST en 1946. Le père fondateur du service de contre-espionnage français, Roger Wybot, installait alors ses équipes issues, pour beaucoup de policiers, de la Résistance intérieure et du BCRA. Le jeune commissaire de police Marcel Chalet franchit tous les grades et les postes. Il fait partie de ce groupe d'hommes qui orientent complètement la lutte du service en direction de la Russie soviétique et de ses pays satellites. Lorsqu'il est nommé directeur général de la DST, en 1976, le service fait sa première reconversion. A l'objectif des pays de l'Est s'ajoute le Moyen-Orient, ferment du terrorisme. Il faudra encore plusieurs années pour que la DST fasse un effort particulier vers de nouveaux interlocuteurs venus d'Amérique latine.

Toujours est-il que Marcel Chalet est solidement en place à la tête de ce service et entouré de nombreux commissaires divisionnaires eux-mêmes entrés dans la « maison » au lendemain de la Seconde Guerre mondiale.

Deux extraits de *Libération*, le journal aimé par la nouvelle gauche, montrent l'état d'esprit de cette époque. Le 31 mai 1981, les journalistes précisent : « La participation éventuelle des communistes à un futur gouvernement a déjà provoqué des ondes de choc à la DST, et stimulé la disparition rapide de dossiers encombrants. » Le 23 septembre 1981, un article est titré : « La DST échappe encore totalement au contrôle du nouveau gouvernement. Au lendemain du 10 mai, le dossier Curiel a disparu, le dossier De Broglie a été détruit... »

La veille, dans *le Matin de Paris*, journal au socialisme alors hésitant, un article mettait en cause, sur une page, la DST. Un journaliste, Jacques Bacelon, révélait une vieille histoire, selon laquelle la DST avait téléguidé un attentat du FLB en Bretagne. Le journaliste explique comment la DST a facilité, dans la nuit du 12 au 13 avril 1972, le plasticage de la villa de l'entrepreneur Francis Bouygues près de Saint-Malo. Il raconte :

« Un droguiste de Rennes fréquente les milieux autonomistes. Sa ligne téléphonique est sur écoute. Ainsi les policiers de la DST apprennent qu'il a une maîtresse qui attend un enfant de lui. Émile Casanova (le policier de la DST) prend contact avec le droguiste dans un café de Rennes. Il se présente comme étant le commandant Dassier attaché au 2e Bureau. Il lui explique qu'il connaît la présence de sa maîtresse et lui demande s'il veut travailler pour ses services. La conversation est empreinte de menace, l'absence de collaboration pouvant bien entendu se traduire par une discrète mise en évidence de la vie privée du droguiste. Celui-ci refuse de participer à l'opération. Il est relancé et, finalement, cède. Le plan est simple : faire réaliser un attentat impopulaire par des membres du FLB. L'objectif et les moyens seront procurés par la DST... »

L'homme qui dirigeait les opérations au niveau de la DST est Jean Baklouti devenu l'un des adjoints de Marcel Chalet. En 1982 il est responsable de la deuxième sous-direction chargée de la subversion internationale. Il a déjà été mis en accusation par Roger Delpey. Le journaliste écrit dans son article que Jean Baklouti avait agi en accord avec Marcel Chalet. Les faits sont anciens mais mettent en cause les principaux dirigeants de la DST du moment. En tête de l'article, le journaliste précise encore : « Cette affaire pourrait déboucher sur une remise en ordre complète de la DST. Elle montre en effet que ce service a bien été utilisé par les gouvernements précédents pour des missions très spéciales. » Il y a toujours une part de naïveté dans l'esprit des journalistes qui travaillent sur le terrain. L'ensemble de la presse reprend l'affaire. Le premier politicien à réagir est Raymond Marcellin. Il n'est pas cité dans l'article mais, en 1972, il était ministre de l'Intérieur, responsable de la DST. Il est aussi président du conseil régional breton et ne peut guère ignorer ce papier qu'il qualifie de « stupide » et « imbécile »...

Gaston Defferre, toujours prêt à tirer les marrons du feu, est beaucoup plus modéré dans sa réaction. Interviewé au cours de l'émission *Face au public* à France-Inter, il déclare :

« ... Un ancien ministre de l'Intérieur, M. Marcellin pour l'appeler par son nom, a laissé supposer que l'actuel ministère de l'Intérieur et moi-même aurions joué un rôle dans tout cela. C'est absolument inexact, je l'ai appris comme vous par la presse, en lisant les journaux. Si j'avais découvert au ministère de l'Intérieur des choses de ce genre et si j'avais pu penser qu'un de mes prédécesseurs en était responsable, c'est à lui que je l'aurais dit et je ne me serais pas répandu sur la place publique... »

Il est vrai que le journaliste avait travaillé avec la plus grande discrétion, n'en parlant même pas à sa rédaction. Il avait recueilli des témoignages et attendu qu'un rapport soit adressé au ministère de l'Intérieur pour proposer l'article rédigé à son chef de service. Le jour même, la décision de diffuser l'information était prise.

Le 23 septembre, Gaston Defferre décide de faire entreprendre une enquête complète sur l'attentat imputé à la DST. Dans « le souci de faire toute la lumière », il confie l'enquête à un inspecteur général de l'administration en retraite, Jacques Saunier. L'avantage est que l'enquêteur, pour une fois, n'appartient pas à la police; l'inconvénient est qu'il se contentera d'entendre certains témoins policiers par téléphone, ceux-ci étant partis outre-mer, ce qui représentait des voyages particulièrement longs.

Devant l'Assemblée nationale, le ministre de l'Intérieur s'engage le 7 octobre 1981 à rendre l'enquête publique. Tout est rentré dans l'ordre. *Libération* titre encore le 2 novembre sur l'attentat Bouygues en précisant : « C'est un agent de la DST qui a fourni le détonateur. » Péripétie. Ce qui est beaucoup plus important est que Gaston Defferre n'est plus désarmé face à la DST et sa hiérarchie. Ne dit-on pas qu'il déclare, au cours d'une réunion avec les responsables de la DST : « Ce que vous avez fait auparavant, vous l'avez accompli sur ordre des gouvernements précédents. Aujourd'hui on repart à zéro. » Il fait même l'éloge de Marcel Chalet ajoutant à son égard : « Je ne regrette qu'une chose, c'est que vous ne soyez pas inscrit au parti socialiste! » Il n'est plus question d'archives brûlées ni même dissimulées.

Pour l'affaire bretonne, la DST a donné des explications. Marcel Chalet reconnaît avoir été averti de l'attentat mais, pour protéger son informateur, il a décidé de ne pas intervenir. Raymond Marcellin vante les qualités du service. Grâce à cette opération qui n'a rien de répréhensible, la DST a réussi à identifier les auteurs d'une vingtaine d'attentats en Bretagne, empêcher le développement du terrorisme breton.

La véritable discussion qui s'établit entre la DST et Gaston Defferre a pour objet la suppression d'une mini-cellule de lutte tous azimuts, antiterroriste, à la recherche d'informations sur les grandes affaires politico-judiciaires. Dirigée par Frédéric Laurent, elle est au service de l'un des nombreux hommes de l'ombre qui gravitent dans l'entourage de François Mitterrand, François de Grossouvre. La DST, mais aussi les Renseignements généraux et le SDECE, pour une fois d'accord, reprochent à Frédéric Laurent son passé de maoïste dans la bonne ville de Nice. Toutes les moustaches de France le situent comme un ami de la subversion et non un interlocuteur susceptible de sauver une démocratie qu'elles ne jugent pas en danger. Cette pierre dans le jardin de Grossouvre n'est pas faite pour déplaire à Gaston Defferre. Les révolutions de palais sont toujours de mode. Pour tout arranger, l'équipe de Frédéric Laurent ne s'illustre pas particulièrement dans des enquêtes extraordinaires. Aucun résultat n'est à mettre à son actif. Elle est sacrifiée sans peine.

Il sera une nouvelle fois question de l'affaire bretonne devant le Parlement. Un député demandant au ministre de l'Intérieur, le 27 avril 1982, s'il a l'intention de prendre des dispositions face « aux orientations pour le moins particulières de la DST », Gaston Defferre réplique :

« M. Saunier m'a remis son rapport, je l'ai lu, attentivement, je l'ai trouvé documenté, complet, objectif. Je suis donc en mesure d'apprécier le rôle joué par la DST dans la recherche d'actes de terrorisme en Bretagne et d'en tirer les conséquences. Étant donné que ce rapport traite de l'organisation et des méthodes de la DST, matières couvertes par la qualification Secret Défense, je ne puis le rendre public. En revanche, j'entends bien en livrer les conclusions à l'assemblée. Il est acquis que contrairement aux allégations de certains, la DST n'est pas à l'origine d'attentats imputés au FLB... »

Tout devient plus compliqué lorsque le ministre ajoute :

« ... la DST, pressée par le pouvoir précédent, a été

amenée à intervenir dans cette affaire de façon quelque peu anormale et imprudente. Anormale car la mission qui lui avait été confiée n'avait pas de rapport avec la lutte contre l'espionnage et le terrorisme international; imprudente car elle a retardé à l'extrême l'arrestation des coupables, même si le résultat obtenu peut en quelque sorte se justifier. J'estime, cependant, qu'il serait injuste de juger la DST sur une opération marginale portant à critique, et de faire supporter à son personnel les conséquences d'une déviation dont la responsabilité incombe au seul pouvoir politique... »

L'affaire est classée. Plus question d'y revenir. Et pourtant, le 15 novembre 1982, *Libération* titre : « La DST se lance dans les relations publiques. » Un haut responsable de la DST, que les journalistes Véronique Brocard et Pierre Mangetout ne citent pas, les a rencontrés pour faire le point sur les affaires. Ce policier est en fait M. Lacarrière, devenu depuis contrôleur général et directeur des Renseignements généraux à Paris et dont on parle comme futur patron de la DST. Ce haut fonctionnaire précise :

« Nous avons laissé faire parce que notre informateur était en danger de mort... C'est Raymond Marcellin qui nous l'avait demandé. Nous avions insisté à l'époque pour avoir un ordre écrit... »

Les journalistes de *Libération* ajoutent : « Nouveau : le contre-espionnage admet avoir outrepassé ses fonctions en couvrant une telle opération. »

Cette information ne sera jamais reprise dans *le Matin de Paris*. Claude Perdriel, directeur de ce journal, affirme devant Jacques Bacelon, qui est à l'origine des révélations, qu'il n'est pas question de revenir sur une affaire ancienne. Il faut dire qu'à l'époque il a tenté de licencier ce journaliste, ce qu'il fera effectivement l'année suivante sous un prétexte économique.

Entre-temps, il s'est passé beaucoup d'événements. Le Premier ministre Pierre Mauroy intervient personnellement pour permettre au juge d'instruction Guy Joly d'avoir accès au dossier d'Henri Curiel à la DST et au SDECE. Tiers-mondiste, Henri Curiel a été assassiné le 4 mai 1978. Les services spéciaux n'ont jamais nié posséder des dossiers au sujet de cette personnalité. Ses amis ont établi avec l'aide de certains magistrats que des écoutes avaient été installées au domicile d'Henri Curiel et chez certains de ses amis. L'homme politique était l'objet de surveillances très étroites. Le jour où il fut assassiné dans l'ascenseur de son immeuble, tout avait été minuté et tout laisse à penser que les meurtriers avaient la possibilité de suivre avec précision ses déplacements. Face aux doutes, aux interrogations, la famille d'Henri Curiel, ses amis se heurtent au Secret Défense, alors qu'ils veulent faire identifier des policiers venus pour installer des écoutes téléphoniques dans l'immeuble d'Henri Curiel. Le changement de gouvernement n'a pas modifié l'attitude des services de police.

Aussi la lettre du Premier ministre du 19 mars représente-t-elle une petite révolution. Celui-ci annonce au juge d'instruction que, en appliquant une certaine procédure, il va pouvoir avoir accès aux dossiers jusque-là jugés secrets. L'espoir sera de courte durée. Si le juge a effectivement pu accéder à certains dossiers, les pièces présentées lui sont apparues d'un intérêt très relatif.

A la fin de l'année 1982, le député communiste Louis Odru demandait une nouvelle fois que les services de police exécutent enfin les instructions. Le temps a passé, les ministres et les magistrats ont changé, la situation est encore et toujours la même, seuls quelques documents de moindre signification sont venus rejoindre le dossier d'instruction qui dort.

La nouvelle alerte qui va toucher la DST a pour décor l'attentat de la rue Marbeuf. Le 22 avril 1982, une bombe explose devant le siège parisien du journal *Al Watan Al Arabi*. Un mort, soixante-trois blessés. Rapidement, il apparaît que la DST suivait des diplomates syriens; accusés d'être à l'origine de ce meurtre, ils sont expulsés le lendemain de l'explosion. Deux de ces diplomates étaient l'objet de surveillances particulières : l'un d'eux est accusé d'avoir déjà déposé une bombe, désamorcée avant qu'elle n'explose, devant l'immeuble de la rue Marbeuf. Faute de surveillance ou faute politique, toujours est-il que Gaston Defferre est entendu par le juge d'instruction; il donne un minimum d'explication et se retranche derrière le Secret Défense. Cet attentat n'est que le premier d'une série qui endeuille la France pendant l'été 1982. Après l'attaque du restaurant de Jo Goldenberg, rue des Rosiers à Paris, le président Mitterrand annonce sa détermination et la création d'une cellule élyséenne de lutte contre le terrorisme. L'arrivée des gendarmes – de nouveaux interlocuteurs pour les autres services de police – permet d'entrer dans une nouvelle spirale de l'incohérence. Une vaste partie de poker-menteur s'engage entre les différents services de police. Le premier à tomber est aussi le plus imprudent, celui qui était en avant dans toutes les affaires, le capitaine Paul Barril. Il accusera plus tard la DST, entre autres services de police, de lui avoir donné des renseignements erronés, orientés, lors des réunions du bureau de liaison de lutte antiterroriste. Ainsi, il allait tout droit à la catastrophe, la DST et la Police judiciaire n'ayant qu'à pousser au bon moment pour provoquer sa chute.

Les bonnes relations avec le ministre de l'Intérieur Gaston Defferre permettent à la DST de faire feu de tout bois. Alors que les attentats endeuillent Paris, que les luttes intestines entre police et gendarmerie battent leur plein, la DST monte sa plus belle opération de désinformation vis-à-vis d'un pays étranger mal aimé.

Le dimanche 29 août 1982, Jean-François Bizot, directeur d'*Actuel,* reçoit un coup de téléphone de la secrétaire de François Mitterrand. Il faut qu'il téléphone d'urgence au Président à Latché. Le journaliste appelle, le Président lui annonce que le journal *le Matin de Paris* prépare un grand article sur le retour de Virgil Tanase, dont tout la presse avait annoncé l'enlèvement. Sa mort était tenue pour certaine. Une affaire peu banale, dont la DST tient les rênes depuis plusieurs mois, trouve un épilogue aussi romanesque qu'heureux.

Virgil Tanase, écrivain roumain, est réfugié en France. Il est ami avec des journalistes d'*Actuel* et, pendant l'hiver 1981-1982, fait paraître dans ce mensuel un article sur le président de la République roumaine « Ceaucescu Ier, roi communiste », dans lequel il le ridiculise. Les mœurs politiques de Nicolas Ceaucescu sont connues. Il n'est pas réputé pour sa clémence. Les mois se passent sans réaction du monarque roumain. Au mois d'avril, la DST convoque Virgil Tanase. Une histoire folle commence.

La DST surveille un nombre considérable d'étrangers qui séjournent en France. De temps en temps ce service leur demande de venir faire un brin de discussion dans l'une de ses salles équipées pour les causeries discrètes, dans un immeuble de la rue d'Argenson dans le 8ᵉ arrondissement de Paris. Immeuble bourgeois de la fin du XVIIIᵉ siècle, il a longtemps reçu tous les espions que les services français pouvaient détecter. A l'extérieur, rien ne le distingue des autres immeubles. Les gardiens de la paix qui contrôlent les entrées et sorties, qui remettent des badges, s'emmêlent dans les vrais et faux noms de nos agents spéciaux, le plus souvent connus par un pseudonyme, leur véritable nom étant devenu Secret Défense, sont derrière le porche, invisibles de l'extérieur.

Virgil Tanase arrive alors en ce lieu qui fait toujours un peu frissonner. Les policiers français lui apprennent que Ceaucescu a demandé à l'un de ses agents en France, M. Haiducu, de le tuer ainsi qu'un autre réfugié, Paul Goma. Cet agent est lieutenant-colonel du CSEI, le service de renseignement roumain, membre de l'ODB, l'Ordre De Bataille. Il travaille dans de grandes entreprises françaises et a reconnu qu'il envoyait des renseignements à son pays. Quelques jours auparavant, alors qu'il était discrètement surveillé par les Français, il avait eu une attitude particulièrement anormale. Lors de ses déplacements, il changeait de taxi, descendait d'un métro au moment où les portes se fermaient. Tout pour devenir un parfait suspect. Ce qui devait arriver arriva. Le Roumain, suspicieux, se retrouva convoqué rue d'Argenson. L'agent secret était ainsi couvert : il se rendait à une convocation des services français et ne semblait pas avoir eu l'initiative de ce déplacement. Au cours de l'entrevue, il révèle les ordres meurtriers qu'il a reçus et explique qu'il ne peut accepter une mission de tueur. De vérification en vérification, la DST acquiert la conviction qu'il ne s'agit pas de manipulation. Une grande mystification est décidée. Il s'agit de faire croire à la mort de Virgil Tanase et de Paul Goma.

La première réaction de Virgil Tanase est de prévenir ses

deux amis d'*Actuel*, Jean-François Bizot et l'ancien agent secret reconverti dans le journalisme, Luis Gonzales Mata. Tout est en attente, chacun prêt à intervenir en cas de besoin, lorsque, le 20 mai 1982, à la sortie de son domicile parisien, Virgil Tanase est enlevé. Sa femme, inquiète, sans nouvelles, téléphone à la DST. Le lendemain, en compagnie de deux policiers de ce service, elle signale la disparition de son mari au commissariat de son quartier. Elle est d'autant plus parfaite dans son rôle de femme inquiète qu'elle ne sait pas ce qu'est devenu son mari et qu'une grande comédie est en train de se jouer.

Du côté d'*Actuel*, on est aussi inquiet. Les deux amis de Tanase sont en voyage, la rédaction veut réagir pour secourir le dissident roumain.

Au mois d'avril, Luis Gonzales Mata et Jean-François Bizot, après la première confession de Virgil Tanase, avaient pris contact avec la DST. Ils voulaient des garanties pour leur ami. Leur but était de savoir auprès d'un sous-directeur de la DST, Désiré Parent, si le pouvoir politique, l'Élysée, était au courant des menaces et cautionnait une éventuelle mise en scène.

De retour en France, Luis Gonzales Mata rend visite à Mme Tanase, qui n'est plus affolée, et a un contact de la DST, Lacarrière. Cette fois il s'agit de rencontrer Marcel Chalet pour trouver un accord. Jean-François Bizot et Luis Gonzales Mata gardent le secret, mais ils veulent être informés du déroulement des opérations, avoir confirmation que le président Mitterrand est tenu au courant de la mise en scène depuis le premier jour. Ils obtiennent toutes les garanties et peuvent même discuter au téléphone avec Virgil Tanase.

Pour que la mystification soit complète, une tentative d'empoisonnement de Paul Goma est organisée. Au cours d'une réception, l'agent roumain lui met du poison dans son verre. Un policier de la DST prévenu du scénario est là pour bousculer Paul Goma et renverser le breuvage.

Le plus important se passe du côté de la Roumanie. Le lieutenant-colonel Haiducu est retourné dans son pays pour rendre compte. Il est décoré par Ceaucescu. Sa visite a un double but, permettre à son frère de quitter la Roumanie afin qu'il ne subisse pas de représailles lorsque la mystification sera éventée et tenter de faire déserter son officier supérieur, le général Pleiceta, patron des services roumains.

L'article révélant toute la mascarade paraît le lundi 30 août dans *le Matin*. La DST affirme que le général devait prendre l'avion pour la France le lendemain.

Aux yeux du service de contre-espionnage français, l'affaire apparaît comme un succès. Il a prouvé qu'il était capable de discrétion tout en travaillant en liaison directe avec l'Élysée. Plusieurs questions restent tout de même posées. La DST a-t-elle averti immédiatement l'Élysée dans cette affaire? Les premières déclarations de Mitterrand à ce sujet laissent plutôt penser le contraire. Les Roumains ont-ils été dupes? Il ne le semble pas. Comme lot de consolation, *Actuel*, qui a paru le lendemain du *Matin de Paris*, peut raconter l'histoire complète et organiser dans ses locaux une conférence de presse avec Virgil Tanase et le lieutenant-colonel roumain devenu M. Z... Les journalistes du *Matin* se sont concertés pour tenter de surprendre M. Z... à la sortie. Claude Perdriel a même prêté sa voiture et son chauffeur pour le filer. M. Z... prend le métro, entre par un couloir, sort par un autre. Il est récupéré par Luis Gonzales Mata qui l'attend au volant de sa voiture. Un photographe sur sa moto les suit. Dans un tunnel, sous la gare de Lyon, le motard est bloqué par une voiture en panne dont les occupants maladroits barrent toute la rue. Ce sont des policiers de la DST qui protègent la fuite de leur informateur.

Depuis, chacun a voulu voir un agent de la DST dans l'un ou l'autre des acteurs de cette vaste farce, née des outrances de Nicolas Ceaucescu, récupérée par un service qui réussit à faire ainsi annuler le troisième voyage d'un président de la République française en Roumanie.

L'affaire Tanase se traite alors que la succession à la direction de la DST est ouverte. Gaston Defferre soutient la hiérarchie de ce service devenu pour certains socialistes « le plus républicain de la police »!

En fait, une véritable lune de miel commence à la fin 1982 entre la DST et... l'Élysée. Les états d'âme de Marcel Chalet vis-à-vis d'un gouvernement socialiste avec participation de ministres communistes ont disparu. La raison : Mitterrand a réussi le tour de force de se montrer plus dur que Giscard vis-à-vis de Moscou. Les positions du président de la République sur la Pologne, l'Afghanistan, l'implantation des missiles SS-20 et Cruise en Europe par les Américains en témoignent. La DST a montré son efficacité au président. Cette efficacité se cache derrière un dossier ultra-secret, dont François Mitterrand prend connaissance depuis juin 1981 : le dossier « Farewell ». « Farewell », c'est le nom de code d'un très haut responsable du KGB, qui est devenu l'un des espions les plus extraordinaires de l'après-guerre sous la houlette du commissaire divisionnaire Raymond Nart de la DST.

Une centaine d'espions du KGB, spécialisés dans les domaines scientifiques et technologiques, sont neutralisés grâce à « Farewell » dans le monde entier. Mais les services secrets soviétiques finissent par se poser des questions. Fin 1982, « Farewell » est identifié par ses collègues, interrogé et exécuté d'une balle dans la nuque au fond d'une cellule de la sinistre Loubianka, le siège du KGB à Moscou. Il faut dire que ce super espion n'y allait pas de main morte : il transmettait à la DST des photocopies de documents ultra-confidentiels auxquels seuls quelques-uns de ses collègues avaient accès. Il était dès lors condamné à se faire repérer un jour ou l'autre. Le commissaire Nart avait « retourné » dans les années 60 ce diplomate francophile, alors en poste à Paris. Patiemment, le policier français avait attendu que cette taupe monte aux échelons supérieurs de la hiérarchie du KGB. Ce sera chose faite dans les années 80. Malheureusement, le commissaire qui a reçu la Légion d'honneur pour l'affaire « Farewell » n'avait prévu aucune « exfiltration » de son espion vers la France.

Aujourd'hui, le commissaire Nart est considéré, à l'âge de quarante-huit ans, par les services spéciaux américain et anglais comme l'un des meilleurs spécialistes mondiaux du KGB. Le président Mitterrand a pu, lui, montrer, grâce à ce dossier, aux Américains et aux Anglais qu'il luttait bien contre l'expansionnisme soviétique dans le monde malgré la présence de ministres communistes dans son gouvernement. Et la DST, grâce à « Farewell », devient plus que jamais un État dans l'État.

Le 7 novembre 1982, Marcel Chalet a soixante ans. Il est atteint par la limite d'âge, à moins d'être nommé, par décret du président de la République, inspecteur général de l'administration. L'âge de sa retraite est alors reporté à soixante-cinq ans, il peut être maintenu à la tête de la DST pendant cinq ans. Cette formule présente certains avantages. Les directeurs adjoints ont sensiblement le même âge que Marcel Chalet. Si l'un d'eux vient à lui succéder, ce ne peut être que pour quelques mois, une année au mieux. Les autres commissaires « maison » sont jugés trop jeunes. Il faut alors faire venir quelqu'un de l'extérieur, au pis de l'industrie, au mieux de la préfectorale ou de la police. De toute façon un étranger. La tradition a longtemps voulu que ce soit un préfet.

Gaston Defferre et Marcel Chalet entretiennent les meilleures relations. Il est évident que le ministre de l'Intérieur tente de garder le seul directeur de service qu'il n'ait pas encore changé. Par décret du 9 novembre, l'Élysée nomme Marcel Chalet inspecteur général de l'administration, mais aussi un nouveau patron de la DST : Yves Bonnet était préfet de Mayotte, rien ne le prédisposait à cette nouvelle fonction.

Pour la première fois depuis sa création, la DST connaît aussi officiellement ses attributions définies par un décret. Elle « a compétence pour rechercher et prévenir sur le territoire de la République française les activités inspirées, engagées ou soutenues par des puissances étrangères et de nature à menacer la sécurité du pays, et plus généralement pour lutter contre ces agissements ». Cela exclut, entre autres, la lutte contre le FLB!

La DST remporte apparemment son grand succès technique et politique le 5 avril 1983 avec l'expulsion de 47 diplomates soviétiques. L'activité du service a toujours été orientée vers les pays de l'Est et en particulier l'URSS. En 1980, le service est particulièrement sensibilisé par l'arrestation, à Marseille, d'un diplomate soviétique, Guenadi Travkov, qui a rang de consul dans la capitale phocéenne. Travkov est arrêté au mois de février, porteur de documents concernant le Mirage 2 000, dernier-né de l'aviation française, et d'éléments sur le Mirage 4 000, alors toujours à l'étude. Guenadi

Travkov est considéré comme un adjoint direct de Tchetverikov, premier secrétaire de l'ambassade d'URSS à Paris, soupçonné par la DST d'être le responsable du KGB pour la France. Les Soviétiques dénoncent la provocation lors de l'arrestation de Guenadi Travkov tandis que celui-ci regagne son pays par le premier avion.

A partir de cet instant naît dans l'esprit des services français la nécessité de renforcer les surveillances concernant les diplomates soviétiques. Il est évident que les technologies avancées de l'Ouest, y compris de la France, intéressent de plus en plus les pays de l'Est. Pour eux, chaque renseignement recueilli permet d'économiser des sommes considérables dans la recherche, du temps, et aussi d'orienter l'évolution des techniques en fonction des progrès des voisins et ennemis potentiels.

Les services français rédigent alors un dossier faisant état de fuites comprenant 156 échantillons et 3 896 documents ayant aidé « à des mises au point au niveau technique plus élevé dans un délai plus court ». L'exemple d'apport de renseignements ayant aidé à la réalisation de l'avion de chasse Sukoï 25 est évoqué.

Alors que les services français sont en alerte, ils constatent que la délégation soviétique est de plus en plus importante. Dans les années 70, ils étaient 200 pour l'ambassade de France. En 1980, la DST estime qu'ils sont 520 dont 180 membres des services spéciaux, parmi lesquels 130 pour le KGB et une cinquantaine au GRU, la branche militaire du renseignement.

D'année en année, la situation s'est aggravée. Les agents de la DST qui suivent régulièrement les membres de l'ambassade constatent qu'ils prennent de moins en moins de précautions, se considérant un peu en terrain conquis. Les policiers assistent à des rencontres, des prises de contact que les diplomates font à bord des voitures de l'ambassade. Ils utilisent régulièrement les mêmes cabines téléphoniques, ce qui permet l'installation d'écoutes et des enregistrements. Des photos confirment l'importance des réseaux et vont étayer les accusations.

C'est avec un dossier indiscutable que les responsables de la DST, pour une fois main dans la main avec leurs homologues de la DGSE, rendent visite à François Mitterrand. La décision d'expulser massivement les diplomates soviétiques est prise immédiatement par le président de la République. Une opération de ce type doit être rondement menée. Il faut que l'expulsion des diplomates et de leurs familles soit quasi immédiate pour éviter de leur donner le temps de prendre un dernier contact avec leurs informateurs, et de transmettre des consignes.

Ces informateurs sont choisis parmi des personnalités. Le travail de la DST consistera dans les semaines qui suivent à leur rendre visite pour couper définitivement le cordon. Contrairement à ce qui a été annoncé, ces personnalités n'ont pas fait l'objet de poursuites. Simplement, l'hémorragie de renseignements a été momentanément enrayée. Toute autre méthode est porteuse d'une perte sèche. Les services français ayant identifié les espions soviétiques ont tout intérêt à les laisser circuler pour mieux les contrer, les désinformer au besoin, sauf si ceux-ci sont devenus trop efficaces, ce qui était le cas en ce début d'année 1983.

Le succès est total pour le contre-espionnage français. Sur le plan politique, réaliser de telles expulsions sous un gouvernement de gauche avec des ministres communistes tient de la gageure.

Mais, sur le plan pratique, ces 47 expulsions deviennent vite un véritable cauchemar pour la DST. En effet, ce service de contre-espionnage avait non seulement demandé au président de la République que ces « diplomates » soient expulsés mais également qu'ils ne soient pas remplacés par d'autres de leurs collègues. En clair, les effectifs diplomatiques des Soviétiques en France devaient diminuer de 47 personnes. Sinon, avait beau jeu d'arguer la DST, tout le travail était à refaire. C'est ce qui est arrivé en réalité. En effet, le Quai d'Orsay, en guerre perpétuelle avec la DST quel que soit le régime, s'est violemment opposé à ce que ces diplomates-espions ne soient pas remplacés : « Ces Soviétiques sont des salauds, des ordures, OK, mais on ne va pas se lancer dans une guerre pour ça : ce qui importe, c'est de garder de bons contacts avec Moscou. »

Ce discours du Quai a sensibilisé François Mitterrand qui a opté pour la solution préconisée par le Quai d'Orsay.

Quant aux Soviétiques, ils se frottent les mains. C'est tout bénéfice pour eux. Leurs agents étaient grillés. La DST leur a gentiment indiqué ceux qu'il fallait remplacer! Le travail de « Farewell » était réduit à néant.

Deux affaires marquent la neutralisation en France du terrorisme. La première est l'arrestation des Arméniens auteurs, le 15 juillet 1983, de l'attentat d'Orly qui a fait huit morts. Cette fois la DST n'est pas à l'abri des reproches, de la suspicion, pour avoir arrêté les filatures quarante-huit heures avant l'attentat, alors que tous les éléments tendent à prouver qu'elle ne pouvait pas ignorer qu'un acte de violence était en cours de préparation.

En suivant une femme, les policiers arrêtent le 25 octobre 1984 Abdallah Georges Ibrahim, considéré comme le responsable des FARL pour l'Europe.

Le 6 août, les douaniers italiens avaient interpellé un voyageur du train Istanbul-Paris, Mohammed Abdul Abdullah el Mansouri. Il s'est fait remarquer en se querellant avec un autre passager. Les douaniers fouillent les bagages d'El Mansouri et découvrent sept kilos de Semtex, un plastic couramment utilisé au cours des attentats terroristes. Le jeune homme était accompagné, peu avant son arrestation, d'une amie, Daar Fehrial. Le SID, service de contre-espionnage italien, alerte la DST. Daar Fehrial est à Paris, les policiers la suivent comme son ombre. « Curieusement », elle ne sera jamais arrêtée. D'un déplacement à un autre, elle les mène auprès des différents membres des FARL en France, de nombreuses femmes, puis à Abdallah Georges Ibrahim. Comme le célèbre Carlos, celui-ci utilise un réseau de femmes pour transporter le matériel terroriste, servir de couverture, et éventuellement commettre des actes criminels. Les policiers ne se rendront pas immédiatement compte de l'importance de leur prise. Libanais de trente et un ans, Abdallah Georges Ibrahim est seulement porteur de deux passeports dont un maltais manifestement faux. Il est aussi originaire du même village, Koubeyat dans la plaine du Akkar, que Joséphine Abdo Sarkis.

Cette jeune femme est soupçonnée d'être l'auteur du meurtre d'un diplomate israélien en poste à Paris, le 3 avril 1982, Yakov Barsimentov. Cette fois-ci la DST alerte les services italiens, Joséphine Abdo Sarkis est arrêtée à Ostie.

De recoupement en recoupement, les policiers français établissent le rôle primordial joué par Abdallah Georges Ibrahim, accusé d'être l'auteur de nombreux attentats à Beyrouth. Une arme est découverte dans l'une de ses planques. Elle a servi à tuer le diplomate Yalov Barsimantov. Depuis, l'inculpation de « faux et usage de faux documents administratifs » a laissé la place à celle « d'association de malfaiteurs ».

Le plus important est que le réseau des FARL, la force du PNSS (Parti national socialiste syrien), organisme libanais partisan de la Grande Syrie et manipulé par les Syriens, est brisé. Les FARL ont revendiqué un grand nombre d'exécutions en France, essentiellement des chargés d'affaires ou diplomates américains ou israéliens.

Cette affaire Ibrahim illustre de manière flagrante à quoi peut mener la guerre des polices au sein du BLAT (Bureau de Liaison antiterroriste). Le BLAT qui se réunit une fois par semaine au ministère de l'Intérieur ne sert à rien. Depuis le début de son fonctionnement, les différents services de police qui y participent sont obsédés par une seule chose : ne pas communiquer d'information à leur voisin qui serait capable d'exploiter l'affaire en question pour son propre compte sans avertir qui que ce soit. La DGSE, la DST et la cellule antiterroriste de l'Élysée, supervisée par le préfet Gilles Ménage qui est tout sauf socialiste, desserrent à peine les dents lors de ces réunions. Seuls les représentants de la Police judiciaire et des Renseignements généraux se font piéger régulièrement en donnant des informations qui seront utilisées par l'un des autres services. Ces gaffes donnent ainsi un peu de sel et une raison d'être à ces réunions bidons.

Mais, deux jours après l'arrestation d'Ibrahim, la DST se fait piéger involontairement et sans s'en rendre compte lors d'une réunion du BLAT. En fait, sur les indications fournies par ce service, le représentant du ministère de la Justice annonce que le chef militaire des FARL, Georges Ibrahim, a été emprisonné à Lyon après avoir été arrêté par la DST. Le représentant de la cellule antiterroriste de l'Élysée, le lieutenant-colonel Esquivier, « balance » immédiatement le tuyau au capitaine Morel, chef de la section de recherches de la gendarmerie de Versailles. Celui-ci est en possession d'une commission rogatoire du juge Pometan, du tribunal de Nanterre, pour rechercher l'assassin de Yacov Barsimentov. Or cet attentat a été revendiqué par les FARL, terrorisme d'Etat téléguidé de Damas. La boucle est bouclée.

Aussi le capitaine Morel se rend-il à Lyon pour entendre Ibrahim dans sa cellule. Puis, le gendarme se rend à Koubeyat, sous contrôle syrien au Liban, pour y interroger les parents et proches d'Ibrahim. Dans ce gros village de 5 000 habitants, cette visite fait mauvais effet. Des gens se persuadent que le capitaine est venu là pour s'occuper de la libération du fils de l'écrivain Gilles Perrault, détenu à cette époque dans cette région. La DST a vent de l'affaire, s'énerve, et fait intervenir l'Élysée. Finalement, le juge d'instruction Pometan est dessaisi du dossier Barsimentov qui est confié à un magistrat parisien et à la DST. Le fils de Gilles Perrault a eu chaud...

Accusé d'avoir trop fait de « publicité » à l'expulsion des 47 soviétiques, Yves Bonnet a dû laisser la place en 1984 à un autre préfet, Rémy Pautrat, à la tête de la DST. Cela ne laisse pas les policiers totalement indifférents. En effet, Pautrat était membre du cabinet de Cheysson jusqu'en 1983. Si Pierre Joxe avait voulu braquer la DST, il ne s'y serait pas pris autrement. A la DST on n'aime toujours pas le « Quai », et surtout on n'oublie pas l' « expulsion » des 47 Soviétiques. Depuis le départ de Marcel Chalet, la vieille garde est partie peu à peu à la retraite. Entre l'instabilité gouvernementale, l'annonce d'un changement politique et l'arrestation des époux Turenge en Nouvelle-Zélande, il n'est pas question de faire de l'excès de zèle. Personne ne veut plus se « mouiller » dans des opérations clandestines. Les mêmes policiers reconnaissent que cela peut poser des problèmes dans un service comme le leur, où il est difficile de faire du renseignement en gardant toujours les mains blanches.

Au mois d'août 1985, la DST a quitté ses bureaux de la rue d'Argenson et ses salles de conversation. Les locaux disséminés dans tout Paris et au 13 rue des Saussaies, où se situaient les geôles, ont été regroupés dans un immeuble, derrière le front de Seine, rue Nélaton. Elle partage une bâtisse moderne de seize étages avec les services techniques de la police, ceux du personnel. Deux mille personnes au total. Auparavant, l'immeuble était loué par Elf-Aquitaine qui avait bien de la peine à y loger mille deux cents employés...

La DST ne fait que passer à cette nouvelle adresse. N'est-il pas déjà question d'un nouveau déménagement rue Beaujon sur l'emplacement du cente de tri de manifestants et de sinistre réputation. La DST est aujourd'hui en pleine mutation. Forte d'une cinquantaine de personnes et dirigée par le commissaire Claire, la section antiterroriste a vu ses effectifs quintupler en deux ans! Pourtant, ces « gens » ne s'occupent pour ainsi dire pas d'Action directe. Eux, leur spécialité, c'est le Proche-Orient. Ils prétendent y avoir implanté des agents, notamment au Liban. La mode est beaucoup plus à la recherche de la solution du futur. Les rapports de la direction de la DST se multiplient. Un vieux projet est actuellement discuté, la fusion du service avec la DGSE. Ce rattachement a de fermes partisans. Ne parle-t-on pas d'un projet en ce sens de la part du RPR qui se voit à nouveau au pouvoir? Ce parti politique s'est adjoint l'un des anciens patrons de la police, Robert Pandraud. Dans son équipe, on trouve Marcel Chalet. Plus que jamais, il est question de créer une amicale des anciens de la DST, composée de tous ces commissaires, directeurs adjoints qui ont quitté récemment le contre-espionnage français.

A l'intérieur même du service, il est aussi de plus en plus question d'une évolution des méthodes. La lutte traditionnelle contre l'espionnage fait place à l'observation des délégations étrangères et en particulier soviétiques. Les pays de l'Est ont aussi évolué. Ils ont compris que nous étions entrés dans l'ère de l'échange et, tout comme les Japonais, ils viennent maintenant en délégation visiter les réalisations de la France, glanant tout ce qui peut être récupéré. Les espions n'ont même plus besoin d'être diplomates.

Et surtout, en janvier 1986, la DST attend avec impatience les élections de mars. En effet, le ministre de l'Intérieur et de la Décentralisation, Pierre Joxe, pousse le bouchon un peu loin aux yeux des policiers de la rue Nélaton. Lorsqu'il est mis au courant d'une affaire délicate ou grave, il exige de connaître l'origine de la source de la DST. C'est la révolution. Jamais un ministre de l'Intérieur n'a eu un tel culot! Pris en flagrant délit, l'ancien directeur Bonnet a été obligé de « passer à table » : il ignore systématiquement l'origine de ses informations. Mieux, il n'a jamais cherché à savoir. Moins on en sait, mieux on se porte... C'est la règle d'or de ce service qui peut ainsi être un véritable État dans l'État.

Joxe, lui, ne veut rien savoir. La lune de miel de la DST avec les socialistes l'inquiète car il panique à l'idée de ne pas pouvoir contrôler réellement l'activité de ce service. Joxe a « viré » Bonnet pour cette raison. Et non pas seulement parce que deux ans après l'expulsion des Soviétiques, la DST a donné des dossiers à ce sujet à des journalistes. Deux jours avant la réunion de la grande commission franco-soviétique qui devait faire diminuer le déficit de la balance commerciale entre les deux pays. Tentative qui s'est ainsi soldée par un échec total. La balance commerciale reste en faveur des Soviétiques. La DST a montré à cette occasion qu'elle faisait sa propre politique échappant totalement au gouvernement. Joxe sait très bien qu'il s'attaque à plus fort que lui, mais il a au moins eu le mérite d'essayer, contrairement à tous ses prédécesseurs. La jeunesse...

LES IRLANDAIS DE VINCENNES OU « LE PIÈGE »

– Salut Christian, ici c'est Paul. C'est bonnard pour les Irlandais. J'ai tout, on peut les « sauter » ce soir.

– OK. Tu les a logés comment?

– C'est mes copains des SAS qui m'ont donné l'adresse... 82, rue Diderot à Vincennes dans le Val-de-Marne.

– T'as déjà fait une vérif?

– Non, non. Mais je pense débarquer là-bas en début d'après-midi et planquer. T'es toujours d'accord pour sauter ces deux terroristes de l'IRA?

– Pas de problème. Mais faut que j'appelle Charles au ministère pour avoir le feu vert. Avec les rapports de la DST sur ces trois lascars, ça doit rouler très vite. Je te rappelle avant 13 heures. Oublie pas de mettre Jean-Michel dans le coup à la section de recherches. On a besoin de lui. Salut.

Samedi 28 août 1982. Le chef de la cellule antiterroriste de l'Elysée, le commandant Christian Prouteau, coupe la communication. François Mitterrand a créé cette cellule onze jours auparavant à la suite des attentats massacres de l'été. L'officier de gendarmerie redécroche son téléphone pour obtenir l'aval de son ministre, Charles Hernu. Sauter les deux terroristes irlandais? Hernu est d'accord : l'opération tombe à pic pour démontrer l'efficacité de la gendarmerie face à la police et aux services spéciaux. Mais le ministre rappelle à son interlocuteur que seul l'Elysée peut donner le feu vert. Pas lui.

Le « piège » va se refermer sur le « château ».

Charles Hernu décroche son « régis [1] » et appelle Jean-Louis Bianco, le chargé de mission de permanence à l'Élysée durant le week-end. En toute bonne foi, le ministre de la Défense assure au conseiller du président que Paul Barril et Christian Prouteau ont repéré trois superterroristes de l'IRA à Vincennes. Selon les renseignements glanés par la cellule antiterroriste, ces deux hommes seraient liés à l'attentat de la rue des Rosiers. Et on devrait découvrir à leur domicile un important stock d'armes. Méfiant – c'est trop beau pour être vrai –, Jean-Louis Bianco téléphone à droite et à gauche pour tenter de recouper ces informations avant de donner son feu vert à l'arrestation.

Le « piège » se referme sur l'Élysée.

DST, RG et DGSE lui chantent la même chanson. Une chanson dont ces trois services avaient soigneusement appris les paroles par cœur. Les deux terroristes irlandais Michael Plunkett et Stephen King sont des gros poissons du terrorisme international. Il faut les « serrer » le plus vite possible. Le complot est imparable. Indécelable. Inimaginable sauf pour ceux qui ont l'habitude de pratiquer les services de police et les services spéciaux. Ce qui n'est pas le cas de Jean-Louis Bianco qui ne se pose pas la question évidente. Comment un organisme de lutte antiterroriste, créé depuis onze jours peut-il damer le pion à des services spécialisés travaillant dans ce domaine fort délicat depuis plusieurs dizaines d'années? Simple question de bon sens... Peu après ce tour de table en forme de conspiration Jean-Louis Bianco donne son feu vert à Christian Prouteau, le chef de la cellule antiterroriste.

Le « piège » est presque fermé.

Mu par un sixième sens, le chef d'escadron de gendarme-

1. Téléphone interministériel.

rie Prouteau, confident du président François Mitterrand pour toutes les affaires de sécurité étant donné la légendaire méfiance de celui-ci pour les services de police, décroche son téléphone. Il appelle plusieurs spécialistes de la « piscine » (les services spéciaux français) chargés notamment de la lutte antiterroriste. Même son de cloche. Le complot tient la route. Prouteau appelle alors Barril, qui piaffe d'impatience, pour lui donner le feu vert de l'Élysée. Tout le monde il est content. Barril, Prouteau, Hernu et Bianco. La belle affaire de terrorisme. La cellule va l'avoir le jour même. Il suffit d'attendre quelques heures...

Le « piège » est maintenant incontournable. L'Élysée et le président de la République sont coincés. Deux ans plus tard, la cellule sera supprimée.

Plus c'est gros, plus ça passe. Plusieurs chefs des services de police français et de la « Piscine » ont mis en place ce piège rudimentaire en quelques jours. La raison : ridiculiser la cellule antiterroriste dès sa création. Pourquoi? Certains veulent se venger de la chasse aux sorcières organisée au sein de la police. D'autres se vengent également du limogeage de 20 agents de la DGSE depuis l'arrivée de la gauche au pouvoir. De plus, ces derniers comploteurs se plaignent du fait que les services de renseignement et de police occidentaux leur donnent de moins en moins d'informations en raison de la présence de ministres communistes au gouvernement. Les mêmes sont persuadés que si la cellule antiterroriste prend de l'importance, les services alliés ne leur donneront plus un seul renseignement. Ces services alliés, contactés, arguent déjà du fait qu'ils ne pourront absolument pas contrôler l'utilisation de leurs tuyaux par la cellule. Pour eux et leurs collègues français, il faut donc la tuer dans l'œuf.

Les comploteurs ne vont pas chercher midi à quatorze heures. L'affaire est structurée en fonction de la personnalité discutée de Barril qui a d'excellents contacts avec les SAS (Special Air Service), branche Action des services spéciaux britanniques. Ces derniers sont mis dans le coup. Il faut imaginer un stratagème un tant soit peu cohérent, mais qui ridiculise à coup sûr la cellule. Les deux Irlandais de Vincennes sont choisis comme chèvres. Un choix assez comique : l'un des deux « terroristes » est un agent de l'Intelligence Service tout spécialement chargé d'infiltrer les filières d'armes de l'IRA.

Dans la soirée du 28 août 1982, Barril et ses hommes se précipitent à Vincennes où ils arrêtent les deux terroristes en compagnie d'une jeune femme et de son petit garçon âgé de dix ans. Une liaison radio permanente est établie entre Barril et le commandant Prouteau à l'Élysée. Malgré ou grâce à cette précaution, l'affaire dérape très vite. Impatient de faire mousser la cellule antiterroriste, Jean-Louis Bianco fait parvenir à l'AFP un communiqué de l'Élysée avant de connaître les résultats complets de la perquisition.

A 20 h 40, l'Agence France-Presse diffuse la dépêche suivante : « Deux arrestations importantes ont été opérées en France dans les milieux du terrorisme international, apprend-on samedi soir à la présidence de la République. Des armes et des explosifs ont également été saisis, précise-t-on de même source. Afin de poursuivre l'enquête dans de meilleures conditions, les informations complémentaires ne seront diffusées qu'ultérieurement. »

Le « piège à cons » s'est perfectionné.

En effet, à 20 h 40, Barril n'a toujours trouvé qu'une seule arme dans l'appartement des Irlandais à Vincennes. Celle de Michael Plunkett, un pistolet tchèque de marque VZOR. Pour « coller » au communiqué de l'Élysée, Barril amène sur place deux pistolets et un explosif. Ce dernier et un des deux pistolets, des Herstal GP-35, sont découverts par deux gendarmes de la brigade des recherches de la gendarmerie de Vincennes. Le supergendarme les a « choisis » pour égarer les soupçons. Ce subterfuge va placer les gendarmes de Vincennes en première ligne dans cette affaire, où ils seront seuls face à l'Élysée, donc à la raison d'État. Ces Vincennois savent que « l'affaire » a été montée de toutes pièces. Pris dans le « piège à cons », les hommes de l'Élysée vont tout utiliser pour les faire taire. Le sordide s'y dispute avec la bêtise des hauts personnages de l'État. Cela vaut d'être conté. C'est une histoire cocasse.

« Votre collègue, le gendarme Alain Duchauffour, c'est

mon mac et je viens déposer plainte entre vos mains, car il m'a séquestrée et violée au début du mois dans une chambre du bar-hôtel *le Château.* »

Le gendarme Pierre Vitrac, un costaud de vingt-six ans, s'arrête de taper à la machine, croise les bras sur sa chemise et regarde fixement la plaignante pour voir si elle ne se moque pas de lui. Il croyait bien la connaître, Isabelle Cazoulat, une sorte de Fanny Cottençon, en plus mince et plus petite, qui, avec son éternel boa gris autour du cou et sa robe de cuir, tapine depuis deux ans et demi là, juste sur le trottoir face à la compagnie de gendarmerie de Vincennes, à quelques dizaines de mètres du Bois. Il est vrai que cette jeune femme arpente le bitume gendarmique en pays de connaissance... Son père, le colonel André Cazoulat, est l'un des chefs du groupement de gendarmerie mobile installé à Arcueil. Ce qui n'a nullement empêché les gendarmes de Vincennes, en deux ans, de lui « coller » dix-sept procès-verbaux pour « attitude de nature à provoquer la débauche ». Coût total de ces PV : 20 400 francs.

Elle n'en a pas, bien sûr, payé un seul franc. De même elle s'est toujours refusée à donner le nom de son souteneur que les gendarmes n'ont jamais réussi à identifier. Et tout à coup, sans crier gare, sans qu'on le lui demande, ce jeudi 14 avril 1983, vers 16 heures, elle dénonce le chef de la brigade de Joinville-le-Pont, qui dépend de Vincennes, comme étant ce mystérieux « mac ». La prostituée de bonne famille se méprend alors sur l'attitude de Vitrac. Aussi, elle lui propose, en matière de cadeau, une rapide étreinte sur un coin de bureau de la brigade de Vincennes, histoire de se mettre en train pour finir de rédiger sa plainte. Vitrac se fâche, lui ordonne de continuer sa déposition et se remet à taper tout en se remémorant qu'Isabelle Cazoulat avait téléphoné à la brigade le 6 avril pour signaler « qu'elle avait été séquestrée et violée par son mac ». Le planton lui avait dit de passer à la gendarmerie, ce qu'elle n'a fait que huit jours plus tard.

Au bout d'une heure d'efforts, Vitrac demande à la prostituée de signer sa déposition qui tient sur une seule feuille dactylographiée. Mais, subitement, elle refuse. Le gendarme se fâche à nouveau : « Tu m'emmerdes, si tu ne veux pas signer, t'as qu'à aller voir les flics. Moi j'en ai marre, je vais voir le commandant Pineau. Il décidera. » Et il claque la porte du bureau. Isabelle Cazoulat et les autres prostituées du bois de Vincennes, et des alentours, ont un peu peur de Pineau. Elles n'oublient pas que depuis son arrivée à la tête de la compagnie de Vincennes, le 1er août 1980, cet officier de cinquante-deux ans a fait mettre une cinquantaine de proxénètes en prison et rédigé un millier de PV à l'encontre des filles du Bois. Par ailleurs, il a interdit l'entrée des brigades qu'il contrôle à une multitude « d'informateurs », faisant parfois l'objet de mandats d'arrêt et toujours pourvus de casiers judiciaires en accordéon. Fini le temps des « ripoux ».

Flanqué de Vitrac qui paraît s'être calmé, le commandant arrive quelques minutes plus tard, l'air très aimable. Trapu, l'œil pétillant de malice au milieu d'un visage carré de baroudeur, le rire rabelaisien et le verbe haut, l'officier demande à la jeune femme de renouveler son accusation. Ce qu'elle fait sans difficulté. Pineau lui propose un café, puisé à la machine installée dans le bureau attenant. Isabelle Cazoulat accepte, puis doit répondre aux questions précises que l'officier lui pose.

Fixant des yeux un jeu de photos représentant les gendarmes de la brigade de Joinville-le-Pont, elle se révèle incapable de reconnaître Alain Duchauffour. La jeune toxicomane se révèle tout aussi incapable de décrire l'intérieur de la chambre, « où elle a été violée et séquestrée ».

Pressée de questions par Vitrac et son supérieur, elle avoue qu'elle a inventé toutes ses déclarations sur les instructions de Lucien Campo afin de « discréditer la compagnie de gendarmerie de Vincennes ». Lucien Campo, lui aussi fils de gendarme, fait partie de ces repris de justice qui se sont vu interdire, le 31 mars 1983, soit une quinzaine de jours plus tôt, l'accès à toutes brigades de gendarmerie de la compagnie de Vincennes. Condamné à six mois de prison seulement – pour sa participation avec le gang des égoutiers au casse de la Société générale de la rue de Sèvres à Paris le 28 août 1979 – cet indicateur de police s'est fait ainsi exclure de la compagnie de Vincennes par le commandant Pineau qui a décidé de le rayer de la liste des « balances ».

Tête de linotte, gamine perdue dans un monde qui la tient en lui promettant les rêves d'un paradis très artificiel, Isabelle Cazoulat ignore quelles raisons peuvent pousser Campo à faire tomber dans un piège les gendarmes de Vincennes. Pineau s'interroge. Il sait que ce petit voyou a de solides protections, une couverture « grande comme un autobus ». Le gendarme sait que Campo informe aussi le commisssaire Devos, chef de la BRB mais aussi le commandant Beau, patron de la section de recherches de la gendarmerie d'Ile-de-France. Pineau sait que cet homme est le plus pourri des indics et qu'à la compagnie de Vincennes, quand il y mettait encore les pieds, c'était tout autant pour « monter des embrouilles » que pour véritablement aider les enquêteurs en képi dans leur travail de policiers. En fait, il est l'œil de la police et du milieu greffé au cœur de sa compagnie...

Une affaire à laquelle Campo était mêlée reste dans la mémoire de Pineau comme un coup tordu. Sur les indications de l'indic, Pineau avait obtenu d'un juge la mise sur écoute téléphonique d'un café de Saint-Mandé. Cette « grande oreille » permettrait l'identification des sept principaux organisateurs d'un trafic d'armes. Il s'agissait d'écouler un lot volé de 3 000 pistolets GP 35 Herstal provenant de Belgique.

Durant toute l'affaire, Campo – qui était à l'origine du tuyau – venait s'informer auprès des gendarmes de Vincennes « de l'évolution de l'enquête ». En fait, Campo, jouant au moins double jeu, renseignait ses amis marchands d'armes des menaces qui planaient sur leurs têtes. C'est le moyen pour le voyou d'être bien avec tout le monde : gendarmes et voleurs.

Ainsi, au cours de leurs investigations, les enquêteurs eurent la surprise, lors de chaque perquisition, d'arriver chez des gens qui, visiblement, s'attendaient à leur visite. L'un des suspects ira même jusqu'à révéler aux gendarmes que, la veille de leur arrivée, ils avaient été prévenus par un coup de téléphone anonyme.

Analysant l'étrange comportement d'Isabelle Cazoulat, Pineau comprend que Campo est l'instrument d'une sorte de complot qui voudrait venger certains gangsters victimes de la pugnacité des limiers de Vincennes. Mais comment Campo a-t-il pu donner ainsi ses instructions à Isabelle, la Belle du Bois? Pourquoi celui-ci l'a-t-il expédiée en mission en lui demandant de mettre en cause le gendarme Alain Duchauffour, subitement ravalé au rang de proxénète?

Interrogée, la prostituée explique qu'elle connaît Campo par le biais d'Édouard Bonnaire, un loueur de voitures de la rue de Paris, à Vincennes. C'est chez lui qu'elle va se mettre en « tenue de travail » avant d'aller au tapin. Et ce n'est pas un hasard si Bonnaire connaît très bien Alain Duchauffour. La boucle est bouclée.

– Vous savez, le major Durand, votre adjoint, est parfaitement au courant de ça, ajoute Isabelle Cazoulat qui joue les saintes nitouches, il m'attend avec Campo et vos collègues de la section de recherches de Paris-Minimes, c'est comme ça qu'on les appelle. Je crois. Ils sont tous au domicile de Bonnaire...

– Vous êtes sûre de ce que vous dites? coupe le commandant.

– Mais oui, absolument sûre... Et ils m'attendent pour que je leur confirme que j'ai bien balancé Duchauffour. C'est ce que je vais leur dire. Sinon, ça va craindre.

– Vous êtes marrante, vous refusez de signer votre déposition, vous portez des accusations très graves contre plusieurs gendarmes et je ne comprends toujours pas pourquoi vous nous faites toutes ces confidences.

– C'est simple. Je ne veux pas faire du mal au gendarme Duchauffour... Toute cette combine ne me plaît pas... D'après ce qu'ils m'ont dit, derrière tout ça, il y a le commandant Beau de la section de recherches et le commissaire Devos de... de la BRB. Oui c'est ça, la BRB. Mais surtout, moi, je ne vous ai rien dit, sinon je ne sais pas ce que je vais devenir avec ces dingues...

Finalement la prostituée accepte de signer une déposition où, cette fois, elle désigne un mystérieux Alain Giraud (téléphone 808-57-46) comme étant son protecteur, alors qu'il ne s'agit que d'un simple ami. Elle pourra donc affirmer au comité d'accueil qui l'attend à sa sortie de la caserne qu'elle a bien balancé Alain. Le chef Vitrac garde la première déposition au creux de sa poche et Isabelle

Cazoulat quitte la brigade. Des gendarmes de Vincennes, en civil, planquent déjà devant le domicile de Bonnaire. Où ils aperçoivent en effet les personnages précédemment cités par la jeune femme.

Pineau ordonne immédiatement l'ouverture d'une enquête à la suite des plaintes « officieuse » et « officielle » de la prostituée. L'officier recommande d'observer « la plus grande discrétion dans cette affaire » et de ne pas en informer le major Durand qui se trouve alors en permission (du 1er au 22 avril).

Pineau se méfie du major Durand. Passionné lui aussi de police judiciaire, ce sous-officier s'est spécialisé dans les affaires de travail au noir, de carambouilles et de vols de machines-outils. Non sans succès. En fait, avant l'arrivée en 1980 de Pineau à Vincennes, c'est le major qui animait la compagnie. Son plus beau « crâne [1] » : avoir permis l'arrestation de complices de Bruno Sulak après un hold-up à la bijouterie Cartier, place Vendôme à Paris. Ce tuyau, le major Durand l'avait donné au commissaire Devos. Ce qui avait provoqué la colère de Pineau. Celui-ci n'est donc pas très étonné par les déclarations d'Isabelle Cazoulat, affirmant qu'un lien existe entre Campo, Devos et la section de recherches de Paris-Minimes.

Seulement, un autre point d'interrogation demeure : pourquoi ce trio a-t-il imaginé un tel stratagème? Dans les journées qui suivent la visite d'Isabelle Cazoulat, Pineau a beau ressasser ce problème, il ne trouve que deux réponses possibles. La première : la compagnie de Vincennes, sous l'impulsion de son commandant, est vite devenue l'unité de pointe de la gendarmerie pour les sept départements d'Ile-de-France. Elle boucle de très belles affaires de police judiciaire. Au grand désespoir de la police. Et tout particulièrement du commissaire Devos. Mais aussi, et c'est étrange, la réussite de Vincennes porte ombrage à la section de gendarmerie de Paris qui, elle, ne s'occupe que de police judiciaire. De plus, l'arrestation par les équipes de Pineau d'une cinquantaine de proxénètes – avec, parmi eux, un contrôleur de la police nationale en retraite et de nombreux

1. Un crâne : une arrestation en jargon policier.

« indics » des services de police parisiens – ne fait rien pour arranger les bonnes relations.

Mais il y a une deuxième réponse ou hypothèse : l'affaire des Irlandais de Vincennes. Le commandant Pineau se souvient des titres de la presse qui, en février et mars, ont évidemment attaqué à boulets rouges le GIGN (Groupe d'intervention de la gendarmerie nationale). « En arrêtant les Irlandais, les supergendarmes ont commis cinq bavures », « conséquences de la bonne affaire des terroristes irlandais : les gendarmes de l'Élysée accusés », « les Irlandais de Vincennes, cinq mois après : les fausses manœuvres des gendarmes du Président », « lutte antiterroriste : les " bavures " des supergendarmes »... *Le Monde* avait écrit :

« Procédure bâclée, récits confus, témoignages contradictoires, preuves suspectes [...]. On aurait fabriqué des preuves matérielles de façon à démontrer les liens des trois inculpés (arrêtés le 28 août 1982 à Vincennes par le GIGN) avec un attentat en préparation. L'accusation est grave. D'autant que cette rumeur s'attaque justement à ces James Bond du GIGN, dont le chef, Christian Prouteau, conseiller technique à l'Élysée, est un collaborateur direct de François Mitterrand. »

En cette fin d'avril 1983, le commandant Pineau reste bel et bien persuadé que les trois Irlandais arrêtés à Vincennes sont des vrais terroristes. Mais il sait aussi que, pour parler de ces arrestations, le mot « bavure » se révèle beaucoup trop faible. Deux de ses gendarmes de la brigade des recherches de Vincennes ont participé à la perquisition au 82, de la rue Diderot. Chez les Irlandais. Le commandant Jean-Michel Beau, patron de la section de recherches, a demandé à ces deux militaires de mentir à Alain Verleene, le juge d'instruction chargé de l'affaire. Le gendarme Lemonnier est prié d'oublier qu'il a découvert un pistolet dans le conduit de la cheminée, puisque, paraît-il, ce sont ses collègues de la section de recherches qui l'ont découvert. Le gendarme Caudan doit également perdre la mémoire, et ne plus se souvenir qu'il a bel et bien réussi à découvrir une empreinte sur l'un des trois pistolets retrouvés dans l'appartement de Vincennes. Une empreinte qui n'est celle d'aucun des trois Irlandais. Le même Caudan est militairement prié d'oublier qu'il a expédié quatre films au laboratoire, fixant ainsi sur la gélatine des épisodes scabreux de cette affaire. La dernière pellicule – la plus compromettante pour l'affirmation d'une vérité bien carrée – doit être classée au rayon des rêves ou des cauchemars.

Un troisième gendarme qui, parfaitement à jeun, a bien lu des numéros de série sur ces armes (numéros qui, par la suite, disparaîtront), est, lui aussi, fermement prié par Jean-Michel Beau de devenir amnésique. Depuis cet épisode, où il a été prié de se plier aux plus hauts intérêts gendarmesques, ce gendarme, Jacky Bachelard, fait des confidences à qui veut l'entendre. Il a besoin de se « confesser ». Et il radote :

« Je suis certain que lors de leur découverte, deux des trois pistolets venus du 82, rue Diderot étaient dotés de leurs numéros d'identification. Et que le lendemain, ils avaient été limés à l'aide d'une machine de professionnel... »

Lucien Campo est l'un des meilleurs amis de Jacky Bachelard, un jeune gendarme, âgé d'une vingtaine d'années. Malgré les ordres écrits du commandant Pineau, Bachelard continue à fréquenter Campo dans des cafés situés à côté de la gendarmerie. Par Bachelard, Campo connaît tous les développements de l'affaire des Irlandais, à l'intérieur de la compagnie. Il sait notamment que Pineau s'est opposé plusieurs fois au commandant Beau sur ce sujet. Le premier a toujours demandé à ses hommes de dire la vérité au juge Verleene. Les deux gendarmes Caudan et Lemonnier ont obéi à Beau tout en avouant leur mensonge quelques jours plus tard à Pineau, qui leur a alors lancé : « C'est votre affaire, pas la mienne, et vous savez très bien ce que j'en pense, mais maintenant, je ne veux plus en entendre parler. »

Réflexion faite, le 20 avril (juste après avoir appris que la section de recherches a mis le jour même sur écoute ses frères d'armes des brigades de Joinville-le-Pont, et celle de Vincennes), le commandant refuse de croire que l'affaire des Irlandais est à l'origine du traquenard tendu par Campo et ses souteneurs. Il verra, trop tard, que l'axe Cazoulat-Campo-Beau-Prouteau expliquait ou, en tout cas, laissait deviner que l'affaire des Irlandais et ses énormes prolongements dans la presse motivait bien cette « tentative de discréditer sa compagnie ». Incapable d'appréhender un tel complot, un peu inquiet, mais persuadé que l'affaire Duchauffour va se tasser (sept auditions n'ont fait qu'innocenter le « gendarme-proxénète »), Pineau part en permission du 4 au 7 mai, le temps de travailler un peu à la restauration du moulin qu'il possède à Hainneville dans la Somme. La retraite s'annonce et l'épouse du commandant se charge régulièrement de rappeler à son mari « qu'il faudra bien avoir un toit à ce moment-là »...

Coïncidence, le gendarme Pierre Caudan vient de sortir de l'hôpital à cette date après avoir été soigné pour une violente crise de diabète. Le major Durand remplace le commandant Pineau à la tête de la compagnie de Vincennes. La voie est libre. Jeudi 6 mai, le commandant Beau rend visite au procureur de la République de Créteil, M. Lesecq qui apprend alors que la compagnie de Vincennes « n'est qu'un ramassis de gangsters ». L'officier ne craint pas d'affirmer au magistrat que plusieurs de ces gendarmes sont en réalité des proxénètes et que deux d'entre eux, Caudan et Bachelard, sont mêlés à des affaires de vol et d'escroquerie. M. Lesecq donne son feu vert pour l'arrestation de ces deux gendarmes. Pourtant les affirmations de Beau ne reposent sur aucune preuve ni même sur un dépôt de plainte. Mais tout simplement sur des dénonciations de Campo, « la balance ». Un homme dont M. Lesecq n'a jamais entendu parler.

A un moment où le GIGN vient d'être chargé d'assurer la sécurité du président de la République à l'Élysée, M. Lesecq peut se montrer laxiste sur le plan de la procédure. Il se voit déjà titulaire d'un poste de procureur à Paris. Beau, qui vient de le rencontrer a, lui, bien d'autres motivations. Il s'agit avant tout de sauver la réputation du GIGN compromis dans l'affaire des Irlandais. Beau est un ami du commandant Prouteau. Les deux officiers se voient régulièrement depuis l'arrivée du second à l'Élysée. En fait, Prouteau laisse souvent Barril en première ligne, lequel ne demande que ça. Mais le commandant Beau est devenu le complément indispensable de Barril surtout depuis la nomination de Prouteau en août 1982 à la tête de la cellule antiterroriste. Cette fraternité a une explication juridique : Prouteau, Barril et leurs hommes ne peuvent rédiger le moindre acte de procédure, n'étant pas accrédités « officiers de police judiciaire ». Le commandant Beau et ses gendarmes, eux, le sont. Pour eux, c'est l'espoir d'une « gloire » inespérée – l'Élysée doit leur amener les plus belles affaires de terrorisme. Il suffit d'attendre.

Seulement, il y a eu la bavure des Irlandais de Vincennes. L'énorme campagne de presse peut tout faire capoter en révélant que les armes et l'explosif découverts au cours de la perquisition ont, en fait, été amenés par Barril et ses hommes. Avec la complicité au moins passive de la section de recherches de Paris-Minimes.

De plus, grâce aux informations données par Campo et par le major Durand, Beau et Prouteau se sont vite persuadés que Caudan, Bachelard et Lemonnier, les trois gendarmes de Vincennes qui sont intervenus lors de l'arrestation des Irlandais, peuvent avoir été à l'origine de fuites vers la presse. Surtout « Bachelard qui est tellement bavard »... Par ailleurs, le commandant Prouteau dispose des comptes rendus d'écoutes téléphoniques (classés Confidentiel Défense, c'est-à-dire effectués sans l'aval d'un juge d'instruction) de la compagnie de Vincennes. Ces écoutes révèlent que le commandant Pineau entretient des liens très étroits avec un journaliste de l'Agence France-Presse que le major Durand a croisé à de nombreuses reprises à la gendarmerie de Vincennes.

En arrêtant Caudan et Bachelard, Prouteau et Beau croient juguler ces fuites sur l'énorme bavure. Ils ne se doutent pas une seule seconde que l'incarcération de ces deux gendarmes peut se transformer en boomerang.

Le vendredi 6 mai 1983, à 14 heures, le commandant Beau, accompagné d'une dizaine de ses hommes, débarque à l'improviste à la brigade des recherches de la gendarmerie de Vincennes. Devant tout le monde, il passe les menottes à Caudan et Bachelard, fouille leurs tiroirs et perquisitionne leurs domiciles. Sans résultat. Beau, parfaitement informé, demande au chef Vitrac de lui donner toute la procédure concernant la plainte d'Isabelle Cazoulat.

Impressionné par l'arrestation de ses collègues, Vitrac

commet l'imprudence de remettre au chef de la section de recherches de Paris-Minimes non seulement l'original mais aussi les trois doubles des sept auditions ayant abouti à blanchir totalement Alain Duchauffour. Puis, Beau pousse son avantage et demande toujours à Vitrac la première plainte qui n'a pas été signée par la prostituée. Le chef la lui donne aussi.

Transférés comme des gangsters au siège de la brigade des recherches de Paris-Est, au Bastion, 14, boulevard Davout, les deux gendarmes y sont interrogés debout durant quatorze heures d'affilée. On ne tient pas compte du fait que Caudan est gravement diabétique. Que veut-on faire avouer à ces deux participants à l'enquête sur les Irlandais? Qu'ils ont enregistré une déclaration de vol d'un camion en indiquant à la demande du propriétaire que ce poids lourd était chargé de 25 tonnes de métaux non ferreux de manière à ce que le plaignant récupère l'assurance contractée pour cette marchandise. Cette affaire est inventée de toutes pièces par Campo.

Toujours sur les confidences du « demi-sel », le commandant Beau espère une véritable série d'aveux, un réel déballage confortant sa thèse : la gendarmerie de Vincennes est une association de malfaiteurs. Un coupe-gorge. Pour cela il ne craint pas d'étaler des choses dérisoires. Par exemple : Bachelard aurait volé 600 francs à son collègue Marty! Alors qu'il s'agit d'un prêt qui a été remboursé.

En s'attaquant au cas du gendarme Caudan, Beau tente d'atteindre les qualificatifs du grand banditisme. Caudan – qui est quand même accusé d'avoir « volé » 13 francs dans la caisse du mess – est surtout contraint d'avouer une attaque à main armée, une sorte d'assaut qu'en compagnie de quatre complices il aurait mené contre le pavillon de banlieue du très honnête Campo.

Plus sordide, plus franchement nulle, la vérité ne méritera jamais deux lignes dans une rubrique de chiens écrasés. Mais il faut bien la citer puisque Beau, se mêlant de cela, confère à une histoire de voleurs de poules la dimension d'une affaire d'État.

En fait, le gendarme Caudan a le malheur d'avoir un beau-frère qui, lui-même, a le malheur d'avoir une voiture en panne. Ce « beauf » se rend chez Campo, soi-disant garagiste à Montreuil – où son outillage comprend surtout des chalumeaux – pour y faire réparer sa voiture. Il verse une avance de 2 000 francs. Mais jamais Campo ne met les mains dans le cambouis de la voiture du beauf du gendarme. Ce beau-frère se fâche, coince Campo chez lui, récupère ses 2 000 francs et subtilise une lettre, une missive signée d'un notaire et qui signale au sieur Campo qu'il doit beaucoup d'argent à un groupe de propriétaires de chevaux de course (nous sommes décidément entre honnêtes gens!). Ce zélé beau-frère a confié ce courrier à son parent gendarme, sentant bien que Campo n'était pas un garagiste tout à fait ordinaire. Et voilà qu'aujourd'hui Beau veut que Caudan avoue ses forfaits contre Campo, un vol de 2 000 francs et celui de cette maudite lettre...

Finalement, à bout de nerfs, après quatorze heures de garde à vue, dans la nuit du samedi 7 au dimanche 8 mai, Bachelard et Caudan signent n'importe quoi pour pouvoir s'asseoir, manger un peu et dormir. Bien sûr, leurs collègues de la section de recherches de Paris-Minimes n'ont pas oublié de leur faire signer leur lettre de démission de la gendarmerie. Lucien Campo, qui a discrètement écouté toutes les auditions dans une pièce attenante (ce qui frappe cette procédure de nullité), est chaudement félicité par Beau. Fier de lui, il peut aller se coucher : ses mensonges ont permis de sauver la mise aux commandants Beau et Prouteau et au sympathique capitaine Barril. Mais il lui reste le plus gros morceau à abattre, son ennemi intime : le commandant Pineau.

Mis au courant dans la journée du samedi 7 mai de l'arrestation de deux de ses gendarmes, le commandant de la compagnie de Vincennes décide d'abandonner la restauration de son moulin et de rentrer immédiatement à Paris. Peu avant son arrivée, Lucien Campo, qui se trouve alors dans les locaux de la section de recherches de Paris-Minimes, appelle au téléphone l'adjudant Mouillard, adjoint au chef de la brigade des recherches de Vincennes. « C'est moi Campo qui ai dénoncé Bachelard et Caudan, lui annonce-t-il en riant, j'espère que vous m'accueillerez à nouveau dans vos locaux... » Mouillard se contente de répondre avant de raccrocher : « Vous avez bien fait de les dénoncer s'il s'agit de deux corrompus. » Le gendarme de Vincennes a senti la provocation et surtout n'oublie pas que sa brigade est toujours sur écoute téléphonique.

Le commandant Pineau passe la majeure partie de la nuit de samedi à dimanche avec une dizaine de ses hommes pour essayer de comprendre pourquoi on a arrêté ses deux gendarmes qui n'ont en réalité rien à se reprocher. La réponse à cette question, Isabelle Cazoulat l'a donnée avec trois semaines d'avance en lui affirmant qu'elle venait alors déposer sa fausse plainte à la demande de Campo et du commissaire Devos pour « discréditer la compagnie de gendarmerie de Vincennes ». Mais aujourd'hui encore, Pineau estime impossible que certains puissent monter de toutes pièces de telles affaires pour en tirer des munitions dans une ridicule guerre des polices.

Seule donc, l'affaire des Irlandais et ses énormes bavures peuvent, pour cet officier, expliquer une telle folie. Mais cette scandaleuse attitude peut s'expliquer : les « Vincennois » ont une position clé leur permettant de faire annuler toute la procédure du dossier d'instruction des Irlandais. Aussi crucifient-ils le GIGN et la section de recherches de Paris-Minimes qui, dans cette affaire, ont jonglé avec le code pénal, pis, forgé des preuves.

Très sûr de lui, le commandant Beau appelle Pineau le dimanche 8 mai vers 8 heures du matin pour lui offrir la possibilité de voir Caudan et Bachelard. S'il le souhaite. Rendez-vous est pris, une heure plus tard, à la caserne de la section de recherches de Paris-Minimes, où les gendarmes de Vincennes ont été transférés avant d'être déférés au parquet de Créteil.

Au cours du rendez-vous, Beau justifie son intervention en affirmant à Pineau : « Vous savez, le commissaire Devos était aussi sur le point d'arrêter vos deux lascars grâce à Campo. On a eu la chance de laver notre linge sale entre gendarmes. » Juste à ce moment, le major Durand entre dans le bureau et fait un compte rendu de l'affaire à Beau et au colonel Boisson, adjoint au chef de la gendarmerie d'Ile-de-France. Pineau se permet de faire remarquer que cette double arrestation a été décidée sur la simple dénonciation d'un indic. Sans la moindre victime ou plainte. « Tout ça vole bien bas », lâche le commandant de Vincennes avant de sortir pour aller réconforter ses deux ex-subordonnés.

On les lui présente dans un couloir. Les deux gendarmes essayent de se réveiller devant une machine à café. Les traits tirés, la mine défaite et l'allure négligée pour une fois, Bachelard fuit le regard de son chef. A l'inverse, Caudan se proclame fermement innocent et lance à son supérieur : « Pour les Irlandais, je me vengerai. » A ce jeune homme qui serre les poings face à l'injustice, son ancien patron se contente de donner un conseil : « Si vous n'en avez rien à foutre de prendre des coups en faisant triompher la vérité, retroussez vos manches et battez-vous ! »

Toujours aussi approximatif, le commandant Beau n'hésitera pas à souligner dans un rapport interne que l'entretien entre Pineau et ses deux hommes a duré quarante-cinq minutes environ; cette conversation de l'officier avec ses deux subordonnés ayant en réalité occupé cinq bonnes minutes, mais pas plus.

Quelques heures plus tard, Caudan et Bachelard seront inculpés à Créteil par le juge Joly de vol, recel de vol, abus de confiance, complicité d'escroquerie, corruption passive de fonctionnaires, complicité de falsification de documents administratifs et viol du secret professionnel. Puis ils seront écroués. Il n'y a toujours pas le moindre commencement de preuve à leur encontre.

Le lendemain à 15 heures, le gendarme Krikorian de la section de recherches se présente à la gendarmerie et y passe les menottes au gendarme Marty, de la brigade des recherches de Vincennes qui, toujours selon Campo, est accusé d'être le proxénète d'une tenancière à Saint-Mandé, Mme Laurentoski. Le gendarme Marty peut constater que, selon le registre de la section de recherches de la gendarmerie de Paris Ile-de-France, il est la septième personne arrêtée depuis le début de l'année par cette unité. Et parmi ces sept individus placés en garde à vue, on recense trois gendarmes !

Au même moment, le commandant Beau téléphone au chef Desmarets, l'adjoint d'Alain Duchauffour, commandant de la brigade de Joinville-le-Pont pour lui ordonner de se rendre immédiatement à la section de recherches de Paris-Minimes. Le chef Desmarets refuse, car il a parfaitement compris que cet officier va lui demander, sous une menace quelconque, de déclarer qu'Alain Duchauffour est bel et bien le protecteur d'Isabelle Cazoulat. Il faut du neuf puisque la déposition de celle-ci ne permet pas de mettre ce gendarme en prison. Le même après-midi, deux gradés de la section de recherches de Paris-Minimes font la retape dans le bois de Vincennes. Sous les yeux des gendarmes de cette ville, ils interrogent systématiquement les prostituées pour leur demander « si elles ne connaissent pas de gendarmes-proxénètes ». Très ému par le comportement de ces deux collègues, un garde républicain, Christian Lopez, témoin de cette « enquête » sur le tas, est sur le point de frapper les deux gendarmes de Beau.

Mis au courant peu après, Pineau rend compte téléphoniquement de tous ces événements au colonel Piat, commandant du groupement de gendarmerie du Val-de-Marne, en lui annonçant qu'il a ordonné à Desmarets de coopérer avec la section de recherches. Piat lui indique qu'il préfère dans cette situation le verbe « inviter » à ordonner. Et à 18 h 40, Beau ordonne par téléphone à Desmarets de venir à Paris-Minimes, où ce dernier se rend pour blanchir Alain Duchauffour, son chef.

Au même instant, Pineau rencontre le procureur de la République de Créteil, Lesecq, qui, fidèle aux affirmations de Beau, prétend que la brigade de Vincennes « est pourrie jusqu'à la moelle ».

Le commandant fait valoir que les différents dossiers ne s'appuient sur rien de tangible. Que même un gendarme a droit aux mêmes règles de justice que celles qui doivent s'appliquer à tout citoyen.

Puis, les deux hommes évoquent l'affaire Cazoulat, cette prostituée bien bavarde. C'est le commandant Beau qui a récupéré toute la procédure, tous les procès-verbaux de cette histoire. Y compris les doubles. Pourtant il a déclaré au procureur que l'enregistrement de l'audition de Cazoulat n'a jamais existé. Que, pour protéger Duchauffour, son subordonné accusé de proxénétisme, Pineau a manipulé, voire étouffé le dossier. Le commandant Beau a d'ailleurs publiquement déclaré : « Pineau est un faussaire. »

Finalement, sentant qu'il place la barre trop haut et que même un gendarme appuyé par l'Élysée ne peut faire n'importe quoi, Beau fait relâcher Marty qui, lui aussi, était accusé de proxénétisme... Il était temps, car les gendarmes de Vincennes se préparaient à aller donner l'assaut à la caserne de Paris-Minimes.

Homme heureux, accoudé au zinc d'un bar de Vincennes, Lucien Campo vit dans l'euphorie que lui donnent son pouvoir d'indic et un demi-litre de Pernod. Sorte d'Elliot Ness à rebours, ce déglingueur de gendarmes annonce tout haut : « Tous les mecs de la brigade de Vincennes vont déménager. Incessamment sous peu! »

Il se trouve que la patronne du bar est une amie de la femme de Marty, ce militaire que Beau voulait mettre dans de vilains draps. La dame du bistrot téléphone à sa copine. Qui prévient Pineau. Le café où Campo joue les Zorro est placé sous surveillance.

Au milieu de la nuit, au volant de sa 604, l'indic quitte le bar. Les gendarmes l'interpellent et lui commandent de souffler dans un alcootest. Qui vire d'une manière très positive. La balance est donc conduite à l'hôpital, où une prise de sang confirme le jugement du ballon (procès-verbal n° 1426 du 9 mai 1983). Cet avatar ne désarme pas Campo qui dit aux gendarmes : « Beau va faire perquisitionner tous vos appartements et vous serez mutés d'ici peu. » Les militaires rédigent un autre procès-verbal de « renseignement judiciaire » (n° 1430) qui est adressé au procureur de Créteil.

Trois jours plus tard, le jeudi 12 mai, Pineau reçoit l'ordre de se rendre d'urgence au siège de la gendarmerie d'Ile-de-France, rue de Béarn, derrière la place des Vosges, où les colonels Boisson et de Vemy, respectivement commandant de cette unité et adjoint à ce chef, doivent l'interroger sur les « problèmes de la compagnie de Vincennes ». La rencontre entre ces trois officiers est d'une violence feutrée, dont voici les dialogues :

Le commandant Pineau. – Je suis venu vous faire part de mon inquiétude et de mon indignation suite à l'arrestation de deux de mes gendarmes. Indignation : car il n'y a pas le moindre début de preuve à l'encontre de mes deux gendarmes Pierre Caudan et Jacky Bachelard. Inquiétude : parce qu'ils peuvent se « mettre à table » et faire annuler toute la procédure des Irlandais de Vincennes en révélant une multitude de fautes et de bavures.

Le colonel Boisson. – Personne ne prendra au sérieux les cris vengeurs de deux ex-gendarmes qui s'expriment du fond de leurs cellules...

Le colonel de Vemy. – Laissez de côté ces deux soldats perdus, vous ne vous rendez pas très bien compte de ce que vous faites en défendant ces deux types...

Assis face au colonel Boisson tapi derrière son bureau et ayant à sa gauche le colonel de Vemy effondré dans un fauteuil, le commandant refuse de comprendre cette question allusive.

Le colonel Boisson. – Parlons de l'affaire Isabelle Cazoulat. Vous n'êtes pas assez lucide pour vous apercevoir que vous avez bel et bien fait pression sur cette plaignante pour protéger Alain Duchauffour, l'un de vos « gendarmes-proxénètes ». Vous avez refusé d'enregistrer le premier procès-verbal de cette jeune femme. Puis vous n'avez jamais fait d'enquête sur cette affaire. Vous êtes un menteur et un falsificateur!

Le commandant Pineau. – Je ne vous permets pas de m'insulter.

Le colonel Boisson. – Je ne vous insulte pas.

Le commandant Pineau. – Qu'est-ce qu'un falsificateur dans votre bouche? Sans doute un honnête homme... Je suis le seul directeur d'enquête dans cette affaire Cazoulat. Mon seul chef en la matière, le procureur de la République de Créteil, appréciera s'il y a eu faute de ma part. Et c'est illégalement que le commandant Beau s'est fait remettre tout ce dossier par mes gendarmes.

Le colonel de Vemy. – En voulant protéger le gendarme Duchauffour, vous avez commis une erreur fatale dans ce dossier.

Le commandant Pineau. – Je suis tenu au secret de l'enquête même vis-à-vis de vous, messieurs. Une enquête que j'ai bel et bien faite, comme le prouvent les photocopies des carnets de déclarations de mes gendarmes remis au procureur de la République; ce n'est pas de ma faute si l'enquête que j'ai dirigée met en pièces les dénonciations calomnieuses d'un indicateur de police qui, je l'espère, devra s'expliquer devant la justice.

Le colonel de Vemy. – Nous connaissons aussi bien le code de procédure pénale que vous, cela dit, je vous ordonne de rédiger une procédure dans laquelle vous écrirez que vous avez fait pression sur Cazoulat pour protéger le gendarme Duchauffour.

Le commandant Pineau. – Ce n'est pas possible.

Le colonel de Vemy. – Vous refusez d'obéir?

Le commandant Pineau. – Vraiment, vous voulez ma perte! Je suis déjà accablé par des problèmes familiaux, mon fils est devenu tout récemment presque aveugle suite à une névrite, ma fille subit des traitements douloureux suite à un cancer du sein...

Le colonel de Vemy. – Vos problèmes familiaux, je n'en ai rien à foutre. Ou vous refusez de reconnaître votre faute et c'est donc un refus d'obéissance et la mise à la porte de l'Armée. Ou vous acceptez...

Le commandant Pineau. – A ce stade, l'obéissance militaire se révèle être la seule solution compatible avec l'honneur. Je vais exécuter l'ordre illégal que vous me donnez. D'autant qu'il n'engage que vos deux responsabilités.

Sous la dictée du colonel Boisson, Pineau rédige une dizaine de pages manuscrites. A la demande du colonel de Vemy, il date et signe au bas de la dernière page. Les deux officiers supérieurs redeviennent confiants. Ils sont satisfaits, presque détendus. Après avoir annoncé qu'il était meurtri d'avoir à écrire le contraire de la vérité, le commandant Pineau se lève. « Maintenant vous êtes dans la boîte, vous êtes foutu », lui lance Vemy.

Durant le reste de la journée et la nuit suivante, Pineau se demande si les deux colonels ne l'ont pas confondu avec le duc d'Enghien, fusillé dans les douves du château de Vincennes. Une chose est sûre : l'Élysée et Prouteau, pour couvrir les bavures de l'affaire des Irlandais, sont prêts à tout. Peut-être à diffamer un peu plus cette malheureuse compagnie de Vincennes en faisant incarcérer d'autres gendarmes après des perquisitions dans leurs appartements.

Des perquisitions effectuées par des hommes peu scrupuleux et dociles qui pourraient déposer sous une baignoire ou sur une étagère des objets, des armes, des documents qui seront des « preuves incontestables... » Alors, on pourra laisser facilement entendre que ces étranges gendarmes « vincennois » sont bel et bien capables d'avoir apporté et caché les armes à feu et l'explosif découverts dans l'appartement des Irlandais à Vincennes...

Pineau veut contre-attaquer très vite. Il n'a qu'une solution : révéler au procureur de la République de Créteil que Caudan est prêt à parler des irrégularités de la procédure dans l'affaire des Irlandais de Vincennes. Le vendredi 13 mai, le commandant est reçu par le procureur de la République de Créteil. Il est 16 heures, Pineau fait part des confidences de Caudan au magistrat, explique qu'il est injustifiable d'« écraser » d'honnêtes gendarmes de manière à sauver le GIGN et la section de recherches de Paris. En sortant dans le couloir, l'officier croise le colonel de Vemy venu apporter un paquet : le « faux rapport » qu'il a fait signer à Pineau.

Deux heures plus tard, vers 18 heures, le commandant Esquivier – adjoint de Prouteau à l'Élysée – téléphone à Pineau : « Le patron veut vous voir d'urgence. » A 19 heures, Pineau est au « château » et entre dans le bureau de Prouteau. Celui-ci, très agité, lui demande pourquoi il a confié au magistrat les irrégularités dans l'affaire des Irlandais. Le chef de la cellule antiterroriste prétend que toute la procédure est « carrée et correcte ». Prouteau demande à Pineau d'avoir « conscience que ce genre de ragot peut signifier à terme un arrêt de mort pour le GIGN ». Le commandant Pineau élude les questions, car il ne comprend pas comment Prouteau peut être au courant des déclarations qu'il a faites il y a à peine trois heures au procureur de la République de Créteil... La séparation des pouvoirs entre le judiciaire et le politique serait-elle donc si perméable ?

Prouteau et les conseillers de l'Élysée sont furieux. Mais ils ne peuvent plus arrêter la machine judiciaire. Alain Verleene, le juge d'instruction chargé de l'affaire des Irlandais de Vincennes, entend successivement l'ex-gendarme Caudan et le chef Lemonnier, toujours en activité à la brigade des recherches de Vincennes. Tous les deux affirment que c'est Beau et ses hommes de la section de recherches de Paris-Minimes qui ont effectué, le 28 août 1982, la perquisition au domicile des Irlandais, rue Diderot à Vincennes. Sans un seul de ces Irlandais. Cette affirmation annule toute la procédure, sans compter que ni Beau ni le GIGN n'étaient juridiquement compétents pour traiter le dossier. D'autre part, Lemonnier et Caudan expliquent comment le commandant Beau leur a ordonné de mentir au juge à propos de toutes les irrégularités liées à cette perquisition : disparition du quatrième film de photo pris par le gendarme Caudan (où l'on voyait le numéro matricule des trois pistolets), ordre de faire disparaître l'empreinte digitale relevée sur une des armes, l'élimination des numéros des pistolets, visiblement limés à l'issue de la perquisition...

Quelques jours plus tard, le 17 mai, le ministère de la Défense publie le communiqué suivant :

« A la suite de l'inculpation de deux gendarmes par le juge d'instruction du tribunal de grande instance de Créteil, M. Charles Hernu, ministre de la Défense, a été amené à prendre des sanctions immédiates. Les intéressés ont d'ores et déjà démissionné de la gendarmerie et, préalablement à toute procédure disciplinaire, le commandant de compagnie dont ils dépendent a été suspendu de ses fonctions. M. Charles Hernu est en effet particulièrement attaché à ce que la gendarmerie, arme d'élite à laquelle il a rendu, dans le discours prononcé le 16 mai à l'Assemblée nationale, l'hommage qui lui vaut son renom historique, son comportement irréprochable et la confiance unanime des Français, ne puisse faire l'objet d'aucune suspicion. Le ministre de la Défense, en accord avec le directeur de la gendarmerie nationale, a chargé le colonel inspecteur technique de la gendarmerie de mener une enquête de commandement. »

Cette investigation, dont les résultats ne seront jamais rendus publics, a conclu à l'innocence totale des gendarmes Caudan et Bachelard qui, après avoir fait soixante-dix jours de prison, attendent toujours leur non-lieu. En janvier 1985, leurs dossiers d'accusation étaient toujours vides. Même situation pour le commandant Pineau qui, suspendu jusqu'au 14 juillet 1983, a ensuite été muté, « dans l'intérêt du service », à l'École des gendarmes auxiliaires, installée à Bergerac (Dordogne). Différents officiers supérieurs de l'Arme avaient annoncé à l'ex-commandant de Vincennes qu'il écoperait au minimum d'une quarantaine de jours d'arrêt de rigueur à la suite de l'affaire Cazoulat et de l'incarcération de ses deux gendarmes. En janvier 1986, Pineau n'a toujours pas fait l'objet de la moindre punition! En revanche, il occupe toujours son « placard » à Bergerac, où il compte les boutons des vestes d'uniforme des gendarmes auxiliaires, leur donne leur solde et vérifie leur consommation d'électricité.

Le ministre de la Défense, Charles Hernu, suivant l'avis de ses conseillers, avait donc bien voulu « casser » le commandant Pineau et ses deux gendarmes, en publiant un communiqué les visant directement. Alors qu'à cette même époque la révélation des agissements du GIGN (dans l'affaire des Irlandais de Vincennes) n'avait pas fait l'objet du moindre communiqué de la part de ce même ministre.

Les seuls bénéficiaires de l'honnête entêtement et du courage montrés par Pineau et ses deux gendarmes ont été les trois « Irlandais de Vincennes », libérés dans la nuit du 20 au 21 mai 1983. Soit quelques jours après les déclarations des « Vincennois ». Autres bénéficiaires, mais plus indirects, tous les officiers supérieurs qui ont participé à l'offensive contre les gendarmes de Vincennes. Ils ont reçu un avancement très rapide. Le commandant Beau, également suspendu pendant quelques semaines, a été parachuté à l'ex-Sécurité militaire devenue la DPSD (Direction de la protection de la sécurité et de la défense). Un organisme qui maintient, aujourd'hui encore, Pineau sur écoute téléphonique. Cela à son travail et à son domicile. L'ex-commandant est également soumis à des filatures d'intimidation.

Quant aux « Vincennois », ils ont presque tous été mutés et ont fait l'objet de tracasseries. Ainsi, le prédécesseur du commandant Pineau à la tête de la compagnie de Vincennes (qui avait osé mener une enquête montrant que des membres du GIGN installés à Maisons-Alfort organisaient en 1978 un trafic d'armes et de voitures volées) s'est vu lui aussi sévèrement réprimandé par sa hiérarchie fin 1983.

Lucien Campo, qui en janvier 1986 fait l'objet de cinq mandats d'arrêt pour escroqueries et chèques sans provision, continue d'aller et venir dans la région parisienne. Étant toujours l'indic de la BRB et de la section de recherches de la gendarmerie de Paris-Minimes. Dans des circonstances mal établies, Isabelle Cazoulat a été internée dans un hôpital psychiatrique. Quant au capitaine Barril, mis en disponibilité de la gendarmerie, voici qu'à l'automne 1985 un indicateur de police l'accuse d'avoir mis lui-même les armes et explosifs retrouvés chez les Irlandais de Vincennes!

A l'automne 1985, également, Jean Pineau reçoit à Bergerac la visite du colonel Jean Bellœil, inspecteur général de la gendarmerie (tout spécialement chargé de l'avancement du personnel de l'Arme) qui lui tient un discours pour le moins intrigant :

– Mon cher Pineau, c'est tout de même dommage que l'adjudant Tricot (le chef de votre brigade des recherches à Vincennes), et le chef Duchauffour (commandant de celle de Joinville-le-Pont) aient démissionné de l'Arme. C'étaient d'excellents sous-officiers. Et les gendarmes Caudan et Bachelard n'étaient pas de mauvais gendarmes.

– Excusez-moi, mon colonel, mais les bras m'en tombent! Vous savez parfaitement que ces hommes ont été salis pour permettre, du moins le croyait-on à l'Élysée, de couvrir les agissements illégaux du GIGN et de la section de recherches de Paris-Minimes à Vincennes.

– Je ne vous répondrai pas sur ce sujet, mais en ce qui vous concerne vous, la direction de la gendarmerie n'a rien à vous reprocher. Le dossier Cazoulat était vide comme l'a montré l'enquête que vous avez faite alors.

– Très bien, mon colonel. N'oubliez donc pas que je suis « au tableau » pour passer lieutenant-colonel à partir du 1er janvier 1986. Je serai ainsi le deuxième gendarme « sorti du rang » à atteindre ce grade.

– Oui, mais il y a des problèmes de concurrence.

– Pourtant, j'ai été major de ma promotion d'élèves-officiers. Si je comprends bien, pour des questions d'opportunités politiques, il faut attendre le 1er janvier 1987 et « la cohabitation » pour que je reçoive ma cinquième barrette!

– C'est un peu ça...

AVATARS SOCIALISTES AUX COMORES

Le Projet socialiste pour l'Afrique est un document, aujourd'hui oublié, qui mérite pourtant d'être relu par les amateurs de philosophie politique : il permet de mesurer le chemin qui sépare l'intention de la réalité. Dans ce programme le parti de François Mitterrand promettait, en gros, de libérer nos anciennes colonies du joug sournois que les successifs gouvernements de droite, liés au monde des affaires, n'avaient cessé de faire peser sur elles... Les aventures de Valéry Giscard d'Estaing avec l'empire centrafricain de Bokassa n'étaient-elles pas l'une des raisons de sa chute?

Mais les idées du *Projet socialiste pour l'Afrique* ne recevront même pas un commencement d'exécution. Pour avoir voulu y croire, Jean-Pierre Cot est vite enseveli dans un linceul politique tissé de toute urgence. Avec Christian Nucci, son successeur au ministère de la Coopération, les potentats africains, qui règnent sur des régimes corrompus, vont trouver un interlocuteur compréhensif. Grâce au tandem Nucci-Penne – ce dernier étant, à l'Élysée, conseiller pour l'Afrique – nos « colonies » vont connaître des pratiques auxquelles Jacques Foccart lui-même n'avait pas pensé.

Avant mai 1981, le programme africain du PS réserve une étude particulière à trois pays : le Tchad, la Guinée et les Comores. A propos de ce petit archipel du canal de Mozambique, les socialistes écrivaient : « La situation aux Comores est intolérable et l'accord qui fait de la France, sur le plan militaire, le défenseur de ce pays, est moralement et politiquement inacceptable. Il faut interrompre toute assistance et exiger le départ des mercenaires qui soutiennent ce régime, avant toute reprise des relations normales avec l'archipel. » Des documents officiels du parti, des revues décrivaient Ahmed Abdallah, le président qui siège à Moroni, comme un être particulièrement corrompu.

Dans son livre *l'Abeille et l'Architecte,* Mitterrand a évoqué l'agacement que lui provoquait Abdallah, ses perpétuelles suppliques, ses combines, ses chantages. Le futur président de la République connaît bien le maître des Comores puisque pendant quatorze ans ce dernier a siégé au Parlement de la République française. Facétie de l'histoire : au moment de « l'affaire de l'Observatoire », le bruit courut que la voiture mitraillée, dans laquelle roulait François Mitterrand, appartenait à Ahmed Abdallah qui la lui aurait prêtée...

Pendant « l'état de grâce », les premiers mois du gouvernement Mauroy, Ahmed Abdallah ne sait pas sur quel pied danser. Lui qui, dix fois par an, se rend en France pour de très rentables « opérations fin de mois » n'ose plus tendre la main aux ministres d'un régime dont il se sait détesté. Il se contente des crédits « ordinaires » que débloque chaque année la Coopération. Ce qui est déjà considérable. Pour combler son manque à gagner, il accentue sa quête auprès de l'Afrique du Sud, l'Arabie Saoudite, le Gabon.

Le 5 octobre 1981, Abdallah est reçu à l'Élysée. Le sort de Mayotte est au centre de l'entretien. Dans la doctrine du gouvernement cette île « est un héritage colonial dont il faut se débarrasser ». Des solutions identiques ont été envisagées pour certains départements et territoires d'outre-mer comme la Nouvelle-Calédonie.

C'était le 6 juillet 1975 que la France s'était retrouvée avec un cas Mayotte sur les bras. Ce jour-là, la Chambre des députés de Moroni, capitale des Comores, décide de proclamer son indépendance en rompant avec Paris. Ce coup de force dirigé par Ahmed Abdallah ne fait pas le bonheur de Mayotte, une des quatre îles de l'archipel avec la Grande Comore (où se trouve la capitale Moroni), Mohéli et Anjouan.

Pour des raisons historiques, la population de Mayotte

déteste ses voisins. Dans cette île, l'esclavage a été aboli en 1846 alors que les grandes familles féodales devaient se replier sur le reste de l'archipel pour y poursuivre leur emprise. Depuis cette date une maxime subsiste : « Jamais un Mahorais ne peut commander un autre Mahorais. » Pour diriger des chantiers, les entreprises doivent importer des contremaîtres d'ailleurs... Ici les Européens, peu nombreux, n'ont guère d'influence.

Le 6 juillet 1975, quand Mayotte se retrouve indépendante sans l'avoir demandé, la France intervient pour récupérer l'île qui refuse la tutelle de Moroni et d'Abdallah. On donne donc à ce territoire grand comme le cap Corse un étrange statut, à mi-chemin entre le territoire et le département d'outre-mer. Il est prévu qu'en 1979 la population sera conviée à un référendum pour établir un destin plus définitif. A chacune de ses réunions l'Organisation de l'unité africaine va prendre l'habitude de sommer la France de « rendre Mayotte aux Comores ». Ce qui ne va pas faciliter la tâche de la diplomatie française dans l'océan Indien.

La rébellion non violente du 6 juillet 1975 contre la colonisation va, aux Comores, entraîner un certain nombre de secousses qui s'achèveront par l'avènement d'une situation unique au monde : celui d'un État où règnent des mercenaires. Le 3 août 1975, Abdallah est renversé par Ali Soilih aidé d'une petite troupe de soldats de fortune européens.

Rapidement Soilih veut instaurer une réforme agraire, mettre en place des mesures antiféodales et des structures modernes qui lui valent d'être catalogué de marxiste. La France de Giscard coupe les ponts avec Soilih.

Le 13 mai 1978, un commando conduit par Bob Denard et René Dulac – c'est-à-dire la même équipe que celle qui, un an auparavant, a échoué dans une tentative de coup d'État au Bénin – renverse Soilih, qui est assassiné. Abdallah est remis en place par les reîtres qui l'avaient déposé. Son retour a été financé par l'argent du Gabon.

Immédiatement, la France reprend ses relations avec les Comores, elle signe également un accord de défense qui fait de notre pays le protecteur de l'archipel où une quarantaine de mercenaires se sont installés à demeure et constituent la garde présidentielle d'Ahmed Abdallah. C'est donc de cette pelote d'épingles qu'hérite le gouvernement Mauroy quand il prend le pouvoir.

Difficile de régler le sort de Mayotte sans tenir compte de la situation générale des Comores et des humeurs d'Abdallah. C'est d'abord Georges Lemoine, secrétaire d'État aux DOM-TOM, qui est chargé de liquider Mayotte. Il ne s'en cache pas puisqu'il annonce son intention dans plusieurs déclarations. Ce membre du gouvernement va plus loin quand il discute avec Bob Denard des conditions dans lesquelles Mayotte pourrait regagner le giron des Comores. Le gouvernement négocie donc avec un chef mercenaire qui, à la suite de sa tentative de coup d'État au Bénin, fait toujours l'objet d'un mandat d'arrêt international. Il faut dire que la Suisse où Denard vit souvent n'est guère plus pointilleuse que la France pour qui utiliser des mercenaires va devenir une routine.

Vivant entre Moroni et le 16e arrondissement de Paris, Abdallah fait semblant, pour faire pression sur l'Élysée, de vouloir récupérer Mayotte. Il déclare par exemple : « Mayotte est un sol comorien occupé par la France. Mais je ne vais pas lui déclarer la guerre. »

En fait Abdallah ne peut mettre les pieds à Mayotte sans risquer la pendaison au premier cocotier venu. Il y est détesté. Par ailleurs, le fait que la population de cette île refuse la tutelle de Moroni n'est pas une invention colonialiste : Thierry Michalon, un universitaire spécialiste de « ces peuples qui forment la France », en a fait la démonstration.

Enfin, depuis dix ans, un énorme fossé s'est creusé sur le plan économique entre Mayotte et le reste du pays. A Dzaoudzi, dès 1982, un instituteur mahorais gagne 137 500 francs CFA par mois contre 30 000 seulement pour son collègue comorien de Moroni. Pour échapper à la misère, des habitants d'Anjouan ou de Mohéli tentent d'épouser des Mahoraises ou, en cas d'échec, d'acheter un faux passeport français qui coûte trois années de salaire (si ce dernier mot a ici un sens).

La répression qui règne aux Comores est un argument de plus pour repousser le rattachement de Mayotte. En 1981, au moment de l'arrivée des socialistes au pouvoir en France, 30 détenus politiques (au moins) sont en prison. En février, 150 personnes, dans ce pays de moins de 500 000 habitants, ont été arrêtées par les mercenaires.

Après un round d'observation, dans les premiers mois du gouvernement socialiste, la rencontre d'octobre 1981 entre Mitterrand et Abdallah réchauffe les rapports : voilà que celui que tout le monde surnomme « le président import-export » revient en cour. *Le Projet socialiste pour l'Afrique* est jeté au feu. Stéphane Hessel, délégué de Mauroy pour l'aide au Tiers Monde, trouve qu'Abdallah est « un interlocuteur très sage ».

Le 7 et le 14 mars 1982, les élections législatives sont un triomphe pour l'Union pour le progrès des Comores. Le parti d'Abdallah obtient, selon les bureaux de vote, jusqu'à 99 % des voix. Joli score pour un parti unique. Jusqu'au dernier moment des candidats se réclamant du Front démocratique ont pu faire campagne. Puis ils ont été écartés juste avant le scrutin sous divers prétextes dont la « subversion ». Ce renforcement de la « démocratie » comorienne ne trouble pas Paris pourtant champion avoué des droits de l'homme.

Quelques jours après les élections, questionné sur le statut de l'opposition politique dans son pays, Abdallah déclare : « Je respecte toutes les tendances mais ceux qui veulent me mettre des bâtons dans les roues, je les ferai partir dans les quarante-huit heures. » De son côté, l'état-major français se fait pesant pour que le gouvernement oublie les extravagances d'Abdallah : le canal du Mozambique est un point stratégique qui permet de contrôler le passage des pétroliers dans l'océan Indien. Des rapports de la DGSE, rédigés par l'antenne de la Réunion, font sans cesse état du danger soviétique. Après une période de silence, qui a fait suite au 10 mai 1981, la « piscine » s'est remise au travail. Il ne faut donc pas prendre de risque avec les humeurs du tyran de Moroni. Les Comores servent de base-relais à des Bréguet-Atlantic de Lann-Bihoué qui surveillent ce point chaud de la planète. C'est d'ailleurs ici que l'un de ces appareils s'est écrasé au décollage, provoquant la mort de ses huit hommes d'équipage.

Peu assuré des bonnes intentions de la France qui, dans le passé, a déjà favorisé des tentatives de coup d'État contre lui, Abdallah va reporter son affection sur l'Afrique du Sud. C'est ce pays qui finance les frais en salaires et armement de la quarantaine de membres de la Garde présidentielle, la « GP ». Quand un journaliste lui pose une question sur ses étranges relations avec le régime de Pretoria, le président répond : « Je désapprouve l'apartheid mais je trouve que les Sud-Africains sont très polis. » De nombreux projets, communs à l'Afrique du Sud et aux Comores, sont planifiés.

En fait, par le biais des mercenaires, les Comores sont devenues un terrain que se partagent France et Afrique du Sud. En fait nous versons de l'argent (25 millions en 1980), nous expédions là-bas plus de 100 coopérants qui sont enseignants, médecins, techniciens, agronomes, ou encore gendarmes ou militaires quand ils forment l'armée locale. Les Africains du Sud font des affaires. Pour compenser le coût de l'entretien de la GP, Pretoria et Denard ont mis au point un réseau d'import-export. Tout le monde y gagne sauf le Comorien.

La viande, le poisson, les pièces détachées et la majorité des biens de consommation viennent d'Afrique du Sud. Aux Comores, les chefs mercenaires se sont taillé des monopoles (électro-ménager, automobile, élevage, tourisme, transport, immigration). C'est, par exemple, le mercenaire Christian Olhagaray (on le retrouve dans l'affaire Claustre, au Tchad) qui tient le plus bel hôtel des Comores.

Mais il y a un import-export inavouable beaucoup plus juteux : il consiste à détourner l'embargo qui frappe l'Afrique du Sud. Ainsi des armes, dont certaines viennent de France, du matériel sensible, arrivent à l'aéroport d'Ahaya, près de Moroni. Ces cargaisons, qui ne sont pas toujours déchargées sont, en fait, destinées à l'Afrique du Sud. Les avions qui vont chercher de la viande dans les provinces sud-africaines sont parfois chargés de caisses étranges.

L'un des trafics d'armes les plus florissants consiste à approvisionner le maquis mozambicain de la Resistancia Nacional Mocambicana (RNM), mouvement antimarxiste fondé par le Portugais Alfonso Dlakama.

Diplomatie parallèle : pour régler certains marchés ou des problèmes touchant au parrainage commun des Comores, le gouvernement français utilise les bons offices de deux avocats qui fon alors la navette entre Paris, Moroni et l'Afrique du Sud. Un escroc, condamné de nombreuses fois, joue également ce rôle d'ambassadeur clandestin.

A la fin de l'année 1982, Abdallah fait sa traditionnelle fournée de procès. Il y a là les « subversifs » et les « corrompus » qui constituent l'ordinaire du pilori. En fait ce sont des hommes que le président n'aime pas, ou qui ont empiété sur ses plates-bandes commerciales. Cette fois les peines seront plus légères que de coutume. Pourtant Abdallah et ses chiens de guerre continuent de manier la trique puisque, peu avant Noël, ce sont les femmes d'officiers de la *Jeanne d'Arc* qui, par un étrange ricochet, vont être victimes du président comorien.

Ces épouses de marins sont venues jusqu'à la Réunion pour embrasser leur mari sous le gui. Subitement, c'est l'alerte, le branle-bas de combat. Ordre de l'état-major, la *Jeanne* doit faire route vers Mayotte pour y empêcher d'accoster des réfugiés fuyant les tortionnaires d'Ahmed Abdallah...

Peu après cet épisode, la CIA, très informée de ce qui se passe aux Comores, dresse un bilan fort noir de l'action du « président import-export ». Les analystes précisent que, s'il reste au pouvoir, « le risque de passage de l'archipel dans le camp marxiste est réel »...

Si l'agence américaine est particulièrement sensible à ce qui se passe dans cette zone stratégique, ce n'est pas seulement parce qu'elle est la route des pétroliers géants. C'est aussi parce que, à Diego Garcia, il y a une des plus grandes bases du monde. La CIA partage avec l'US Army les installations de cette citadelle du renseignement qui sont capables d'écouter le monde entier. Il faut donc dans son voisinage des amis sûrs.

Or, il se trouve que, comme le veut la coutume, un complot, et c'est un minimum, est toujours en gestation contre Abdallah. Cette fois c'est le prince Saïd Ali Kemal, journaliste et ex-ambassadeur comorien vivant à Paris, qui décide de tenter sa chance. Son père a laissé dans l'archipel le souvenir de l'unique féodal ayant conjugué le pouvoir avec l'honnêteté.

Le prince-journaliste a contacté John Pilgrim, un mercenaire anglais qui doit être son Bob Denard à lui. « Jan », son associé, jouit des deux nationalités anglaise et hollandaise. Ils sont tous les deux assez soucieux de publicité puisqu'ils convoquent Peter Durish, un journaliste de l'*Observer* pour lui décrire le début de cette nouvelle aventure.

Durish constate qu'un certain Cooper qui, à l'ambassade américaine de Paris est un agent de la CIA, appuie le complot de Kemal. Selon ce dernier « les Américains ne font pas confiance à la France qui vend des armes au Nicaragua ». Il faut donc la supplanter aux Comores. Par ailleurs, Washington est rendu furieux par le trafic d'armes des mercenaires de Moroni en direction du RNM du Mozambique; alors que ses diplomates tentent d'instaurer la paix entre l'Afrique du Sud et le régime révolutionnaire de Maputo.

Faute de discrétion, ce coup d'État ne sera qu'un coup manqué. Trois mercenaires se font arrêter à Perth, en Australie. Pourtant, le prince Kemal avait fait d'intéressantes promesses aux Américains : possibilité d'ouvrir une base aux Comores et transformation du pays en une Bahamas de l'océan Indien : casinos, marinas et villages de vacances, banques off-shore, paradis fiscal.

Méfiant à l'égard des États-Unis et de la France, Abdallah tente de resserrer les liens avec son suzerain sud-africain. Il se veut aussi le vassal du Gabon, du Maroc et de l'Arabie Saoudite. Pour satisfaire cette dernière, il lance une campagne de rigueur islamique. Du 10 au 12 avril 1983, Abdallah, Denard et Kafé, le ministre des Affaires étrangères, séjournent en Afrique du Sud. Ils y mettent au point le projet d'une ligne aérienne qui doit permettre à Pretoria de déjouer l'embargo aérien que lui opposent les pays arabes du Golfe.

La compagnie South African Airways doit faire cadeau d'un Boeing 737 à Air-Comores. Et celle-ci doit, avec son pavillon de complaisance, exploiter la ligne Johannesburg-Moroni-Mogadiscio-Djedda-Tel-Aviv. La liaison sera lancée, mais, vigilants, les Saoudiens feront capoter ce détournement de boycott.

Le 11 novembre 1983, c'est l'ONU qui vient à la rescousse d'Abdallah. Une résolution condamnant la France y est votée. On lui reproche de ne pas avoir rendu Mayotte au reste de l'archipel. Guy Penne tente alors de réactiver l'abandon de cette petite île qui fait couler autant d'encre. L'ordre est donné aux militants du Mouvement des radicaux de gauche qui, à Dzaouzi, représentent la gauche, de favoriser tout courant prêchant la rupture avec la France. Cette décision tant souhaitée devrait être entérinée par un référendum organisé à la sauvette. Convoqué à l'Élysée le 13 janvier 1984, Abdallah a été informé de la proximité de ce scrutin encore secret mais pourtant prévisible puisque la loi du 21 décembre 1979 prévoyait l'organisation d'une telle consultation dans un délai de cinq ans.

C'est le violent imbroglio calédonien qui va entraîner le sursis de Mayotte. Estimant que l'opposition fait assez de tapage sur les « territoires que l'on brade », le gouvernement souhaite faire l'économie d'une affaire Mayotte. On va donc considérer Abdallah comme un homme exemplaire, providentiel. Abdallah est surtout sensible à l'argent. Ainsi de 1983 à 1984, l'aide française passe-t-elle de 60 à 96 millions. Peu importe si de hauts fonctionnaires chargés de surveiller l'utilisation de cet argent crient au scandale puisqu'il sert d'abord à renforcer le pouvoir d'Abdallah et de ses mercenaires. En fait, ces crédits déversés sur les Comores étaient destinés aussi à convaincre les Mahorais de rejoindre le giron d'une mère patrie désormais riche...

En octobre, « le président import-export » est réélu sans opposition. Il peut rester six ans de plus à la tête de sa république islamique des Comores. En fait, Youssouf Saïd, candidat du Front démocratique devait, lui aussi, se présenter aux suffrages des Comoriens. Mais Youssouf Saïd n'a pas eu de chance. Cet habitant de Mayotte a été interdit de voyage par la gendarmerie française. Sans doute par souci de démocratie, le gouvernement Fabius a donné l'ordre à ses représentants de neutraliser ce Saïd qui allait troubler l'aussi jolie élection d'un candidat unique.

L'Afrique du Sud maintient sa pression. Par groupe de dix les mercenaires font des stages de paras dans l'armée de Pretoria. Le 21 au soir, un Mystère 50 sans immatriculation se pose sur l'aéroport d'Ahaya. Un pêcheur à la ligne en descend : Roelof « Pik » Botha, ministre des Affaires étrangères sud-africain. Il est accompagné du patron du SAMI, le service spécial de Pretoria. Officiellement, ils viennent ici pour trois jours afin de satisfaire leur passion de la pêche au gros. Ils tentent en fait de repêcher Abdallah qui, d'un chantage à l'autre, se veut maintenant le « frère » de François Mitterrand, l'admirateur et l'allié de la France socialiste. Quelques jours plus tard, Abdallah fait voter par son parlement la suppression du poste de Premier ministre. C'est plus commode pour un dictateur.

En France, c'est presque en cachette, le 19 décembre, que l'Assemblée nationale vote la prorogation du statut de Mayotte. L'île, toujours française, est régie selon la règle unique « de collectivité territoriale ».

Au début de 1985, le président des Comores fait son premier séjour de l'année à Paris. Il est rassuré puisqu'il vit une série de flirts parallèles avec la France, l'Afrique du Sud et, maintenant, les États-Unis. Là-bas, à Moroni, le commandant Charles veille au grain. Cet ex-sous-officier belge, dont le véritable nom est Roger Ghis, est « le chef d'état-major de Denard » qui, lui, voyage et joue sa petite géopolitique à lui. La légende veut que « Bob » soit l'homme de l'Afrique du Sud. Le « commandant Charles » serait l'agent de l'Amérique.

En janvier, la paix des Comores est troublée par une initiative des habitants de Fomboni, un bourg de l'île de Mohéli. Voilà que ces indigènes, vexés par leur sous-représentation au gouvernement (un seul membre), décident de hisser le drapeau français. Les mercenaires remettent vite en place les idées de ce petit peuple.

Un mois plus tard c'est « Rambo », un sergent-chef de la GP qui fait des siennes. Il déserte avec un stock d'armes. Son escapade devient une saga populaire. Mais « Rambo » est repris et jeté dans la prison du camp de Kandani, le goulag de l'archipel.

Le jeudi 7 mars, le navire-atelier américain *Jason* accoste dans le port de Moroni. Robert Keating, un diplomate américain, est à son bord. Il vient annoncer au gouvernement la prochaine installation d'une représentation diplomatique de son pays aux Comores. Le personnel du navire en profite pour réparer les voitures du parc d'État ainsi que différent matériel, comme des machines à écrire.

Le 8 au matin, l'un des 300 Comoriens membres de la GP est coincé par des mercenaires. Il est ivre. Ce garde prétorien avoue à ses maîtres blancs qu'un complot se prépare pour le soir même. Une trentaine de ses frères, membres de la GP comme lui, doivent tenter de liquider les mercenaires.

Pour ceux-ci, les Comoriens ne sont que « de la viande », des esclaves qu'ils utilisent pour faire fonctionner le commerce, l'entreprise, la ferme que chaque chien de guerre possède ici. Au cœur de la GP « l'ambiance est mauvaise ». Un dixième de la troupe veut se rebeller.

Tous les vendredis soir les mercenaires ont pris l'habitude de faire la fête au mess. A cette occasion ceux qui sont en poste à Anjouan et Mohéli viennent parfois se joindre à cette traditionnelle java de la Grande Comore. Les révoltés, pendant la soirée, ont prévu de prendre les armes laissées au râtelier par les mercenaires et de venir les abattre.

Informé, le commandant Charles ne bronche pas. Il laisse la journée se dérouler, en apparence, comme d'habitude. En fait les chiens de guerre blancs sont secrètement en alerte. A l'heure prévue pour l'attaque, seul Charles et un adjoint sont au mess. Cet ajournement imprévu de la fête mercenaire bouscule le plan des Comoriens de la GP. Ils renoncent à leur action. Mais la trentaine d'hommes qui traînent dans le camp sont faits prisonniers. Une rafle policière est déclenchée sur l'ensemble des îles.

Électricité, couteaux, baignoire, les instruments de torture sont prêts. Les prisonniers avouent n'importe quoi. Les mercenaires apprennent ainsi que les conjurés, cherchant un conseil politique, ont été demander l'opinion de Mustapha Saïd Cheick, un leader du Front démocratique qui depuis 1976 n'a jamais vécu plus de six mois sans aller en prison. Saïd a toujours milité contre le « putschisme ». Il le répète aux hommes de la GP. Il leur signale en plus qu'il n'est pas très adroit de choisir le moment où un navire américain mouille dans le port de la ville pour faire la révolution.

Mustapha Saïd Cheick est arrêté en même temps que 75

personnes fichées comme « subversives ». On y trouve quelques notables des membres de la famille de Mroudjae, l'ancien Premier ministre, un magistrat.

« Des mercenaires blancs sont venus chez nous, à Moroni, le 19 mars, vers 23 heures, alors que nous passions la soirée avec des amis; ils ont emmené mon mari " pour lui poser des questions ". Je ne l'ai plus revu depuis ce jour. Mes démarches, aussi bien auprès des autorités comoriennes que françaises, sont restées sans réponse. Je suppose qu'il est détenu au camp de Voidjou, proche de Moroni, où sa famille a pu avoir quelques nouvelles au début de sa détention. »

Telle est l'action des équipes de Denard, décrite par Nicole Girard, une Française de trente et un ans, qui vit depuis dix ans avec Saïd Ahmed Saïd Mohamed, un Comorien dont elle a trois enfants. La jeune femme, une enseignante, est formelle : « Je n'ai jamais vu mon mari militer dans un parti politique. »

Saïd Adamou, citoyen français, aide-soignant à l'hôpital de Marseille qui passe des vacances dans sa famille, est arrêté et torturé à mort ainsi que deux autres personnes. Plus tard, les mercenaires affirmeront que ces prisonniers « se sont évadés ». Une source comorienne, fort bien placée, affirme alors qu'un avion Transall de l'armée française a été utilisé pour transporter des prisonniers de l'île d'Anjouan à celle de Grande Comore.

Protecteur des Comores, le gouvernement français ne se soucie pas du sort de ses ressortissants victimes de la rafle des mercenaires. Les familles des « disparus », des prisonniers ne recevront jamais de réponse à leurs questions. L'urgence est de légitimer la dernière bavure des troupes d'Abdallah.

La « tentative de coup d'État » n'est annoncée que le 14 mars, quand le *Jason* a quitté Moroni et que tous les opposants ont été bouclés. A Paris, Abdallah a tout de suite rencontré Christian Nucci qui est chargé de rétablir la situation. Tranquillisé par la fidélité de son ami ministre, Abdallah part en pèlerinage à La Mecque.

Au mois de mai, deux avocats français, Mes Fagart et Bruschi Myrto, sont envoyés aux Comores par la Ligue des droits de l'homme. Ils sont renvoyés et mis en garde par les petits chefs de cette démocratie très musclée que défend la France : « Tous les avocats qui viendront ici seront expulsés. »

Pour tenter de donner un semblant de valeur juridique à l'opération coup de poing des mercenaires, la Coopération expédie à Moroni un certain Jagoudet, ancien commissaire à la DST. Son rôle est de rédiger des procès-verbaux, toute une procédure qui tienne apparemment debout. Le procureur Thénégal, qui exerçait naguère à Djibouti, participe également à cette opération de ravalement du droit.

Le procès de 77 « comploteurs » est fixé au 4 novembre. Le 11 octobre, Abdallah est reçu par François Mitterrand. La veille de l'entretien, Abdallah charge Saïd Kafé, son ministre des Affaires étrangères, de faire pression sur la France pour qu'elle soutienne Moroni dans son entreprise de répression. Et Kafé, bien sûr, reprend le refrain de Mayotte. Il rappelle que son gouvernement est toujours aussi « attaché à la défense de cette juste cause. Mais reste ouvert au dialogue et à la coopération ».

Rien ne filtre de l'entretien Mitterrand-Abdallah. Si ce n'est que ce dernier a obtenu de l'argent pour se rendre aux États-Unis à l'occasion du 40e anniversaire de l'ONU. « Le président import-export », une des plus grosses fortunes de l'océan Indien dont les magasins vendent 5 francs le kilo du riz donné par l'Arabie Saoudite, n'a pas assez d'argent pour se promener.

Entêté, l'avocat Thierry Fagart a prévu d'aller, malgré tout, au procès de Moroni qui doit durer quinze jours. Il prend contact avec quelques humanistes du gouvernement français afin que celui-ci fasse pression sur ses amis comoriens pour faire respecter un peu plus les droits de l'homme. On lui fait savoir qu'il pourra assister au procès. L'avocat prévoit de se rendre à Moroni lors de la deuxième semaine de jugement.

C'était un piège. Sachant que Fagart allait débarquer, le procès a été bâclé en cinq jours. Sur les 77 personnes jugées en l'absence de véritable défense, 17 sont condamnées à perpétuité, seules 4 sont libérées alors que 7 non-lieux ont été prononcés. Saïd Adamou, le Français de Marseille, est condamné par contumace à dix ans de prison alors qu'il est déjà mort sous la torture. Abdou Mady est condamné à huit ans de prison, sa femme française et ses deux enfants sont expulsés des Comores.

A l'occasion de ce procès les chefs d'inculpation ont été modifiés. Les « tentatives d'attentat » et « coalition de fonctionnaires » sont devenues « non-révélation des faits attentatoires à la sûreté de l'État » et « appartenance à un groupe politique illégal ». Cette transformation suffit à rendre nulle l'ensemble de la procédure...

Devant le tribunal plusieurs prisonniers se sont présentés avec des marques de torture : oreilles et morceau de fessier coupés, mollets tailladés. Pour les condamnés les conditions d'incarcération sont infernales : cellules de 3 mètres carrés pour 3 personnes qui ne peuvent s'allonger, boîte de conserve comme « tinette », promenade de cinq minutes par jour.

Pour parfaire la pratique policière des Comores, le gouvernement français, par le biais du Service de coopération technique international de la Police (STIP), expédie à Moroni le commissaire Mallevialle. Ses amis affirment que la mission de cet homme est en fait une sorte de botte secrète pour restaurer aux Comores une police légale et ainsi couper l'herbe sous le pied des mercenaires de Denard...

Après le 8 novembre, dans tout l'archipel, les arrestations se succèdent. 72 personnes sont mises en prison avant la fin du mois. A Paris, des opposants à Abdallah et quelques militants des droits de l'homme entendent manifester pour défendre cette cause qui, pourtant, n'est guère médiatique. Un rassemblement est prévu le 12 décembre 1985 devant l'ambassade des Comores, 15, rue de la Néva à Paris. Le 5 décembre, la préfecture de police de Paris donne son autorisation à ce rassemblement bien inoffensif.

Mais ce grand vent de liberté n'était qu'un rêve. Le 12 décembre à 16 h 30, une demi-heure avant le petit meeting, la même préfecture de police, par les plumes du préfet de police Guy Fougier et du sous-directeur Marie-Louise Levy, les manifestants sont interdits de protestation :

« Considérant que le déroulement du rassemblement projeté est susceptible de troubler l'ordre public et de porter atteinte aux relations internationales de la République... »

Un mois et demi auparavant, le 1er novembre, le même préfet avait employé les mêmes mots pour interdire, au Trocadéro cette fois, le regroupement de défenseurs de la liberté politique et ethnique en Algérie. A la préfecture de police, comme aux PTT, les droits de l'homme sont à deux vitesses. Il y a ceux qui comptent. Puis les autres.

L'EXÉCUTION D'ÉLOI MACHORO : LE GIGN N'ÉTAIT PAS SEUL...

– Top.
– Positif 1.
– Négatif 2.
– Positif 3.

Un coup de feu claque. Éloi Machoro s'écroule grièvement blessé. Second coup de feu. Son lieutenant Marcel Nonnaro s'effondre tué sur le coup. Troisième coup de feu. La balle se fiche dans une porte. Indemne, Nazaire Assao plonge derrière un arbre et crie aux gendarmes qu'il se rend avec ses trente-sept camarades du FLNKS (Front de libération national kanak et socialiste). C'est fini. Les deux tireurs du GIGN débranchent leurs émetteurs-récepteurs. Leur « collègue » du 13e régiment de dragons parachutistes (RDP) fait de même. Samedi 12 janvier 1985 : 6 h 11. Le soleil se lève sur la ferme de la Bachelière, à 17 kilomètres au nord de La Foa, en Nouvelle-Calédonie. Les gendarmes du GIGN sont furieux.

Si Éloi Machoro meurt, ce n'est pas un chapeau, mais un magnifique sombrero que ces gendarmes porteront à la place d'Edgard Pisani, le délégué du gouvernement en Nouvelle-Calédonie. Celui-ci leur a demandé une mission impossible : « un tir de neutralisation [1] » sur le leader du FLNKS et ses deux principaux lieutenants. Une mission impossible pour trois raisons que l'Élysée n'a jamais ignorées. D'une part, la végétation devant la ferme de la

1. Tir dont le but est de blesser, mais pas de tuer.

Bachelière interdisait tout tir aux jambes. D'autre part, les trois cibles désignées se déplaçaient sans cesse en gesticulant et en hurlant. Les tireurs n'ont jamais pu avoir les trois personnes désignées ensemble dans leur lunette. Enfin, le plus grave : le GIGN ne disposait que de deux tireurs et ne pouvait donc remplir cette mission à lui tout seul.

Un tireur d'élite du 13ᵉ RDP, unité à vocation spéciale, épaulait donc le GIGN devant la ferme de la Bachelière, à la demande expresse d'Edgard Pisani et des plus hautes autorités de l'État. Dès lors, les hommes du GIGN étaient pris au piège : un tireur du 13ᵉ RDP ne peut ouvrir le feu que pour tuer. Cette unité est équipée en dotation de la carabine Ruggieri de calibre 5,56 qui a servi, entre autres, à tuer Mesrine. Pourquoi les balles tirées par cette arme ne peuvent-elles être que mortelles? Parce que ces balles pénètrent à une vitesse terrible dans le corps, où elles se propagent en tournoyant... Même en cas de tir aux jambes, ce genre de joujou ne pardonne pas. A l'inverse, le fusil FRF1 de calibre 7.52, dont le GIGN est équipé, n'est pas une arme mortelle dans tous les cas de figure.

6 h 25. Un médecin militaire constate les graves blessures d'Éloi Machoro touché entre l'épaule et le cœur. Une balle de calibre 5,56 a traversé de biais et de part en part le buste de Nonnaro y provoquant plusieurs lésions mortelles. Caché dans un bosquet à 50 mètres en surplomb de sa cible distante de 80 mètres à peine, le tireur du 13ᵉ RDP a fait mouche sans problème.

6 h 30. Les deux tireurs du GIGN, dont l'un a touché Machoro, et l'autre raté Assao, espèrent encore que le leader du FLNKS s'en tirera. Le premier a tiré de 145 mètres, le second de 130 mètres. Tous deux ont visé leurs silhouettes à l'épaule. Ils se trouvaient sur la gauche de la ferme dans un angle mort, tandis que leur collègue du « 13 » s'était placé presque en face de sa cible.

6 h 45. Le médecin se démène toujours comme un diable autour de Machoro. Il se bat pour le sauver. Massage cardiaque, piqûres, sérums. Ampoules brisées par dizaines. Le leader du FLNKS est allongé sur une civière posée à même la route à côté d'un VBRG (véhicule blindé à roues de la gendarmerie) dont la radio crache. L'hélico va arriver

incessamment pour emmener le blessé à Nouméa. Il fait 40 degrés à l'ombre. Tête nue et ruisselant de sueur, le visage marqué par une nuit de veille, les gendarmes aident du mieux qu'ils peuvent le jeune médecin. Des camions arrivent dans l'indifférence générale pour transporter les 38 militants canaques trouvés en possession de trente-cinq armes à feu, dont des carabines de grande chasse à répétition.

6 h 58. Le médecin visiblement désolé arrête son énième massage cardiaque. Il recouvre Machoro d'une couverture et s'en va un peu plus loin griller une cigarette. L'ennemi numéro un des Caldoches est mort. Tout se fige pendant quelques secondes. Puis, un officier se rue vers le VBRG pour apprendre cette nouvelle aux collaborateurs de Pisani restés en liaison radio permanente. Les tireurs du GIGN sont catastrophés. Une fois de plus, la gendarmerie va « trinquer ». Déjà des brigades ont été désarmées pour éviter des incidents; les occupations symboliques de gendarmerie se sont multipliées à Thio, Ouvéa, Poum; des coups de feu ont été tirés à Hienghené sur une patrouille; et des « affrontements sérieux » se généralisent sur les barrages édifiés par les Canaques.

Les trois tireurs devaient viser l'épaule des militants du FLNKS. Aucun de ces leaders canaques n'a été touché à l'épaule. Bien entendu, raison d'État oblige, le tireur du « 13 » n'était pas là. Officiellement, il n'a donc jamais pu ouvrir le feu. Le GIGN et donc la gendarmerie doivent endosser totalement la responsabilité de la mort de Machoro et de Nonnaro. Révéler ou admettre qu'un tireur d'une unité spéciale a participé à cette opération aboutirait à accuser le gouvernement socialiste d'être un menteur et d'utiliser les unités parachutistes de manière illégale pour le maintien de l'ordre. La carabine Ruggieri ne peut être employée pour effectuer un « tir de neutralisation » mais uniquement pour tuer.

Pourquoi le gouvernement socialiste a-t-il jugé vital, voire indispensable, de tuer Éloi Machoro et ses deux lieutenants? Pourquoi le gouvernement socialiste a-t-il jugé utile de faire toute une mise en scène autour de cette affaire au lieu de revendiquer purement et simplement la mort du leader canaque? Le plan Pisani donne la réponse à ces deux questions. Ce plan d'« indépendance-association » prévoit que l'île sera indépendante, la France gardant les rouages essentiels du pouvoir. Rendu public le 7 janvier, soit cinq jours avant la mort de Machoro, ce plan prévoit un mois plus tard l'approbation par le Parlement d'un scrutin d'autodétermination devant se dérouler en juillet. Si les oui l'emportent, l'indépendance sera proclamée le 1er janvier 1986.

Or, très vite, le FLNKS accepte la négociation sur la base du plan Pisani. Cela implique l'arrêt des barrages et autres occupations sur le terrain, et donc de désarmer et marginaliser Machoro, qui prône ouvertement la lutte armée. Le plan Pisani vise ainsi déjà la mise hors circuit du ministre canaque de la Sécurité, qui peut torpiller les négociations entre Pisani et Jean-Marie Tjibaou, le président du FLNKS. Le leader des « durs » ne peut l'accepter. De plus, si le délégué du gouvernement veut garder une chance d'appliquer ce plan, il est indispensable aux yeux des Caldoches de désarmer les Canaques, c'est-à-dire d'éliminer le Che Guevara des Canaques, Éloi Machoro. L'occasion fera le larron. Toutefois, il faut mettre les « formes » pour réaliser cette élimination de manière à ne pas compromettre les négociations avec les autres leaders canaques.

L'occasion, ce sera le vendredi 11 janvier. Le jeune Yves Tual, dix-sept ans, est tué à Bouloupari par des Canaques, vers midi, devant la ferme de ses parents, des broussards; ces derniers sont sur le qui-vive depuis plusieurs semaines. Dans l'après-midi, des amis d'Yves Tual transportent le corps de l'adolescent à la morgue de Nouméa, puis se rendent devant le bureau de Pisani pour y crier vengeance. En fin d'après-midi, une bonne partie de la population de Nouméa les a rejoints devant le Haut-Commissariat. Pisani donne alors l'ordre à des gendarmes mobiles et à des CRS de dégager son « bunker ». C'est maladroit. L'émeute commence. Elle va durer toute la nuit.

Pisani sent la situation lui échapper. Il prend peur. Et, vers minuit, un Puma de l'armée vient le chercher au Haut-Commissariat, puis le dépose à l'Arsenal, d'où une vedette rapide le conduit jusqu'à l'aviso Balny. Seul le pacha du navire et quelques officiers sont dans la confidence et peuvent assister à l'arrivée du délégué du gouvernement. Tous les autres membres de l'équipage sont consignés à leurs postes de combat afin d'éviter toute indiscrétion sur cette « fuite ». Pisani embarque par la passerelle des officiers et, guidé par le pacha du Balny, se précipite jusqu'à la cabine de celui-ci. Livide, le délégué du gouvernement s'écroule sur sa couchette. Le médecin du bord l'ausculte. Ce n'est rien. Un simple petit malaise. La peur. Le stress sans doute. Une bonne demi-heure de repos allongé dans la couchette permet à Pisani de reprendre du poil de la bête. Le médecin respire. Il a eu peur que le « délégué » lui fasse une crise cardiaque. La peur envolée, Pisani tripote la radio de bord pour discuter longuement de Machoro avec ses interlocuteurs et très peu de l'émeute.

En effet, les Caldoches, qui tiennent tout Nouméa et n'ont pas envahi le Haut-Commissariat – défendu et sauvé en fait par des militants musclés et armés du RPCR (Rassemblement pour la Calédonie dans la République) –, ignorent que leur ennemi juré est encerclé par les gendarmes depuis la veille vendredi vers 17 h 30, dans la ferme de la Bachelière. Le délégué du gouvernement a mis en place une cellule de crise pour s'occuper du cas Machoro. Ses conseillers Guérin et Wolf font semblant de « traiter » l'émeute, alors qu'ils surveillent uniquement l'évolution de la situation à la ferme de la Bachelière. Le chargé des relations avec la presse Fogel donne le change : il va passer la soirée avec les journalistes, qui se sont tous regroupés à l'hôtel Novata. Machoro encerclé! Edgard Pisani ne veut surtout pas que les Caldoches dans les rues de Nouméa l'apprennent. Cette énorme foule pourrait alors se rendre immédiatement à la Bachelière. Avec ces 20 000 personnes lancées contre Machoro, la situation pourrait dégénérer en une véritable guerre civile, en massacre, pense non sans justesse le délégué du gouvernement.

Or, depuis un mois environ, de retour d'un stage de guérilla en Libye, Éloi Machoro va de tribu en tribu pour prêcher la lutte armée en arguant du fait que les Canaques se font rouler dans la farine par les Français en négociant. Accompagné en permanence d'une trentaine de gros bras de sa tribu de Nakety, tous armés de fusils de grande chasse volés à Thio, Machoro sillonne la brousse à pied, surtout sur la côte ouest, ne restant jamais plus de deux ou trois heures au même endroit. Face aux 6 000 militaires et policiers dotés d'armes lourdes, d'hélicoptères et d'avions, c'est de la folie. Politiquement, il est persuadé de l'emporter comme il l'a fait sur la côte est. Pisani ne va pas faire ouvrir le feu sur des gens dont les revendications sont justifiées.

Là, Éloi Machoro se trompe. Et il se trompe encore s'il pense que Pisani et le gouvernement socialiste ignorent ses projets. En effet, les policiers ont réussi à trouver un « mouton [1] » dans l'entourage de Machoro. A la mi-janvier, le leader canaque veut attaquer toutes les fermes installées dans un rayon de 15 kilomètres autour de La Foa, puis prendre cette petite ville. Réussir la même opération dans la région de Bouloupari et à Canala. Ainsi, parvenu à une soixantaine de kilomètres au nord de Nouméa, il arriverait à couper la Nouvelle-Calédonie en deux, au niveau d'un nœud routier très important. Il s'emparerait alors de l'aéroport de la Tontouta et de Nouméa.

Éloi Machoro s'était mis en quelque sorte hors la loi depuis la mi-décembre, date à laquelle Pisani avait appris que plusieurs brigades de gendarmerie ne pouvaient plus se rendre dans les tribus où le leader canaque était venu prêcher la guerre civile. L'idée d'exécuter le ministre de la Sécurité du FLNKS est alors dans l'air au Haut-Commissariat. Le tuer à la chevrotine pour faire porter le chapeau aux broussards, les grands propriétaires. Le faire assassiner par le « mouton » qui ne le quitte pas d'une semelle? On temporise. Pisani décide tout de même de lancer une quinzaine de barbouzes aux trousses du Che Guevara local de manière à mieux le connaître, lui, et surtout ses habitudes. Manipulé par les Renseignements généraux de Nouméa, le mouton lui téléphone régulièrement, permettant ainsi aux barbouzes de raccrocher lorsqu'elles ont été obligées de laisser tomber la filature. Ces hommes observent

1. « Mouton » : balance ou indic recruté au sein d'un groupe. Terme de jargon policier qui s'oppose à la « taupe » (flic ou indic infiltré dans une organisation).

le luxe extraordinaire de précautions prises par leur gibier, lequel se déplace le plus souvent de nuit sur des rivières à bord de petites embarcations, longe la côte sur des bateaux de pêche canaques et emprunte des sentiers minuscules dans la brousse. Il applique le manuel du parfait guérillero.

En réalité, lorsqu'un groupe de Machoro tue Yves Tual à Bouloupari, le vendredi 11 janvier, vers midi, Edgard Pisani ne sait plus exactement où se trouve le leader canaque depuis soixante-douze heures environ. Les Renseignements généraux savent que ce groupe est passé à l'attaque trop tôt, contrairement aux instructions formelles de son chef. Les policiers sont inquiets, leurs collègues barbouzes aussi. Que fait Machoro? Où est-il? Quand va-t-il donner l'ordre à ses hommes de passer à l'attaque des fermes dans la région de La Foa et de Bouloupari? Une chose est sûre pour Edgard Pisani : le leader canaque prépare son attaque et il faut le prendre de vitesse au moment où l'émeute menace à Nouméa. Le mouton n'a pas téléphoné aux RG depuis soixante-douze heures. Il suffit d'attendre.

Peu avant 15 heures, toujours le vendredi 11 janvier, le mouton contacte le patron d'un restaurant-auberge de Canala, lequel est l'honorable correspondant des RG dans la région. La taupe explique au restaurateur, venu le rejoindre discrètement aux toilettes, que Machoro se trouve à la tête d'une quarantaine de militants armés à la ferme de la Bachelière. Avec quelques autres militants, la « balance » s'est portée volontaire pour aller vérifier si les autres groupes sont bien en place pour l'attaque dont la date reste tenue secrète par le leader canaque. Le restaurant-auberge de Canala était sur la route... Puis l'indic s'en va avec ses camarades. Tous sont pressés. Ils doivent être rentrés avant la nuit à la ferme de la Bachelière pour faire leur rapport.

Immédiatement et sur ordre de Pisani, un escadron de gendarmerie mobile converge vers la planque de Machoro sous la protection de trois VBRG. Le convoi arrive sur place à 16 h 30 et stoppe à deux kilomètres en contrebas de l'objectif. Les militaires rencontrent le broussard propriétaire de la ferme de Pellerie située à 600 mètres au sud de la Bachelière. Entouré d'une dizaine de membres d'une milice locale armés jusqu'aux dents, l'homme confirme qu'il vient de téléphoner à la gendarmerie de La Foa pour signaler la présence de Machoro. Des Canaques, occupés à pêcher l'écrevisse un peu plus bas dans la rivière, lui ont lâché : « C'est Machoro et une trentaine de ses gars. »

Le capitaine commandant l'escadron donne alors l'ordre à ses 120 hommes de se répartir par petits groupes de trois ou quatre et d'encercler sans se faire voir la ferme de la Bachelière, à environ 200 mètres de distance. Le PM ou le fusil à l'épaule, le casque bleu pare-balles et à visière en plexiglass, en tenue kaki, avec également un lance-grenades à la bretelle, ces gendarmes effectuent ainsi une fois de plus en Nouvelle-Calédonie une opération de « bouclage serré » à la limite du maintien de l'ordre et de la lutte contre une petite guérilla armée. L'encerclement se termine sans le moindre problème vers 17 h 30. Disciplinés, les militaires se terrent et attendent les ordres de Pisani. Machoro ne se doute pas une seule seconde qu'il est encerclé. Le mouton le devine...

Entre-temps, l'émeute a commencé dans les rues de Nouméa. Il faut faire vite. Plutôt que d'utiliser tout de suite le GIGN, qu'il préfère garder pour protéger son bunker, Pisani tergiverse et demande au général de gendarmerie Deiber de « se débrouiller » pour neutraliser Machoro. L'officier décide alors d'employer l'ELI (escadron léger d'intervention), une sorte de mini-GIGN basé à l'aéroport de La Tontouta et composé d'une vingtaine d'hommes. Ces super-gendarmes embarquent vers 17 h 45 à bord de deux Pumas, l'un piloté par un sous-officier de l'armée de l'air, l'autre par un homme de l'ALAT (aviation légère de l'armée de terre). On bricole... Et ce bricolage va être lourd de conséquences. Le GIGN a son propre hélicoptère sur place en Nouvelle-Calédonie. Pas l'ELI.

17 h 50. Les deux Pumas décollent de la Tontouta et filent en vol tactique, à 50 mètres du sol, de manière à arriver discrètement tout près de Machoro et de ses hommes. Les gendarmes de l'ELI jubilent. Ils vont damer le pion au GIGN

et neutraliser le leader canaque. « Faire Machoro aux pattes », c'est-à-dire l'arrêter, ou encore le blesser lors d'un engagement, ces deux rêves ne quittent pas les 6 000 gendarmes, policiers et militaires de tout poil qui assurent le maintien de l'ordre en Nouvelle-Calédonie. Le tuer? Non, ce serait plutôt une idée qui trotte uniquement dans la tête des Caldoches.

Ce rêve des gendarmes de l'ELI va se briser en quelques minutes. Suivi comme son ombre par le pilote de l'ALAT, le pilote de l'armée de l'air vole en leader. Méthodiquement, il suit les indications portées sur la carte en maintenant son cap. Pas facile. En effet, contrairement à son collègue, il n'est pas entraîné pour pratiquer le vol tactique en suivant le relief. Peu avant son arrivée sur les lieux du bouclage, le commandant de l'escadron de gendarmerie mobile le contacte.

– Vous suivez la rivière.

– Affirmatif.

– Vous allez voir une première ferme sur votre droite. Puis vous sautez deux collines. Une deuxième ferme et juste à côté une prairie.

– OK.

– Vous vous posez là, je vous y attends.

– A tout de suite.

Quelques secondes plus tard, c'est la catastrophe. Le commandant de l'escadron de gendarmerie mobile voit les deux gros insectes kaki passer plein pot au-dessus de sa tête à la ferme de la Pellerie. Le temps pour lui de se précipiter sur la radio du VBRG. Trop tard. Les deux Pumas se posent à 200 mètres environ de Machoro et de ses hommes. Le capitaine de la mobile a compris la fausse manœuvre. Le leader des deux Pumas a raté la première ferme, prenant la Pellerie pour celle-ci. Le reste était inéluctable. Il a confondu la Bachelière avec la Pellerie. Au cours de ce vol tactique, ce pilote avait fait une toute petite erreur de cap, une toute petite erreur...

Tranquillement, les super-gendarmes descendent des Pumas comme à la parade. Ils cherchent des yeux leurs camarades derrière les haies et les arbres masquant la partie arrière de la ferme de la Bachelière. Les deux hélicos décollent une minute plus tard. Les haies et les arbres crachent alors des balles sur les hommes de l'ELI occupés à vérifier leur matériel. Le chef de groupe de l'unité entend trop tard dans son talkie-walkie la voix du capitaine de l'escadron de mobile qui crie :

– Cassez-vous! cassez-vous!

Couché dans les herbes avec ses hommes, le chef de groupe s'interroge.

– Décrochez vers la rivière derrière vous. Mes hommes vous conduiront jusqu'à mon PC à la Pellerie.

– Mais, j'y suis à la Pellerie et Machoro aussi. Non?

– Pas du tout. Le gars de l'hélico s'est gouré. Vous êtes à la Bachelière.

– Merde, merde... Ah, le con! J'arrive...

Tout le monde trompe tout le monde. Pisani a hésité à employer le GIGN pour neutraliser Machoro avant la nuit. Pour en arriver à cette extrémité, il a besoin du feu vert de la direction du FLNKS. Les super-gendarmes de l'ELI se sont ridiculisés et ont traumatisé leurs collègues. Ces hommes soi-disant d'élite, bien que surarmés, n'ont pas ouvert le feu sur leurs agresseurs. Ils se sont contentés de se coucher au sol avant de prendre piteusement la fuite. Enfin, les militants du FLNKS, sans demander l'avis de leur chef, ont tiré sur les gendarmes de l'ELI avec des fusils et des carabines de grande chasse. Par miracle, car les Canaques visent très bien de loin et sans lunette, aucun des hommes de l'ELI n'a été touché. Entendant les coups de feu, Éloi Machoro se rue hors de la ferme et ordonne immédiatement à ses fidèles d'arrêter le tir. Une vingtaine de coups de feu sont partis de derrière les haies.

En une seconde, le leader des Canaques devine qu'il a été dénoncé et vendu par quelqu'un qui se trouve sans aucun doute à ses côtés. Il est 18 heures. Éloi Machoro, accompagné de ses lieutenants l'arme en bandoulière, fait alors le tour du propriétaire dans cette ferme rétrocédée aux Canaques par les autorités. Les éclats des visières en plexiglass, le scintillement des canons des fusils, les uniformes kaki et l'arrivée de deux VBRG confirment. Il est bel et bien encerclé par une multitude de gendarmes : cette évidence saute aux yeux du ministre de la Sécurité du gouvernement provisoire de la Kanaky Socialiste; Pisani et l'Élysée ont bien décidé de ne plus lui laisser une seule chance.

Il se sent condamné à mort. On ne discute déjà plus avec lui comme à Thio ou ailleurs. L'encerclement discret de la ferme de la Bachelière, l'héliportage d'une section surarmée de gendarmes, tout prouve qu'on veut l'éliminer comme le chef Ataï, qui avait organisé un soulèvement général des Canaques, en 1878, lesquels étaient allés jusqu'à menacer Nouméa. Première coïncidence : ce sont des ancêtres de la tribu de Machoro, celle des Nakety, qui tuèrent le chef Ataï avant de donner sa tête aux Français en signe d'allégeance. Éloi Machoro a toujours mauvaise conscience. Il n'a jamais tourné cette page de son histoire. Deuxième coïncidence : le leader sait instinctivement qu'il a été lui aussi vendu plus d'un siècle plus tard par un judas de la tribu des Nakety, sa tribu. Il va lui montrer à ce traître et au peuple canaque, comment on meurt. En héros. Éloi Machoro décide donc très vite de mourir pour faire don de sa vie « à la cause ». Il est environ 18 h 30. Pisani n'est pas encore prêt à entrer dans ce jeu, il est trop occupé par les émeutes qui redoublent de violence à Nouméa : barricades, voitures enflammées, magasins saccagés, CRS et gendarmes exténués...

Dès lors, et jusqu'à la nuit, Éloi Machoro ne cesse d'aller et venir à découvert le long de la clôture de la ferme de la Bachelière. Il insulte sans arrêt les gendarmes en position à une centaine de mètres sur la route de La Foa. Le leader canaque constitue ainsi une excellente cible. L'homme ne quitte pas son fusil une seconde. Il le porte en bandoulière, puis à bout de bras tout en gesticulant. Au commandant de la brigade La Foa qui le connaît bien, il crie qu'il refuse de se rendre et de palabrer. Les heures passent. La situation s'éternise. Les gendarmes n'ont pas de nouvelles de Pisani dont l'ordre ambigu, « neutraliser Machoro », reste toujours valable. La hiérarchie de la gendarmerie renforce le bouclage de la Bachelière mais ne veut plus rien tenter sans la participation du GIGN. On les comprend. A situation exceptionnelle, unité exceptionnelle. La lamentable expédition de l'ELI a servi de leçon...

En outre, les chefs de la gendarmerie en Nouvelle-Calédonie ont compris au fil des mois et des affaires délicates leur rôle réel : un rôle de traducteur entre la parole du gouvernement socialiste et la réalité du terrain. Véritable pythie, la gendarmerie doit interpréter des mots d'ordre sibyllins (« neutraliser Machoro », par exemple), comprendre les multiples sens possibles des instructions, non seulement en fonction des desiderata de l'Élysée et de Matignon, mais encore en tenant compte de ce qui n'est pas dit, et qui cependant pourrait l'être. Redoutable travail. Ingrat. Journées passées à déchiffrer des phrases à double sens ou tout simplement obscures. Mais trop, c'est trop. Le général Deiber exige de Pisani l'intervention du GIGN à la Bachelière. Les officiers supérieurs avaient traduit : « Prenez Machoro mort ou vif. » A 22 heures, le délégué du gouvernement accepte de se séparer de ses anges gardiens. Il demande à Deiber de faire effectuer un « tir de neutralisation ». Cette expression signifie-t-elle la même chose dans la bouche de Pisani et dans celle du capitaine Philippe Masselin, chef du groupe du GIGN envoyé en Nouvelle-Calédonie? Mystère abyssal...

23 heures. Un Puma héliporte les deux tireurs du GIGN et leurs assistants au milieu du bouclage. Le temps de chercher des postes de tir. De définir les cibles à « neutraliser » en dehors de Machoro. Il est minuit. Au même moment, les paras, qui gardent l'intérieur du Haut-Commissariat, s'attendent à voir, d'un instant à l'autre, la foule des milliers de Caldoches déferler sur eux. Ils ont décidé de ne rien faire contrairement aux ordres reçus. Edgard Pisani, réfugié sur l'aviso *Balny*, ne craint rien. Les bérets rouges le savent en sécurité... Mais les tireurs du GIGN le cherchent à cor et à cri. Ils ne peuvent pas remplir leur mission : deux tireurs d'élite seulement pour trois cibles. Vers minuit et demi, le délégué du gouvernement maintient les ordres : trois cibles, Machoro et ses deux lieutenants. Un tireur d'élite doit arriver incessamment sur place.

1 heure du matin. Pisani ne veut toujours pas quitter le *Balny*, tandis qu'un Puma dépose près de la ferme de la Bachelière le tireur d'élite du 13e RDP qui se met rapidement en place pour épauler le GIGN. Avant d'ouvrir le feu

sur les trois cibles, les tireurs doivent en recevoir l'ordre d'Edgard Pisani via le général Deiber. On attend.

2 heures du matin. Le délégué du gouvernement se décide à quitter le *Balny* et regagne le Haut-Commissariat, où il reçoit peu après un émissaire de Jean-Marie Tjibaou, le président du gouvernement provisoire de la Kanaky. Il s'agit de Léopold Jorédié, ministre dans ce gouvernement. Que se disent les deux hommes? Difficile à dire. Plusieurs témoins confirment cette rencontre en pleine nuit que les deux principaux intéressés démentiront avec une belle assurance. En fait, la « Kanaky tranquille » donne son feu vert pour qu'on tue par accident celui qui ne parle pas, qui ne négocie pas « en douce » et qui agit sur le terrain, agressant de plus en plus les Caldoches. Il a désarmé les Européens de Thio, ridiculisé les gendarmes dans cette ville et notamment à Thio son unité la plus prestigieuse le GIGN, occupé des gendarmeries, démantelé les réseaux de cibiste caldoches. Où s'arrêtera-t-il, ce Che Guevara? La « Kanaky tranquille » fait mine d'apprendre avec surprise qu'Éloi Machoro et sa centaine de fusils vont incessamment attaquer des fermes dans les régions de Bouloupari et de La Foa de manière à couper la route reliant les côtes est et ouest de l'île.

C'est une menace d'insurrection qu'il faut étouffer dans l'œuf même si cette centaine d'exaltés ne sont pas très bien armés et entraînés. Qui ne dit mot consent. La « Kanaky tranquille » donne son accord du bout des lèvres pour la liquidation de Machoro encerclé par les gendarmes près de La Foa. Les négociations entre le FLNKS et Pisani peuvent continuer. A l'instant où Léopold Jorédié quitte le Haut-Commissariat par une porte dérobée, l'émeute prend fin à Nouméa. Il est 5 heures du matin. Des dizaines de broussards, le revolver sous la chemise et le fusil de grande chasse posé à même le tapis de sol arrivent en jeeps place des Cocotiers en plein centre ville. La chaussée porte les traces de l'émeute : pavés, barres de fer, goupilles de grenades, bris de verre... Peu à peu, les Caldoches rentrent chez eux par petits paquets. L'émeute est finie. Les broussards n'ont plus qu'à aller se coucher eux-aussi. Mais ils préfèrent se faire raconter la nuit...

Le temps presse. Pisani a peur que les broussards apprennent que Machoro est encerclé. Ce serait alors la ruée sur La Foa et la ferme de la Bachelière. Il faut donc museler la presse et mentir ou ne rien dire, suivant le cas, aux journalistes.

5 h 15. Edgard Pisani transmet l'ordre « tir de neutralisation » au général Deiber. Le jour se lève. Les gendarmes n'ont constaté aucun mouvement autour de la ferme de la Bachelière durant la nuit.

5 h 30. Les gendarmes font les premières sommations au haut-parleur. Des militants du FLNKS sortent de la ferme et brandissent leurs fusils et carabines. Les militaires donnent un délai de réflexion de cinq minutes au groupe armé pour qu'il se rende.

5 h 35. Premiers tirs de grenades lacrymogènes F2 et F4 sur la ferme. Des « mobiles » se font « allumer » au fusil de grande chasse par des militants cachés derrière les voitures et les arbres situés devant la Bachelière. Tirs de grenades offensives. Il n'y a aucun blessé.

5 h 39. Des membres du groupe armé tirent de l'intérieur de la ferme sur des gendarmes qui se protègent derrière un VBRG. Toujours pas de blessé.

5 h 40. Les moteurs des VBRG sont arrêtés pour faire silence. Nouvelles sommations exhortant les Canaques à se rendre. Machoro et ses deux lieutenants arrivent enfin dans la ligne de mire des trois tireurs d'élite. Tous les trois vont et viennent entre la barrière située juste devant la route et la ferme dissimulée en partie par des voitures et une abondante végétation. Éloi Machoro gesticule et crie qu'il ne se rendra jamais. Il exige comme d'habitude, mais sans aucune illusion, qu'on le laisse repartir lui et les siens avec leurs armes. Le leader insulte alors les gendarmes et leur hurle qu'il est prêt à mourir en héros sous leurs balles.

5 h 50. Machoro, suivi en permanence mais à distance par ses deux adjoints, continue son « numéro » dans la lunette avec intensificateur de lumière du tireur du GIGN. Celui-ci se concentre sur l'épaule gauche de sa cible. La ligne de mire ne quitte pas cette partie du corps du leader canaque. Un peu plus loin, une Alouette II de la gendarmerie fait un vol stationnaire au-dessus d'un VBRG. Le lieutenant-colonel

Phavorin reste ainsi en contact radio permanent avec le général Deiber et Pisani, qui exige un compte rendu de la situation.

5 h 59. Edgard Pisani donne l'autorisation à la gendarmerie, donc au GIGN, d'ouvrir le feu en effectuant conformément aux ordres un « tir de neutralisation » sur les trois cibles désignées parmi les occupants de La Bachelière.

6 h 10. Nouvelles sommations invitant le groupe armé à se rendre. Machoro et ses deux lieutenants continuent d'aller et venir devant la ferme et dans les lunettes des trois tireurs d'élite. Les trois Canaques crient qu'ils refusent de se rendre et insultent les gendarmes.

6 h 11. Nouveaux tirs du groupe armé sur les gendarmes. Il n'y a toujours aucun blessé. Les deux tireurs du GIGN et celui du « 13 » effectuent leur « tir de neutralisation »... La barbouze ne se gêne pas : elle ne fait même pas semblant de rater l'épaule. On ne lui a jamais appris à faire dans la dentelle. Aussi la balle prend Nonnaro à la hanche droite et perfore son corps de part en part. Le lieutenant de Machoro n'a pas eu le temps de souffrir...

Le premier tireur du GIGN avait, lui, l'épaule du leader canaque dans sa ligne de mire lorsqu'il a pressé la gâchette. C'était parfait. Comme à l'exercice. Malheureusement, les gesticulations de Machoro ont, semble-t-il, changé le point d'impact de la balle de 7,52 de quelques centimètres. Quant au second tireur du GIGN, il a raté sa cible suite à une bavure technique. En effet, le jour se levait tout juste à 6 h 11. Chacun des trois tireurs d'élite avait donc utilisé un intensificateur de lumière. Or, un clapet fixé sur cet intensificateur est retombé inexplicablement juste au moment où le second tireur du GIGN appuyait sur la gâchette de son FRF1. Le canon du fusil a subi une déviation de quelques millimètres, ce qui, 130 mètres plus loin, a provoqué la bavure : la balle est allée se ficher dans le montant droit supérieur de la porte d'entrée de la Bachelière.

Au GIGN, le « tir de neutralisation » peut se traduire par de telles bavures, mais surtout il n'a jamais été un tir pour tuer. L'emploi d'un tireur d'élite relevant des services spéciaux est un aveu de la part d'Edgard Pisani et de l'Élysée. Le GIGN, lui, qui s'efforce toujours de sauvegarder la vie des forcenés et des terroristes. C'est pour cela que la partie du corps visée est l'épaule et non pas la tête ou le cœur. Si les « cibles » sont seulement blessées, c'est bien. Si malheureusement la blessure se révèle mortelle, ce n'est jamais volontaire de la part de ces tireurs d'élite. A 200 mètres de distance, le buste d'un homme mesure quelques centimètres. Réussir un tir parfait dans ces conditions dépend de différents paramètres : vent, soleil, chaleur et plus ou moins grande immobilité de la cible. En outre, réussir un tir parfait, c'est-à-dire blesser uniquement, s'avère extrêmement difficile lorsqu'un autre tireur d'élite, « dressé » lui uniquement pour tuer, intervient. En fait les deux militaires du GIGN savaient avant d'ouvrir le feu que Marcel Nonnaro était condamné. Il était la cible du gars du « 13 ». Le sang-froid en prend un sacré coup dans ces conditions...

Les états d'âme des hommes du GIGN ont-ils une importance? La volonté d'exécuter Machoro n'était-elle pas compréhensible? Cette violence d'État et ces mensonges permettront-ils aux communautés caldoche et canaque de se rapprocher? Rien n'est moins sûr. Le GIGN complètement manipulé par l'Élysée a peut-être fourni son martyr aux Canaques. Ceux-ci sont persuadés que leur leader a bel et bien été assassiné par des tireurs d'élite du GIGN. Assassiné avec préméditation. L'affaire Machoro risque, à long terme, de constituer un fossé sanglant entre les Français et les Canaques.

Et si les Canaques apprenaient tous les détails de cette affaire... Aussi, très vite, l'Élysée n'a qu'une seule préoccupation : les deux tireurs d'élite du GIGN doivent se taire. Se taire. Quelques jours après « l'exécution » de Machoro, ils deviennent les gardes du corps de Charles Hernu, le ministre de la Défense nationale. Quant au mouton qui a permis l'exécution de Machoro et surtout de connaître ses intentions, il fait toujours partie du FLNKS. En effet, cet homme a réussi à s'enfuir avec deux de ses compagnons juste après la « neutralisation » de Machoro et de Nonnaro. Une fuite réussie avec l'aide bienveillante de Pisani et des gendarmes mobiles. Ceux-ci, sur ordre, ont tiré uniquement en l'air sur ce groupe de trois fuyards. Lors des obsèques de Machoro, le mouton rendait les honneurs...

Début 1986, le FLNKS ne connaît officiellement toujours pas exactement la vérité dans cette affaire. Lors d'une conférence de presse tenue à Paris en 1986, à l'occasion de l'anniversaire de sa mort, des dirigeants du FLNKS ont accusé le GIGN de s'être vengé, en tuant Machoro, de l'humiliation de Thio. Pour ce parti indépendantiste, Pisani n'y est pour rien. Ce parti politique attend de connaître les résultats des autopsies de Machoro et de Nonnaro ainsi que ceux des expertises balistiques. Que fait donc le juge chargé de l'enquête sur l'assassinat de Machoro? Il fait respecter le secret de l'instruction à la lettre. A la lettre... La justice a toujours plié le genou devant les services spéciaux.

GREENPEACE : LA TROISIÈME ÉQUIPE N'A JAMAIS EXISTÉ

Mercredi 10 juillet 1985 : 17 heures. Des agents des services secrets britanniques et néo-zélandais vont et viennent sur le quai Marsden à Waitemata, le port d'Auckland. Un vent violent et froid accompagne ces faux pêcheurs qui veillent sur le *Rainbow Warrior*. Les Anglais soupçonnent les services spéciaux français de vouloir faire sauter ce chalutier de 48 mètres devenu le bateau amiral du mouvement écologique Greenpeace. Amarré à ce dock depuis trois jours, le bateau a été accueilli en grandes pompes par David Lange, le Premier ministre néo-zélandais en personne. Le *Rainbow Warrior* doit prochainement se rendre dans la région de Mururoa pour protester contre la nouvelle campagne d'essais nucléaires de la France.

Comme s'ils étaient indifférents à la surveillance de ces agents, trois nageurs de combat français s'affairent en silence dans l'eau noire et glacée. Tous les trois se trouvent entre la coque du *Rainbow Warrior* et la maçonnerie du quai Marsden. Le premier fixe une mine magnétique de cinq kilos sur l'hélice. L'explosion de cette charge devrait inciter l'équipage à quitter le navire. Le second plaque une autre mine, cette fois de 15 kilos, au niveau de la salle des machines, de manière à couler le bateau. Ces deux bombes ont été placées judicieusement afin de ne pas entraîner mort d'homme, conformément à la volonté de l'Élysée. Enfin, le troisième plongeur de combat assure la sécurité de ses deux camarades.

Le chef du commando Gérald Andriès, ses deux subordonnés Jean-Michel Bartelo et Roland Verge exécutent leur travail comme ils ont appris à le faire au CINC [1], la base mer de la Division Action à Aspretto en Corse. Andriès règle le mécanisme à retardement de l'explosion sur 23 h 50 pour la première charge, la seconde devant sauter quelques minutes plus tard. Les deux mines sont arrivées dans un container acheminé à son insu par le bateau français *Hélène-Delmas*, qui a jeté l'ancre le matin même à Auckland. Ce cargo de 189 mètres, de la compagnie Delmas-Vieljeux, vient récupérer entre autres choses des voitures qui, du 27 juin au 3 juillet, ont participé à un rallye automobile.

Mission accomplie, le trio repart vers le nord pour rejoindre en moins d'une heure un Zodiac gris-noir ancré à un kilomètre de là environ. Sur le dinghy, ils retrouvent des agents civils de la DGSE, lui aussi spécialiste de plongée sous-marine. Ils mettent alors le cap sur Hobson Bay à deux kilomètres de là, où des agents français les réceptionnent et les convoient immédiatement en voiture jusqu'à la baie de Leigh, à 80 kilomètres au nord d'Auckland. Dans la nuit, les quatre Français embarquent sur leur voilier, l' *Ouvéa*. Moteur à fond, ils font route vers le nord. Officiellement, l'*Ouvéa* a quitté la Nouvelle-Zélande la veille, en fin de matinée, à destination de l'île australienne de Norfolk qui se situe sur le chemin de Nouvelle-Calédonie. Mais personne n'a remarqué ce bateau blanc quand il est venu se cacher dans cette anse de Leigh.

Jusqu'à ce stade, le coup est réussi pour cet équipage arrivé en Nouvelle-Zélande le 22 juin précédent. Leur mission avait été définie comme un véritable scénario. Sous couvert d'être des trafiquants d'armes travaillant pour le compte des Caldoches, les Blancs de Nouméa, les nageurs du CINC devaient ne rien négliger pour se faire remarquer, puis, miner le *Rainbow Warrior* avant de fuir. C'est ainsi que les sous-officiers ont fréquenté les salons de massage, donné des fêtes à bord de l'*Ouvéa*, dragué la femme d'un inspecteur de police de la brigade criminelle d'Auckland.

Cette comédie a été montée pour endormir la vigilance des services spéciaux britanniques qui trouvent relativement

1. CINC : Centre d'instruction des nageurs de combat.

logique que la DGSE ait expédié « Sophie-Claire et Alain-Jacques Turenge » pour surveiller les agissements de ces Caldoches subversifs. Les Anglais savent que les Turenge sont en fait le commandant Alain Mafart et le capitaine Dominique Prieur. Ils vont faire l'objet d'une surveillance intermittente de la part de fonctionnaires travaillant pour Londres.

Vers 19 heures, Alain Mafart, Dominique Prieur, le lieutenant-colonel « Philippe Dubast », coordinateur de la mission, et son assistant « François Verlon » s'inquiètent d'une sorte de remue-ménage qui, du moins l'imaginent-ils, semble troubler la paix autour du *Rainbow Warrior*. Ils paniquent et sont convaincus que les Britanniques ont découvert les mines collées à la coque du bateau. Ces agents perfectionnistes décident de faire inspecter les dessous du chalutier, des plongeurs enfilent leurs combinaisons de plongée.

Au même moment François Verlon surveille le quai où de faux pêcheurs ont été détectés par le flair des officiers français. A 19 h 15 Verlon monte à bord du bateau de Greenpeace. Sa mission est d'identifier d'éventuels agents du MI 5 de Mme Thatcher et, en même temps, de détourner l'attention des écologistes si, par malheur, Dubast et un autre plongeur du CINC (dont nous taisons volontairement le nom) provoquaient de douteux clapotis... Vers 20 heures, le jeune agent qui s'est présenté comme étant un étudiant français quitte le chalutier. Tout est OK.

Sur l'eau et dans la nuit, les deux plongeurs font maintenant cap vers Hobson Bay, point d'où ils sont partis. Mais ces navigateurs nocturnes se perdent, confondent un pont avec un autre et se lancent dans une mauvaise « passe ». Intrigué, dans cette Suisse du Pacifique où chacun se connaît et reste vigilant sur la sécurité, le gérant du Yacht Club, qui remarque l'étrange équipée des hommes de la DGSE, téléphone à la police. Voici son témoignage : « Nous avons vu arriver un Zodiac avec deux personnes à bord revêtues de combinaisons de plongée. L'embarcation a d'abord tenté de rejoindre la partie ouest de la baie en passant sous un autre petit pont sous la voie de chemin de fer. A ce moment, il était à peu près 21 h 10, la marée n'était pas assez haute et il n'y avait pas assez d'eau pour passer. Le Zodiac a fait demi-tour, a évolué pendant quelques minutes vers le fond de la baie (c'est là qu'on retrouvera son moteur Yamaha immergé). Ensuite, les occupants se sont approchés de la rive située en contrebas de la route, à la rame. Le Zodiac s'est immobilisé sous un bouquet d'arbres au ras de l'eau. L'un des occupants, je suis incapable de dire s'il s'agit d'un homme ou d'une femme, toujours vêtu de sa combinaison d'homme-grenouille, a escaladé les quelques rochers qui mènent à la route. Il s'est alors mis à courir le long de la route pendant 5 à 600 mètres et est passé devant le Yacht Club. Quelques minutes plus tard, cette personne est revenue à bord du van Toyota qui s'est immobilisé au-dessus de l'endroit où le Zodiac était amarré. Elle a rejoint un complice et ils ont commencé à débarquer du bateau plusieurs sacs qu'ils ont chargés dans le van. A ce moment, nous avons cru qu'il s'agissait de voleurs et nous avons appelé la police. Dix minutes plus tard, la police n'arrivant pas et alors que le van s'apprêtait à reprendre la route, l'un de mes vigiles est sorti du Yacht Club, a observé à la jumelle le van et a relevé son numéro d'immatriculation. Le véhicule a alors pris la route en direction de l'est, opposé au port d'Auckland. La police est arrivée quelques minutes plus tard. Elle a écouté notre déposition et a noté que le Zodiac était toujours amarré, vide, sous le bouquet d'arbres. Ce n'est que le lendemain, après l'explosion qui a coulé le *Rainbow Warrior*, que les policiers sont revenus et se sont emparés de l'embarcation qui était toujours à la même place mais dont un boudin avait été crevé, vraisemblablement en heurtant les rochers très acérés à cet endroit. »

La police d'Auckland, qui n'a jamais été informée de la mission « anti-Caldoches » des Turenge, met dix-huit minutes pour arriver jusqu'au Yacht Club et enregistrer un premier témoignage sur ces hommes qui plongent en pleine nuit. Le lendemain, le gérant et le gardien du club nautique précisent que l'un des suspects était coiffé d'un bonnet rouge. Ce détail va suffire à faire capoter une bonne partie de l'enquête des Néo-Zélandais puisque les policiers, dès qu'ils portent leur intérêt vers l'équipage de l'*Ouvéa*, constatent que Bartelo a toujours un couvre-chef rouge. Déduction : l'un des hommes-grenouilles vus au Yacht Club est Bartelo. Ce qui est invraisemblable puisqu'il a quitté la Nouvelle-Zélande la veille. Les inspecteurs du commissaire Galbraith, patron de l'enquête, ignoraient que Dubast possédait un bonnet identique à celui de son subordonné... en revanche le réflexe du gardien qui a noté le numéro de plaque du Toyota va entraîner quarante-huit heures plus tard l'arrestation des Turenge.

A l'Élysée, les hommes du Président sont furieux de la bavure qui, lors de l'explosion du *Rainbow Warrior*, a provoqué la mort du photographe portugais Fernando Pereira. On soupçonne la DGSE d'avoir saboté l'opération pour mettre Mitterrand en mauvaise posture. Boulevard Mortier, à la « Piscine », c'est la panique, tous les patrons de la Division Action s'envolent pour Singapour, Nouméa ou Sydney. Le premier objectif est de sauver l'équipage de l'*Ouvéa* soumis à la surveillance des avions radars néo-zélandais P3-Orion. Un vent de déroute souffle sur une opération longuement méditée, dont certains militaires et politiques rêvaient depuis longtemps.

En septembre 1983, au cours d'un colloque organisé sous le patronage du ministère de la Défense, des militaires, des universitaires passionnés par la géopolitique et l'art de la guerre occupent la tribune pour mettre en garde la France contre un ennemi peu cité mais pourtant prioritaire : Greenpeace.

Pour ces hommes qui font la guerre dans leurs têtes, la chose militaire est une science exacte. Tout y fonctionne comme sur du papier à musique (militaire); le plus souvent leurs théories les conduisent à imaginer des lignes Maginot qui – en théorie – sont des parades infaillibles à ces conflits qu'ils vous livrent clés en main. Refusant la lecture d'un livre comme *Opération Manta* du colonel Spartacus (Éditions Plon) – qui démontre que l'essence (d'avion) doit précéder l'existence de la guerre – ils n'ont que des certitudes.

La version du *Programme commun* de gouvernement de la gauche réédité chez Flammarion (nº d'impression : 11044. Imprimerie Oberthur-Rennes, nº d'édition : 9822, 1er trimestre 1978, printed in France) déclare – outre le fait que le

SDECE « sera supprimé » – que « l'initiative de l'arrêt immédiat des expériences nucléaires et de l'adhésion aux traités d'interdiction des explosions nucléaires et de non-dissémination des armements nucléaires sera prise ».

Bien évidemment, comme le contenu des 123 pages de ce petit livre auquel, en mai 1981, 52 p. 100 des Français ont fait semblant de croire, l'affirmation de ces désirs n'était qu'un leurre électoral. Aussi, en septembre 1983, au moment où se tient ce colloque des crânes d'œuf de la guerre, la philosophie militaire socialiste a fait un demi-tour à droite. Capable de faire tourner les tables de la loi gaulliste, François Mitterrand s'est transformé en Mme Irma : il fait parler le Général. La France vit donc une Vᵉ République *bis* qui n'avait pas été annoncée. Un principe fondamental émerge des vieilles théories rénovées par échange standard : la bombe atomique est la base, le cœur, le fondement, le mètre étalon, l'âme de la société socialiste.

Tout individu, groupe ou philosophie qui combattent cette nouvelle règle sainte doivent être pourfendus. C'est le cas des Verts de Greenpeace. En 1974, puis en 1976, l'état-major a été à deux doigts d'envoyer par le fond des esquifs des protestataires. Mais, au dernier instant, on ne sait quel sage avait stoppé l'affaire en mettant en avant qu'il y avait sans doute une politique plus efficace à adopter que cette version de la canonnière sous-marine.

L'idée est donc dans l'air : il faut donner une bonne leçon à Greenpeace. Les discours « scientifiques » prononcés lors du colloque de Défense sont relayés par une partie de la hiérarchie militaire. C'est l'amiral Fages, directeur du Centre d'essais nucléaires (DIRCEN), qui discute avec l'amiral Lacoste, patron de la DGSE, du spectre Greenpeace.

Ce directeur de la « Piscine » ne fait pas la même analyse que son collègue Fages. Pour la Sécurité extérieure, le danger vert n'est pas encore passé au rouge. Il ne fait pas partie des priorités pour la « boutique » qui, à ce moment-là, tente de se constituer, un solide réseau d'information au Liban.

Avec ce sentiment qui habite les héros incompris, Fages ne poursuit pas le dialogue avec Lacoste et saute une marche hiérarchique en adressant directement un nouveau rapport à Charles Hernu. Le 4 mars, le patron de DIRCEN vide son sac dans le bureau du ministre. Le marin y décrit le plan mis au point par Greenpeace pour envahir Mururoa et Fangatofa. Le débarquement se ferait depuis l'ex-chalutier *Rainbow Warrior* et le voilier *Véga,* deux navires des Verts. « Des indépendantistes polynésiens » devraient se joindre à cette version française d'*Apocalypse Now.*

Pour sa part, la DGSE qui a infiltré depuis plus de dix ans Greenpeace continue de croire que le traitement « de ces écolos relève davantage du coup de pied au cul que d'une nouvelle politique d'État ». Fages s'arrange donc pour que le Comité interministériel, qui doit se réunir le 26 avril pour étudier la situation « des sites lointains », soit saisi de son problème : le 26 mars, il rédige une note destinée au comité restreint.

Douze jours auparavant, le 14 mars, Hernu reçoit Fages. Le maire de Villeurbanne assure l'officier de son soutien et lui fait savoir qu'une solution sera adoptée au cours de la réunion du Comité interministériel du 26 avril.

Le 23 mai, le ministre rencontre à nouveau l'amiral Fages. Les ministres concernés par « la situation sur les sites lointains » et Laurent Fabius sont partisans de la fermeté. Neuf jours plus tôt, le 14 mai, Fages a rédigé une nouvelle note sur les plans de Greenpeace. Elle adopte un ton dramatique : Mururoa devient Dien Bien Phu. Le 26 mai, trois jours après son entretien ministériel, le patron de la DIRCEN envoie une nouvelle note à Hernu qui, désormais, est son interlocuteur direct.

Fages obtient satisfaction sur deux points. Le premier tient dans la publication d'un arrêté suspendant « le droit de passage même inoffensif » dans les eaux territoriales de Mururoa et Fangatofa. Le second succès de la DIRCEN est d'obtenir que la DGSE veuille bien se saisir de cette guerre que les pacifistes font à la France.

Le 4 mars, à la suite des premières jérémiades de Fages, l'amiral Lacoste avait reçu l'ordre de mobiliser ses agents. Le général Saulnier, chef d'état-major particulier de Mitterrand, avait signé une attribution de « crédits exceptionnels » alloués sur les « fonds spéciaux ». Le décret débloquant l'argent est signé par Laurent Fabius. Avec la langue de bois utilisée dans ce type de rapports politico-militaires, il ne s'agissait, jureront les politiques, que d'intensifier la recherche et le renseignement. Pourtant, le 4 mars, quand Hernu montre à Lacoste la note alarmiste de Fages, le ministre y a souligné de deux traits le mot « anticiper » ignorant sans doute qu'en jargon de marin anticiper et couler signifient la même chose. Ce terme peut se comparer au mot « neutraliser ». Quand il est utilisé par les services secrets, ce substantif veut dire d'une manière propre : « Flinguez-moi ce type. »

Tandis que Fages s'agite, la « piscine » travaille sur plusieurs intrigues. L'une mettrait en œuvre un sous-marin pour larguer, au large d'Auckland, des nageurs de combat qui iraient dynamiter le *Rainbow Warrior* qui doit faire escale en juillet dans ce port. L'autre, une intervention depuis la Nouvelle-Zélande, et grâce à des équipes infiltrées, présente l'avantage de laisser une plus grande place à l'autonomie de la DGSE qui ne souhaite pas travailler avec des unités traditionnelles de l'armée comme le *Rubis*, sous-marin à propulsion nucléaire qui justement, du 4 au 22 juillet, doit naviguer dans le Pacifique Sud.

Pour la DGSE, Greenpeace n'est pas un nouveau client. Depuis une dizaine d'années la « Piscine » a un correspondant au sein de cette organisation pacifiste obsédée par la sauvegarde de la nature. Au début 1985, un rapport de l'antenne britannique de la DGSE présentait ces Verts comme particulièrement laxistes par rapport aux problèmes de pollution existant en Grande-Bretagne. Une note laissait entendre que Greenpeace touchait des fonds de la British Petroleum, une compagnie en concurrence avec le nucléaire civil français...

Certes, avec une Allemagne coupée en deux, il faut en revenir à l'ennemi héréditaire, l'Angleterre. Mais quand même, pourquoi Shell, Esso, Elf ou Total ne seraient-ils pas eux aussi banquiers des écolos défenseurs des bébés phoques?

Quoi qu'il en soit au début 1985, la « Piscine » est dans l'embarras, son honorable correspondant implanté au cœur de Greenpeace est ligoté à Paris où le tient son travail de militant. Il faut donc trouver une bouée de sauvetage. Le vivier de la DGSE est là pour cela. Le lieutenant Christine Cabon, une jeune fille devenue un peu ronde mais qui fut l'égérie de sa classe de terminale (cheveux longs et jean, elle cultivait alors le style Jane Birkin), est prête à prendre la relève. Ce jeune officier d'origine paloise est, pour le compte de la DGSE, chargé d'infiltrer le Mouvement de la Paix (soutenu par les communistes) ainsi que le mouvement des Verts en Allemagne. Elle travaille en liaison avec le capitaine Dominique Prieur, une Franc-Comtoise qui a terminé major du stage d'admission à la « Piscine ».

A la mi-avril, avec la caution d'un skipper de course à la voile militant écologiste, Christine Cabon, devenue Frédérique Bonlieu, débarque à Auckland où le voilier « vert » *Véga* arrive le 29. Le lieutenant se fait vite un trou dans le militantisme sans doute trop ouvert de Greenpeace. Sa mission est bien sûr d'espionner ses camarades de lutte, mais surtout de se livrer à un travail de repérage fouillé, un peu comme si elle se préparait à publier un guide de l'aventure en Nouvelle-Zélande. Elle fait un relevé topographique de certaines côtes, un tracé de chemins ou de pistes, corrige des plans de villes, fait la tournée des hôtels, motels et loueurs de voitures. Elle avoue à ses amis que son patron lui a demandé de préparer « le voyage de noces d'un couple français décidé à noyer le miel de sa lune dans la pluie kiwi ».

Quelques jours après le départ de Cabon pour les antipodes, Xavier Maniguet, médecin de trente-huit ans, s'adresse à l'agence Odyssée, rue du Ranelagh à Paris, pour louer un voilier dans le Pacifique Sud, à Nouméa. Qu'importe l'hiver austral, ce toubib qui ne craint pas les embruns veut « s'initier » à l'art de choquer le foc dans ces mers impossibles. Il verse 90 000 francs et souhaite trouver un équipage. Maniguet veut également faire de la plongée sous-marine.

L'insoupçonnable docteur Maniguet est un homme qui a de la chance puisque, quelques jours plus tard (c'est du moins ce qu'affirme Claude Leroy, le patron de l'agence Odyssée), un jeune homme en parfaite santé se présente. Lui aussi cherche des partenaires, et même un associé qui soit un peu sponsor, pour aller naviguer dans les mers du Sud qui, décidément, semblent un endroit à la mode. Ce client tombé du ciel est en fait Roland Verge, un adjudant-chef de la DGSE. Pour ce baroudeur, il ne s'agit que d'un coup tordu supplémentaire. Seule inconnue, c'est la première fois que l'objectif assigné par ses chefs de la Division Action est si loin de la France. Le 28 mai, Verge fait un aller et retour à Nouméa pour vérifier si le bateau loué, un First 38 de 11,70 mètres, est bien conforme à ses souhaits. Sachant qu'un billet d'avion coûte 26 730 francs, cela place assez haut le niveau de certitude que ce touriste entend trouver pour son escapade.

Durant les deux mois précédents, trois réunions se sont tenues à l'Élysée. Elles rassemblent le gratin du « château », les spécialistes en géopolitique et coups tordus. Des hommes qui, en fait, n'ont ni l'expérience ni la formation pour téléguider de telles entreprises. Démocratie de l'attentat oblige : l'hôtel Matignon est représenté. Son souci est d'« éviter les pertes humaines ». C'est pourquoi l'attaque ne peut avoir lieu en pleine mer, selon un des scenarii de la DGSE. Il faut que les bombes explosent quand le chalutier de 48 mètres est à quai.

Le 24 mai, le lieutenant Christine Cabon quitte la Nouvelle-Zélande, à la hâte. Son comportement souvent ambigu a intrigué un membre de Greenpeace, qui a confié ses doutes sur la loyauté de cette militante à la police d'Auckland.

Il faut bien avouer que notre James Bond enjuponnée n'a reculé devant rien pour pénétrer Greenpeace. Ancien as de la Division Action, Christine Cabon s'est reconvertie dans le renseignement et l'infiltration à la suite d'un très grave accident de parachutisme. Elle s'investit tant dans son travail qu'elle devient vite l'une des meilleures taupes de la DGSE. Christine Cabon se lance alors dans des relations étroites avec des écologistes allemandes, des jeunes femmes du Mouvement de la paix et des Palestiniennes de l'OLP. Les services de police ou spéciaux ont apprécié les résultats de son travail.

A Auckland, une fois de plus, la taupe de la « Piscine » réussit des prodiges. Comme d'habitude, elle s'est fait héberger successivement chez plusieurs militantes de Greenpeace, dont une journaliste du *Auckland Star*. En leur absence, elle perquisitionne chacun des appartements, photographie documents, lettres et télex, « sonorise » enfin, avec des pastilles-micros, les téléphones et salles de séjour. Résultat pratique : à la poste d'Auckland la jeune femme devient une très bonne cliente. Elle envoie quotidiennement une multitude de petits colis et de lettres vers la France.

L'agent de la DGSE intercepte ainsi une missive confidentielle adressée par David Mac Taggart, directeur de Greenpeace International, à l'équipe prévue pour embarquer sur le *Rainbow Warrior*. Dans cette missive, Mac Taggart ordonne aux militants d'Auckland « de ne jamais violer les eaux territoriales françaises à Mururoa ». La mission de Greenpeace est seulement d'attirer le maximum de journalistes sur place. Face à cette décision des écologistes, le gouvernement français ne peut envisager de se débarrasser du *Rainbow Warrior* en l'arraisonnant en Polynésie. Il faut le couler à Auckland.

Pourtant, cette information capitale ne suffit pas à l'ex-baroudeuse de la Division Action qui a parfaitement deviné que son service va faire sauter le bateau de ses hôtes. Elle poursuit sa mission avec acharnement, et non sans humour. En effet, elle transforme à leur insu les militantes de Greenpeace en auxiliaires de la DGSE. A sa demande, celles-ci vont pêcher des informations chez différents commerçants pour connaître les conditions de séjour en Nouvelle-Zélande, la manière de louer des Zodiacs, des bouteilles de plongée. La liste est longue. A la « Piscine », les exploits de Cabon font encore rire : aucun agent n'avait eu autant de culot et de réussite.

Cette star des services spéciaux français ne commet en fait qu'une toute petite erreur. Elle n'a pas pu retenir sa langue lorsqu'elle discutait avec ses amis écolos de la Nouvelle-Calédonie (à l'approche des élections de novembre 1985) et même de la force de dissuasion française. Douée d'un sang-froid et d'une maîtrise peu ordinaires, cette jeune femme ne pouvait s'empêcher de plaider pour les Caldoches et en faveur de l'indépendance nucléaire de la France. Son « patriotisme » prenait alors le dessus. Ce qui a mis en garde plusieurs militants de Greenpeace.

Un peu plus de quarante-huit heures après son départ

d'Auckland, via San Francisco, « la taupe » de la DGSE est à Paris. Le 26 mai, elle confie à ses chefs le résultat de ses relevés, ses photos, ses notes. Le 17 mai, Cabon avait appelé depuis la Nouvelle-Zélande un numéro de téléphone correspondant à une cité militaire de Besançon qui abrite un centre de documentation de l'armée de terre. Son correspondant était le capitaine Dominique Prieur, ce jour-là en vacances dans sa famille. Quelques jours plus tôt, le lieutenant devenu « taupe » avait téléphoné à une « planque » de la « Piscine », au numéro 887 48 09, louée au nom d'un certain Yves Turil.

Le retour de Cabon correspond avec la nouvelle offensive de l'amiral Fages. Cette conjonction, jugée positive par le ministre de la Défense et les conseillers de l'Élysée, permet de donner à l'amiral Lacoste un nouveau feu vert pour la suite de l'opération. A ce stade, rien ne démontre que le président de la République ait été informé de ce projet d'expédition punitive.

A la même époque, les services spéciaux français montent une gigantesque opération de manipulation contre leurs collègues britanniques. Une manipulation pour cacher la décision des autorités françaises de faire sauter à Auckland le *Rainbow Warrior*. Le futur chef de l'équipage de l'*Ouvéa*, l'adjudant Gérald Andriès, arrive le 29 mai à Londres sous le nom d'Éric Audrenc. Sa mission : tromper les Britanniques, en jouant un rôle de marchand d'armes bien maladroit. Dès son arrivée, il se précipite chez « Barnet Marine », un magasin de sports nautiques installé dans le nord de la capitale anglaise. Le directeur de « Barnet Marine » est un ancien du contre-espionnage britannique, et, bizarrement l'organisation Greenpeace a toujours été l'un de ses bons clients. La « Piscine » a choisi ce magasin en fonction de ces deux particularités. Dans l'esprit de nos stratèges de la « Piscine », il est impossible qu'un service secret adverse puisse imaginer que, pour faire couler le *Rainbow Warrior*, la DGSE utilise un circuit logistique aussi compromettant.

Les Britanniques tombent dans le panneau. Andriès achète un Zodiac français de couleur grise et un moteur Yamaha de quatre chevaux. Immédiatement le contre-espionnage (le MI 5) l'apprend. La « couverture » de l'agent ne résiste pas une seconde à l'examen attentif. Il prétend être le représentant d'une compagnie de plongée belge qui n'existe pas. Peu après son arrivée au Vanderbilt Hotel, Andriès poursuit sa comédie. Il passe trois coups de fil, dont un à des comparses et deux autres à un correspondant d'Air France. Lors de chacune de ces conversations, il se fait passer à demi-mot pour un trafiquant d'armes recherchant des fusils et des carabines modernes pour les Caldoches. L'agent de la Division Action sait qu'il est sur table d'écoute. Il en profite pour réciter sa leçon. Pour crédibiliser le tout, la « Piscine » fait savoir discrètement aux Britanniques qu'elle se prépare à réserver un comité d'accueil en Nouvelle-Zélande à ce mystérieux acheteur d'armes puisque Andriès doit passer par Auckland pour faire acheminer ses achats en Nouvelle-Calédonie.

Le 7 juin, accompagné des adjudants Andriès et Bartelo, qui comme lui, sont des agents de la DGSE attachés à la base corse d'Aspretto, Roland Verge est de retour à Nouméa. Il prend possession du voilier *Ouvéa* qui appartient à Jean Pélissier, un commerçant qui possède plusieurs boutiques d'accastillage dont une à Tahiti. Jean Pelissier dirige également une entreprise de travaux sous-marins à laquelle collabore Daniel Palacz, spécialiste des dynamitages et représentant de la société d'explosifs néo-zélandais ICI. Une firme qui, à la suite de l'incendie de son entrepôt d'Auckland, eut des démêlés avec Greenpeace.

Ce même 7 juin, dans l'avion d'UTA, trois sous-officiers de la « Piscine » ont voyagé à des sièges séparés, avec les faux noms d'Audrenc, Berthelo et Velche. L'une des « têtes » de la Division Action, est également à bord sous l'identité caldoche de Philippe Dubast. Le jour même, réceptionnant une partie du matériel destiné à l'*Ouvéa,* Andriès s'aperçoit que le système de mise à feu des mines magnétisées prévues pour faire sauter le *Rainbow Warrior* est non conforme à la commande passée par la Division Action. Les minuteries et détonateurs qu'il découvre à Nouméa ont été convoyés jusque-là par un avion militaire du COTAM. Il est trop tard pour attendre un vol identique capable de faire la livraison d'un allumeur idoine. C'est donc Maniguet qui, à son insu, effectuera ce transport grâce à la complicité d'agents qui travaillent également pour la DGSE. Le système de mise à feu à retardement d'une mine est d'une importance primordiale. Il permet de la faire exploser dans un laps de temps compris entre quatre-vingt-dix minutes et six jours après qu'elle a été posée.

Quelques jours auparavant, c'est le responsable d'un département de Thomson, lui aussi vieux correspondant de la « piscine », qui a prêté à ses collègues du boulevard Mortier, du matériel de navigation et radio destiné à équiper l'*Ouvéa*.

Le 13 juin à la mi-journée, le voilier affrété par la DGSE prend la mer. Le lendemain, Dubast prend l'avion pour Sydney et l'île australienne de Norfolk. Dans la grande ville du continent australien, Dubast rencontre une « HC », une honorable correspondante de la « piscine ». Elle s'occupe officiellement de promouvoir la langue française à Sydney. Son rôle était de prévoir la location d'un très puissant canot à moteur qui permette à une équipe de la DGSE de se tenir en alerte au large de Sydney. Cette jeune femme devait également se préparer à recueillir des agents de la Division Action afin de les « exfiltrer » de Nouvelle-Zélande quand leur mission serait terminée. Puis Dubast se rend dans l'île de Norfolk où, du 17 au 19 juin, l'*Ouvéa* fait escale.

Le voilier atteint la pointe de l'île nord de Nouvelle-Zélande dans des conditions rocambolesques puisque le skipper choisit pour aborder, le 22 juin, une zone interdite à la navigation où le tirant d'eau du bateau est plus élevé que les fonds marins. Cet accostage, qui se voulait discret, est très remarqué par les quelques habitants qui vivent ici, au bout du bout du monde. Ce n'est que le 25 juin, après avoir eu le temps de cacher à terre le matériel transporté, vêtements de plongée, canots gonflables, bouteilles d'oxygène, que « Velche » accomplit les formalités douanières.

Dubast est déjà là. C'est lui qui, sur le terrain, va coordonner l'opération. Il va établir l'une de ses bases dans l'île sud de Nouvelle-Zélande, dans la station de ski de Queenstown où, quelques jours plus tard, le docteur Xavier Maniguet viendra, lui aussi, jeter un peu de poudreuse aux yeux des Néo-Zélandais. Le médecin souhaite même louer un avion à bord duquel il veut naviguer seul, ce qui est interdit dans cette zone montagneuse où il dépose sa demande, près de Wellington.

Au volant d'un véhicule tout terrain, Dubast fait beaucoup de route et, en particulier, inspecte différentes caches aménagées en cas de coup dur. Un repli de nos saboteurs tricolores vers l'ambassade de France a même été prévu. Tout ce travail préparatoire a été fait sur place par un industriel qui, avec des huîtres, fabrique une sauce dont les Japonais sont friands. Cet honorable correspondant sera bientôt grillé. Il devra quitter le pays sans attendre son reste après avoir réceptionné le 10 juillet le container contenant les deux mines. Auparavant, il avait lui aussi participé à « l'intoxication » des services spéciaux britanniques et néo-zélandais.

Sous les noms de Sophie-Claire et d'Alain-Jacques Turenge, Dominique Prieur, capitaine, et Alain Mafart, commandant, l'un et l'autre officiers de la DGSE, font du tourisme en Nouvelle-Zélande où ils ont, dans le scénario, décidé d'éclipser leur lune de miel.

Dominique Prieur a fêté ses trente-six ans avant de quitter Paris via Londres, le 21 juin. Dans la capitale anglaise, les deux agents font un bref séjour. Ils s'arrangent pour faire savoir discrètement par des contacts personnels avec leurs collègues britanniques qu'ils forment le fameux « comité d'accueil » chargé de neutraliser Audrenc l'acheteur du Zodiac qui doit maintenant être arrivé en Nouvelle-Zélande. Alain Mafart ne manque pas d'amis outre-Manche. Peu avant la guerre des Malouines, il s'est entraîné avec les plongeurs de combat du SBS (Special Boat Service), unité d'élite qui est le pendant britannique des hommes-grenouilles de la Division Action de la DGSE.

Dominique Prieur, fille de militaire, qui a elle-même épousé un officier, est l'élément féminin le plus brillant de la « Piscine ». A partir de 1978, quand Alexandre de Marenches a entrepris, en liaison directe avec Valéry Giscard d'Estaing, de monter un coup d'État contre Kadhafi, elle a reçu la mission d'infiltrer le monde des fonctionnaires libyens.

Comme couverture, Dominique Prieur choisit de faire une thèse de troisième cycle en sociopolitique sur la Jamahiriya

News Agency, l'agence de presse libyenne. Son directeur de thèse est Annie Kriegel, professeur à Nanterre, communiste repentie et journaliste au *Figaro*. Dans le but de faire progresser la science, Prieur ira même en Libye, à Sebha, où elle rencontre des proches du colonel Kadhafi.

En 1980, elle est particulièrement sollicitée par la « Piscine ». C'est l'époque où le leader de la Libye tente de déstabiliser la Tunisie. Le colonel a organisé un véritable maquis contre le régime de Bourguiba. Les informations de Dominique Prieur aboutiront à des interventions de la Division Action comme ce fut le cas le 24 octobre 1980 dans le port de Gênes où un commando du CINC d'Aspretto fait sauter un bateau libyen chargé de matériel militaire.

Après 1981, notre espionne est utilisée, toujours sous couvert universitaire, pour aller « sonder » l'entourage de Jean-Pierre Cot, le ministre qui inquiète le plus l'Elysée. Dans sa thèse de 520 pages, parce qu'elle est consciencieuse et qu'elle a de l'humour, Dominique cite les noms de participants français au Colloque de Benghazi, organisé par Kadhafi. Elle met en avant celui de Jean-Claude Colliard, qui, avec sa casquette de professeur, s'est rendu en Libye du 1er au 3 octobre 1979. Ignorant qu'il allait devenir directeur de cabinet du président Mitterrand.

Alain Mafart, commandant à trente-cinq ans est, lui aussi, un « must » de la « Piscine ». Ce très brillant officier, toujours classé en tête, aurait pu choisir d'être ingénieur, professeur au lieu de préférer le bagne des nageurs de combat. C'est l'un des adjoints au patron du CINC d'Aspretto où, officiellement responsable des nageurs, il ne fait pourtant que de brefs séjours. Homme de droite, Mafart fait partie des officiers supérieurs qui, à Aspretto, ont maintenu le portrait de Giscard au mur alors que Mitterrand était élu depuis un an. L'anecdote a été rapportée dans le livre de Roger Faligot et Pascal Krop, *la Piscine*.

Faux couple apparemment modèle, les faux Suisses Turenge résident en Nouvelle-Zélande, sans tapage. Ils partagent leur temps entre le volant d'un 4X4, le téléphone et le secret des chambres d'hôtel. Un détail pourtant : pour que la morale soit sauve, les « jeunes mariés » exigent des chambres à deux lits, ce qui intrigue les plus sévères des aubergistes.

Le 8 juillet, dans la forêt de Topuni à 65 km au nord d'Auckland, les « Turenge » communiquent les ordres définitifs à Verge. La Division Action donne un feu vert pour faire sauter le *Rainbow Warrior*, le mercredi 10 juillet à 23 h 50. Les charges devront être placées, à la tombée de la nuit, en deux endroits choisis de manière à ne pas tuer.

Le lendemain, le mardi 9 juillet, une réunion de coordination se tient au Motel Six à Whangareï entre cinq personnes dont les Turenge, Andriès et Verge. Les agents mettent au point de manière très précise le timing du sabotage.

Donc le mercredi 10 juillet, les deux mines explosent et tuent, par effet de souffle, Fernando Pereira, qui était descendu dans sa cabine pour rechercher ses appareils photo. Il n'y avait, au moment de l'explosion, que dix personnes à bord du *Rainbow Warrior*. La majorité des militants de Greenpeace était partie. Les uns assistaient à une conférence au théâtre d'Auckland, les autres à un meeting antinucléaire à Pina Beach, à une heure et demie de voiture. L'attentat avait été organisé en fonction de ces données établies à la suite de l'écoute des appartements de nombreuses militantes de Greenpeace, locaux « sonorisés » par Christine Cabon.

En dehors des Turenge, laissés sur place pour nettoyer le terrain, la DGSE a pu « exfiltrer » une partie de son équipe forte d'une douzaine d'hommes grâce au vol d'un avion privé français, un bimoteur appartenant à une grande société de prospection pétrolière qui a, le lendemain de l'attentat, fait une rapide et discrète liaison Sydney-Auckland. C'est, finalement, la vigilance des vigiles du Yacht Club d'Okahu Bay qui a réduit à néant tout le plan français. Et même un peu plus...

Quarante-huit heures après l'attentat, les Turenge sont arrêtés. L'amiral Lacoste entre en contact avec le patron du SIS, les services spéciaux néo-zélandais. Un accord semble possible. Le cas des Turenge est traité sans publicité, avec modération. L'amiral Lacoste rend compte à Hernu et Fabius. Ce dernier refuse toute transaction jugeant cette opération inavouable et voulant éviter toute responsabilité dans une mauvaise affaire qu'il avait pourtant financée.

Au même moment, au milieu du Pacifique, la fuite de l'*Ouvéa* prend des allures de retraite sans flambeau. En route vers Nouméa les agents apprennent par radio l'arrestation des Turenge. Ils sont inquiets et scrutent le ciel et la surface de l'eau redoutant une interception ennemie. L'équipage décide de faire escale à Norfolk, une étape qui a été prévue dans le plan initial de la DGSE. Ayant renoncé aux communications par radio, les nageurs d'Aspretto doivent toucher terre pour demander des ordres et faire du carburant puisque le voilier marche principalement au moteur.

Le 13 juillet, l'*Ouvéa* aborde Norfolk. Le docteur Maniguet, expédié comme messager, parvient à quitter l'île en prenant un avion pour Sydney. Il affirme par ailleurs « être fatigué de la navigation ». Quelques heures plus tard la police australienne commence son investigation à bord du voilier. Tout y est fouillé, photographié. Les policiers harcellent, l'arme au poing en pleine nuit, l'équipage. Visiblement le contre-espionnage britannique et le commissaire Galbraith ont déjà donné bon nombre d'informations à leurs amis australiens. Ces derniers, lorsqu'ils interrogent les agents français, font allusion aux « Turenge » qui ne sont pas suisses mais espions français. D'autres cruelles plaisanteries sont faites sur les Zodiacs et le matériel de plongée « made in France » retrouvés en Nouvelle-Zélande. Les enquêteurs australiens galègent également sur la « filière caldoche », ce qui démontre qu'ils connaissent déjà le ressort de la comédie qu'ont voulu jouer les agents français.

Mais, faute de preuves et malgré toutes les mesures d'intimidation, le 15 juillet les Australiens sont contraints de laisser partir l'*Ouvéa*. A Norfolk la loi permet à un touriste de ne présenter ses papiers d'identité que s'il envisage de faire un séjour de plus d'un mois. Andriès et les siens n'ont donc pas à sortir leurs faux passeports. L'adjudant Andriès, qui au CINC est considéré comme un as auquel, au cours des cérémonies, on confie le fanion du bataillon, est le véritable patron du groupe *Ouvéa*. Avant le départ de Maniguet il a décidé de réclamer la procédure « d'exfiltration » numéro 3.

Si l'attentat d'Auckland s'était déroulé sans accident, il était prévu que le voilier retourne tranquillement en Nouvelle-Calédonie. En cas de menaces, un premier appui était constitué par la vedette rapide manœuvrée par des hommes de la Division Action. Ce puissant bateau avait été spécialement loué et armé en Australie par une de nos « H. C. ». Mais, par le truchement de Maniguet, qui porte le message, Andriès demande la mise en route d'un nouveau type d'exfiltration qui, lui aussi, met en œuvre une vedette, mais basée en Nouvelle-Calédonie.

Suivi depuis Norfolk, où les policiers néo-zélandais arrivent deux heures après le départ de l'*Ouvéa,* Maniguet atteint Sydney. Dans une salle de cinéma où l'on projette *Passage to India* il rencontre le numéro un de la « piscine » en Australie, un industriel français établi là-bas depuis vingt-cinq ans. A la sortie de la salle, les deux hommes sont interrogés, puis relâchés. Maniguet peut s'envoler pour Singapour où s'est installée une unité spécialisée dans le « debriefing ». Tous les acteurs de l'affaire du *Rainbow Warrior* vont y faire escale pour se confesser et apprendre par cœur la version qu'ils auront à donner en cas d'interrogatoire ultérieur.

A Nouméa, les baroudeurs de la Division Action embarquent sur leur vedette et font route vers le sud. Andriès a pris rendez-vous à un point situé à 300 kilomètres avec une date pour la première tentative de rencontre : le 21 juillet à 6 heures du matin.

A bord de l'*Ouvéa* la surveillance des P3 Orion maintient la tension. Dans leur ratissage ces avions vont même créer un incident diplomatique quand ils survolent les eaux territoriales françaises. Heureusement la mer est mauvaise et les appareils ont du mal à suivre l'*Ouvéa.* Le 21 juillet, enfin, le rendez-vous fixé pour l'exfiltration numéro 3 est réussi. Les trois sous-officiers montent à bord de la vedette. L'*Ouvéa* est coulé.

Ce transfert ne suffit pas aux patrons de la Division Action. Ils ont peur d'un coup fourré, d'une attaque surprise des Britanniques. Dans l'après-midi du 21 août, un hélicoptère venu de Nouméa, équipé de réservoirs supplémentaires, procède en mer à « l'hélitreuillage » des nageurs de combat. Depuis Nouméa les trois hommes prennent le premier avion pour Singapour. Toutes les « huiles » de la DGSE sont là, veillant à ce que les « masques », les mensonges soient bien enseignés et bien compris.

Dans les premiers jours d'août, à Paris, les analystes de la DGSE mettent au point une stratégie « pour sauver les Turenge ». Cette théorie qui vole au secours de la raison d'État ne pourra jamais être appliquée en raison des fuites permanentes commises volontairement au ministère de l'Intérieur.

Le 6 août, dans un Paris en vacances, *VSD* commande à sa rédaction une enquête sur l'attentat d'Auckland. En quelques heures, six sources différentes, militaires, politiques, policières donnent une même réponse : « L'attentat a été commis par la DGSE où Sophie-Claire Turenge a le grade de capitaine. » Des responsables des services de police, un ancien directeur de la DST, un ancien chef du service « Action » de la DGSE au Maroc confirment ces renseignements. On livre d'autres détails sur la mise au point du plan par la « Piscine ». D'autres noms, d'autres faits. La diversité et la solidité des informateurs permettent à *VSD* de sortir un premier papier exclusif sur l'affaire Greenpeace.

Le 7 août, le journal est imprimé, mais pas encore diffusé. Pourtant, par le biais des policiers des Renseignements généraux qui ont pour mission de se procurer des journaux dont l'encre est encore fraîche, l'article est à l'Élysée ce mercredi matin. Cependant, ce n'est que tard dans la nuit suivante que François Mitterrand écrit à Laurent Fabius pour réclamer toute la lumière sur le cas Greenpeace. En fait Pierre Joxe, le 17 juillet, a déjà informé le Président. Le jeudi, *VSD* est dans les kiosques aux côtés de *l'Événement du jeudi* où Pascal Krop publie une enquête qui, elle aussi, met en cause la DGSE.

Le scandale est en marche. Pourtant *le Monde,* sous la plume d'Edwy Plenel, ironise. Sur le ton de la dérision, il affirme qu'il n'y a pas de Sophie-Claire Turenge à la DGSE. Que tout cela est du mauvais roman. Écrit pour déstabiliser la gauche. Pour *le Monde,* le coup a été monté par les mercenaires de René Dulac et par le colonel Jean-François

Charrier « colonel d'extrême droite » (RPR) et ancien de la Division Action...

Cette ridicule polémique avec ceux qui refusent d'admettre que le socialisme de l'Élysée puisse être assez impur pour expédier ses barbouzes à des écologistes va durer plus de quinze jours. Le temps qu'il faudra à Plenel pour accepter l'évidence : c'est la DGSE qui a fait le coup.

Le 13 août, à la suite d'un article au cours duquel *VSD* évoquait le rôle de l'Élysée dans la préparation de l'opération – citant le nom du général Saulnier – le « château » publiait un communiqué démentant formellement « un article fantaisiste ». Et annonçait le dépôt de plaintes. Dès le lendemain, sans même un coup de téléphone à *VSD* pour connaître sa position, *Libération* volait au secours d'un pouvoir qui, économiquement, lui permet de survivre. *VSD* est cloué à la une du quotidien. Un peu plus tard, Serge July, patron de *Libé*, va même, entre deux rendez-vous avec sa nouvelle idole politique Marie-France Garaud, expédier une lettre à François Siegel, patron de *VSD*, pour lui dire qu'il approuve les poursuites qui lui sont faites. Car, envoyé par l'Élysée, « le papier bleu » des assignations finit par arriver, fin août. C'est la première fois dans l'histoire contemporaine que la présidence de la République poursuit un journal, un journaliste pour une affaire politique. La presse américaine n'en revient pas. *Time Magazine* écrit : « Chez nous, même à l'époque du Watergate, nous n'avons jamais vu cela de la part de Nixon et la Maison-Blanche. »

Après la comédie du Rapport Tricot, incapable de citer deux dates sans que l'une contredise l'autre (de paragraphe en paragraphe le même événement cité change de place dans le calendrier), *le Monde* du 18 septembre sort enfin une information : la « troisième équipe » vient de naître. Cette torpille journalistique avait un double but : couler Hernu et l'amiral Lacoste et dédouaner Mafart et Prieur. En fait, il y avait en Nouvelle-Zélande un dispositif militaire clandestin qui se voulait cohérent, et qui obéissait à Charles Hernu même si, dans l'affaire, il n'était qu'un rouage. Seule une flèche venue du *Monde* pouvait acculer le ministre à la démission. Pour les stratèges, faire sauter le fusible Hernu était devenu indispensable. Pour protéger le président. Et quelques-uns de ses hommes...

Sortie d'un chapeau magique, la « troisième équipe » a permis, en parallèle avec les négociations diplomatiques et financières, de « sauver » les Turenge qui n'ont été condamnés « qu'à » 10 ans de prison. Le gouvernement a voulu présenter le problème comme résolu. On laissait entendre que, pour Noël, les Turenge mangeraient la dinde à la maison, chez eux. Un coup de téléphone donné par Paul Quilès à Dominique Prieur et Alain Mafart, entretien filmé par la télévision, va mettre les Néo-Zélandais en rage. Ils refusent d'être considérés comme une république bananière.

A la fin du mois de janvier 1986, David Lange, le Premier ministre de la Nouvelle-Zélande, réclame toujours 100 millions de francs, en dommages et intérêts, à la France. Qui ne veut qu'en débloquer dix.

Au même moment, dans sa prison, Dominique Prieur tient le coup. Elle a recommencé des études. Alain Mafart, lui, vient d'expédier une lettre très sèche à Paul Quilès. Cette missive, sorte de bouteille à la mer, se termine d'une manière laconique : « L'oubli oui. Mais les oubliettes! Jamais. »

TABLE

Cet ouvrage a été réalisé sur
Système Cameron
par la SOCIÉTÉ NOUVELLE FIRMIN-DIDOT
Mesnil-sur-l'Estrée
pour le compte des Éditions Plon
le 17 février 1986

Imprimé en France
Dépôt légal : février 1986
N° d'édition : 11446 – N° d'impression : 3824